Inhalt

… und die Trauer war Freude, und der Tod war Leben, und die ganze Welt stand auf dem Kopf …

Alexandros Papadiamantis, *Die Mörderin*

Einleitung

Die Mörderin und das Böse

Kriminelles Verhalten beunruhigt den Menschen, weil es seine Sicherheit grundsätzlich infrage stellt. Dies gilt umso mehr, wenn er seine Freiheit bedroht sieht – oder das eigene Leben. Diese Beunruhigung kann sich bis zum Entsetzen steigern, wenn nicht einfach nur ein Mensch getötet wird, sondern dabei gleichsam grundlegende gesellschaftliche Erwartungen verletzt werden. Wenn Frauen morden, ist das der Fall. Denn Tötungskriminalität ist vornehmlich Männersache, es gibt beispielsweise (fast) keine Amokläuferin, Sexualmörderin, Raubmörderin oder gar Massenmörderin. Männliche Gewalt ist der gesellschaftlich akzeptierte Maßstab für Normverletzungen und Unterdrückung, die tötende Frau hingegen ist der verstörende und betörende Gegenentwurf. Einerseits büßt der Mann seine Dominanz ein, andererseits macht gerade dieser Tabubruch Mörderinnen besonders anziehend.

Frauen, die ihrer zuallererst mütterlichen sozialen Rolle nicht entsprechen und mit ihr brechen, sind nicht nur Rechtsbrecherinnen, sondern auch böse. Denn das Böse gehört nicht zu den Themen, denen man mit bewährten Problemlösungsstrategien beikommen könnte, es steht als Sammelbegriff für Grausamkeit und Zerstörung, mit der wir nicht rechnen und für die wir zunächst keine Erklärung haben. Wer weiß schon sicher zu sagen, warum Frauen morden? Der besondere Schauder wird auch durch die Fantasie hergestellt, die Leerstellen solcher Verbrechen wollen ausgefüllt werden. Die Täterin wird darum zunächst entweiblicht, dann entmenschlicht. Und die Taten von Mörderinnen lösen mitunter nicht nur Bestürzung aus, sondern auch Hass. Jede Frau, die gesellschaftliche Konventionen bricht und das weibliche Geschlecht in Verruf bringt, eignet sich besonders für Projektionen des Bösen und als Hassobjekt.

Weil wir noch so wenig über die Täterinnen wissen und sie auf uns extrem abstoßend wirken, sind diese Frauen aber auch besonders interessant. Die gemeine Mörderin wird deshalb lustvoll angeprangert und öffentlich vorgeführt, ihre Lebensgeschichte weidlich ausgeschlachtet. Und ihre Namen stehen häufig nicht nur für böse Taten, sondern für das Böse schlechthin. Deshalb wird, wenn eine Frau gemordet hat und überführt worden ist, meist auch ein Medienspektakel daraus. Der Fall Monika Böttcher (besser bekannt als Monika Weimar) beispielsweise hielt diese Republik zwanzig Jahre lang in Atem: Am 7. August 1986 werden Melanie und Karola gefunden, ihre 5- und 7-jährigen Töchter sind erwürgt beziehungsweise erstickt worden. Erst gerät der Vater in Verdacht, dann die Mutter, schließlich wieder der Vater, letztlich doch die Mutter. Monika Böttcher wird verhaftet, und es beginnt ein juristischer Verhandlungsmarathon, keine Instanz bleibt ausgespart, bis hinauf zum Bundesverfassungsgericht. Ein ganzes Land diskutiert diesen Fall und seine möglichen Hintergründe über viele Jahre hinweg, immer wieder angestachelt von den Medien: War sie es? Oder doch der Vater? Oder vielleicht beide? Und welche Rolle spielt der Geliebte von Monika Böttcher, ein amerikanischer Soldat? Erst am 22. Dezember 1999 wird das letzte Urteil gesprochen, an diesem Tag endet eines der spektakulärsten Justizdramen der Bundesrepublik: 15 Jahre Haft für Monika Böttcher. Wäre der Täter ein Mann gewesen, dieser Fall wäre, wie viele vergleichbare auch, lediglich eine Fußnote der deutschen Kriminalgeschichte.

Meist richtet sich weibliche Gewalt gegen den Partner oder die eigenen Kinder. Frauen versuchen, sich aus der überwiegend männlichen Dominanz zu lösen, notfalls mit allen Mitteln. Diese Tatmuster sind bekannt und auch recht gut erforscht. Die Tötung des Intimpartners und die generellen Unterschiede zwischen weiblichen und männlichen Tätern und ihren Taten sind demzufolge nur ein Randthema dieses Buches. Im Wesentlichen sollen besondere Formen der weiblichen Tötungsdelinquenz beschrieben und beleuchtet werden, die von der Wissenschaft bisher entweder stiefmütterlich oder gar nicht behandelt worden sind, etwa der Gattenmord, bedingt durch eine verhängnisvolle Dreiecksbeziehung, in der irgendwann ein Mann zu viel da ist und aus Sicht der Täterin beseitigt werden muss. Aber warum trennt man sich nicht einfach oder lässt sich scheiden, wie Millionen anderer Paare auch? Warum werden unliebsam gewordene Ehemänner heimtückisch ermordet?

Zu den bisher kaum erforschten Deliktsbereichen gehört auch die Tötung von Neugeborenen durch die Mutter. Es vergeht mittlerweile keine Woche, in der nicht über den Fund einer Babyleiche berichtet oder eine ganze Serie von Kindestötungen aufgedeckt wird. Jedes Mal sind Entsetzen und Empörung besonders groß, verständlicherweise, berechtigterweise. Die Vorstellung, dass die Mutter, der man sein Leben verdankt, dieses auch böswillig auslöschen kann, dass sie sich an wimmernden und wehrlosen kleinen Menschenwesen vergreift und sie qualvoll tötet, widerspricht unseren Erwartungen und unserer Lebenserfahrung so deutlich und erschüttert unser Urvertrauen in mütterliches Handeln so heftig, dass das Bedürfnis nach Aufklärung besonders groß ist. Wer sind diese Mütter? Warum tun sie das? Und was kann getan werden, damit es nicht immer wieder dazu kommt?

Besonders angsteinflößend sind Tötungsverbrechen, wenn sie in Krankenhäusern oder Pflegeheimen passieren, Orten, an denen man sich besonders sicher und geborgen glaubt, wo kranke Menschen geheilt und ältere Menschen gepflegt werden sollen. Und genau dort begegnet uns das Böse, genau hier wird immer häufiger gemordet, willkürlich, kaltblütig, nahezu ausnahmslos in Serie. Es könnte jeden von uns treffen. Was treibt Frauen, die aus Überzeugung Krankenschwestern und Pflegerinnen geworden sind, um zu helfen, zu solch ruchlosen Verbrechen? Ist es tatsächlich Mitleid mit den Patienten, die von ihren Leiden erlöst werden sollen? Und wie ist es zu erklären, dass diese Serientötungen, bei denen besonders viele Opfer zu beklagen sind, passieren, obwohl die Täterinnen im Regelfall schnell unter Verdacht geraten, aber trotzdem ungehindert weitertöten können?

Die Serienmörderin nimmt im Bereich der weiblichen Tötungsverbrechen allein schon deshalb eine besondere Stellung ein, weil es bisher nur wenige Täterinnen gegeben hat, und zwar weltweit. Seriell mordende Frauen sind uns besonders unheimlich, und wir halten die Täterinnen für besonders böse, weil sie nicht nur heimtückisch morden, sondern dabei nichts empfinden. Ihre Taten schaffen es mühelos auf Seite 1 der *Bild*-Zeitung, aber auch in die *Tagesschau*. Welche Motive haben diese Frauen? Was unterscheidet sie von männlichen Tätern? Und wie gelingt es ihnen, ihre Taten nicht nur vor der Polizei zu verbergen, sondern auch vor dem eigenen sozialen Umfeld? Morden Frauen gerissener und raffinierter als Männer?

Unabhängig von Täterinnen und Taten muss auch der gesellschaftliche Kontext ausgeleuchtet und verstanden werden, in dem solche Verbrechen passieren: die konkreten Tatsituationen, die sozialen Rahmenbedingungen. Wer außer der Täterin hat noch dazu beigetragen, dass es so weit kommen konnte? Wer hat Mitschuld? Wer hat noch versagt? Vielleicht stellt sich bei der Untersuchung dieser Fragen sogar heraus, dass das Böse in der Mörderin nur eine Illusion ist.

1. Zwischen den Mahlsteinen

»Mein Mann war nicht schlecht, er war auch nicht böse.
Er konnte sich aber vergessen, wie ein Tier,
und mich behandeln wie ein Straßenmädchen.«

Am 26. Juni 1947 finden badende Jugendliche in der Gemeindekiesgrube von Klein Nordende, einer 2.500 Einwohner zählenden Gemeinde, etwa vier Kilometer von Elmshorn gelegen, eine männliche Leiche, verschnürt in einem Seesack. Dass ein Kapitalverbrechen vorliegen muss, ist schon auf den ersten Blick zu erkennen: Der Schädel des Opfers weist mehrere Zertrümmerungen auf. Durch die Mordkommission der Kripo Pinneberg wird eine Obduktion veranlasst. Der Tote ist 1,81 Meter groß und hat dunkelblondes Haar. Im Unterkiefer sind rechts zwei Zähne nicht vorhanden, im Oberkiefer fehlt links der vorletzte Zahn. Im rechten Oberkiefer befindet sich ein Goldzahn. Das Opfer hat kleine und schmale Hände. Auch die Rechtsmediziner kommen zu dem Ergebnis, dass der Unbekannte erschlagen wurde. Obwohl alle kriminalistischen Möglichkeiten ausgeschöpft werden, bleibt die Identität des Mordopfers zunächst ungeklärt.

Die Identifizierung des Opfers will auch deshalb nicht gelingen, weil es keine passende Vermisstenmeldung gibt. Dies ändert sich, als am 3. April 1948 im Polizei-Meldeblatt Schleswig-Holstein folgende Fahndungsnotierung abgedruckt wird:

»Spediteur Hans Karl Grüne vermisst.

Seit dem 16.11.46 wird in Elmshorn der Spediteur Hans Karl Grüne, geb. 19.2.13 in Hamburg, vermisst. Beschreibung: 1,81 m groß, schlank, breitschultrig, mittelblondes Haar, blau-graue Augen, gradlinige Nase, vollständige Zähne, brauner Hut, Lederjacke, blauer Rock, blaue Hose, weiße Unterhose, Sporthemd gezeichnet mit ›Grüne‹, blaue Krawatte, schwarze Strümpfe, schwarze Halbschuhe.«

Auch bei der Kripo Pinneberg wird diese Vermisstenmeldung gelesen, und die Todesermittler werden hellhörig. Die Beschreibung von Hans Grüne entspricht jedenfalls teilweise jenem Mann, dessen Mörder es immer noch zu überführen gilt. Beim Meldeamt in Elmshorn wird auf Anfrage mitgeteilt, die Ehefrau des Vermissten sei am 1. Mai 1948 nach Buchholz verzogen. Unverzüglich wird die zuständige Polizeiinspektion in Meldorf kontaktiert, Elfriede Grüne soll dort zu den Umständen des Verschwindens ihres Mannes befragt werden.

Zwei Beamte der Kripo Meldorf suchen anderthalb Wochen später Elfriede Grüne in ihrer Wohnung auf. Die 35-jährige adrette Frau mit den etwas krausen, streng nach hinten gekämmten, schwarzen Haaren gibt bereitwillig Auskunft: Ihr Mann habe am 16. November 1946 die Absicht gehabt, illegal in die russische Besatzungszone zu gehen, um dort einen Lkw zu kaufen, den er für die Neueröffnung seiner Spedition benötigte. Für diese Zwecke habe Hans Grüne 16.000 Reichsmark und eine größere Menge Zigaretten mitgenommen.

»Mein Mann ist nach Hamburg gefahren und hat sich dort drei bis vier Tage aufgehalten«, berichtet sie den Beamten. »Das weiß ich, weil mein Mann mich zweimal aus Hamburg angerufen hat. Doch vermag ich nicht anzugeben, bei wem er sich diese paar Tage in Hamburg aufgehalten haben könnte. Beim letzten Telefongespräch aus Hamburg teilte mein Mann mir mit, dass er sein Vorhaben, den Lkw zu kaufen, durchführen werde, und ich bräuchte mich nicht zu sorgen, er käme bald zurück. Da mein Mann dann aber längere Zeit ausblieb, habe ich in Hamburg Ermittlungen eingezogen und festgestellt, dass er während der Reise weder bei seiner Mutter, seinem Bruder oder seinem Freund vorgesprochen hat. Auch hierüber habe ich mir noch keine größeren Gedanken gemacht, weil mein Mann in Hamburg viele Freunde hatte. Bis zum heutigen Tage habe ich von ihm kein Lebenszeichen erhalten.«

Die Beamten legen ihr die Beschreibung des unbekannten Toten vor, dazu einige Fotos von der Leiche und dem Verpackungsmaterial. Elfriede Grüne sagt darauf, ihr Mann habe »mit Sicherheit keinen Goldzahn gehabt«, sein Gebiss sei »sehr gut gewesen«, Zähne hätten nicht gefehlt. Auch habe ihr Mann »schöne Hände« gehabt, »ausgesprochen feste Seemannshände«, die »nicht abgearbeitet« gewesen seien. Das Material, mit dem das Opfer umhüllt und verschnürt wurde, ist ihr »nicht bekannt«. Ungefragt weist sie auf eine Narbe ihres Mannes hin, die er nach einer Blinddarmoperation zurückbehalten habe. Abschließend sagt sie: »Weitere Angaben kann ich nicht machen, und ich nehme stark an, dass mein vermisster Mann mit der aufgefundenen Leiche in Nordende nicht identisch ist.«

Obwohl Elfriede Grüne das Opfer nicht als ihren Mann wiedererkannt hat und auch die Schwiegermutter des Vermissten energisch darauf hinweist, dass Hans Grüne keinen Goldzahn gehabt habe, werden die Ermittlungen fortgeführt. Hans Grüne war im Krieg Oberleutnant bei der Marine. In seinen Militärakten müsste der Goldzahn vermerkt sein. Doch in den Wirren der Nachkriegszeit ist die Suche nach behördlichen Akten ein mühseliges Unterfangen. Zuerst glaubt man, sie in Hamburg in der Marine-Personal-Dokumentenstelle gefunden zu haben, doch von dort wurden sie nach Berlin geschafft. Aus Berlin kommt schließlich die Meldung, Grünes Unterlagen würden wahrscheinlich gerade per Lastkahn an eine andere Stelle transportiert. Endlich werden die Akten gefunden, doch es fehlen Angaben zum Zahnstatus. Wieder eine Sackgasse. Weil es an weiteren erfolgversprechenden Ermittlungsansätzen fehlt, wird die Akte 3 Js 3922/47 nicht weiter bearbeitet.

Es vergehen einige Jahre. Erst im November 1953 werden die Ermittlungen durch die Bezirkskriminalpolizeistelle Itzehoe wieder aufgenommen. Zu den Routineaufgaben von Kriminaloberkommissar Werner Kohlschreiber gehört es, von Zeit zu Zeit ungeklärte Mordfälle neu aufzurollen. Er macht sich mit dem Verfahren »Grüne« vertraut, spricht mit dem ehemaligen Sachbearbeiter, inspiziert den Fundort der Leiche. Und er wird misstrauisch, als er die Aussage von Elfriede Grüne liest. Irgendwie hat er dabei ein merkwürdiges Gefühl, und es stört ihn, dass die Frau so lange mit einer Vermisstenanzeige gewartet hat – anderthalb Jahre! Warum nur? Und hat sie überhaupt die Wahrheit gesagt, als sie behauptete, ihr Mann habe ein vollständiges Gebiss und keinen Goldzahn gehabt? Als vorrangiges Ziel für weitere Ermittlungen formuliert er in einem Vermerk: »Bei einer nochmaligen Überarbeitung des Falls muss versucht werden, alle Möglichkeiten zur Identifizierung des noch immer unbekannten Opfers auszuschöpfen.«

Mit neun Vermisstensachen befasst sich Werner Kohlschreiber näher, die im Großraum Itzehoe nach Anfang 1946 unerledigt geblieben sind. Drei Fälle können schnell ausgeschlossen werden, weil die Vermissten mittlerweile wieder aufgetaucht sind. Bei den übrigen Männern weichen die Personenbeschreibungen von der des Mordopfers teilweise erheblich ab, mit einer Ausnahme: Hans Grüne, der auch als Einziger eine Blinddarmoperationsnarbe haben soll. Werner Kohlschreiber vermutet darum in dem unbekannten Toten Hans Grüne. Dieser Annahme steht indes nach wie vor die Aussage seiner Ehefrau gegenüber, die keinen Goldzahn gesehen haben will. Nach reiflicher Überlegung kommt der Kommissar zu dem Schluss, dass Elfriede Grüne entweder tatsächlich nichts von dem Goldzahn weiß, weil ihr Mann ihn erst während des Krieges hat einsetzen lassen – oder aber gelogen hat. Und dann wäre sie automatisch des Mordes verdächtig. Oder der Beteiligung daran. Oder verdächtig, den Auftrag zur Tötung gegeben zu haben.

Am 21. Januar 1954 wird Elfriede Grüne, die mittlerweile in Gremmelsbach im Schwarzwald lebt, von Beamten des Gendarmeriepostens Triberg vernommen, und zwar als Zeugin. Sie sagt: »Am 3. Mai 1940 habe ich mich mit Hans Grüne verheiratet. Damals war mein Mann bei der Kriegsmarine in Kiel. Im Oktober

1943 wurde ich als Flakhelfer nach Hagenoland bei Berlin eingezogen. Beim Zusammenbruch des Krieges wurde ich entlassen und begab mich nach Elmshorn. Dort habe ich, nachdem sich die allgemeine Lage etwas gebessert hatte, eine Leihbücherei eröffnet, damit ich meinen Lebensunterhalt bestreiten konnte. Bis September 1945 hatte ich von meinem Mann keine Nachricht und wusste auch nicht, wo er sich befand, als ich dann aus Dänemark Nachricht bekam, dass er sich bei einem englischen Marinebergungskommando befinde. Da er keine Adresse beschrieb, konnten wir nicht in briefliche Verbindung treten. Im Sommer 1946 wurde mein Mann entlassen und kehrte zu mir nach Elmshorn zurück.«

Sie berichtet ferner von dem Versuch ihres Mannes, sein altes Speditionsgeschäft wieder aufzubauen, den Schwarzmarktgeschäften und seiner Schweigsamkeit, wenn es um geschäftliche Dinge ging: »Mein Mann war sehr verschlossen, und somit habe ich über sein Gebaren nichts erfahren, obwohl unsere Ehe gut verträglich war.« Nachdem ihr Mann nach Hamburg gefahren sei und sie auch nach acht Tagen keine Nachricht von ihm erhalten habe, sei sie unruhig geworden und habe Nachforschungen angestellt: »Ich habe meinen Schwager angerufen, ob er etwas von meinem Mann wisse. Hermann sagte mir, dass er vor etwa vier Tagen bei ihm gewesen sei und dass er sich geäußert habe, etwas in der Ostzone in Aussicht zu haben, und dass er hinter Lübeck illegal über die Grenze gehen wolle. Mehr konnte mein Schwager auch nicht sagen.«

Sie wird abermals aufgefordert, etwas über die Zähne ihres Mannes zu sagen. Wieder spricht sie von »einem vollzähligen Gebiss«, nicht einmal plombierte Zähne habe er gehabt. Und sie erwähnt erneut die Operationsnarbe ihres Mannes, ihm sei doch der Blinddarm herausgenommen worden. Dann bietet sie ihre Einschätzung zum Verbleib des Gatten an: »Dass mein Mann nicht mehr lebt, glaube ich nicht. Ich vermute eher, dass er in der Ostzone von den Russen geschnappt worden ist und sich wahrscheinlich im Gefängnis befindet oder in das Innere Russlands abtransportiert wurde.«

Um die näheren Umstände des Verschwindens von Hans Grüne aufzuhellen, werden im Haus und in der Nachbarschaft seiner früheren Wohnung Ermittlungen angestelllt. Und dabei kommt Erstaunliches heraus: Wenn Hans Grüne von zu Hause weggegangen sei, sagen die Befragten, dann nur wegen seiner Frau – denn bei seiner Entlassung aus der Kriegsmarine habe Elfriede Grüne bereits mit einem anderen Mann zusammengelebt. Es ist Gerhard Benzinger, 28, von Beruf Bildhauer. Hans Grüne müsse von dieser Beziehung gewusst haben, mutmaßen die Zeugen. Benzinger und Elfriede Grüne hätten im Dachgeschoss des Hauses eine Wohnung mit drei Zimmern gehabt, und als Hans Grüne zurückgekehrt sei, habe er in dem abgeschlossenen dritten Zimmer gewohnt – während seine Frau und ihr Liebhaber je ein Zimmer bewohnt hätten, die jedoch miteinander verbunden gewesen seien. Die Hauseigentümerin weiß zudem zu berichten, dass Hans Grüne »ganz bestimmt« einen Seesack besessen habe. Auch sei sie »sehr sicher, dass der auch einen Goldzahn hatte, und zwar oben«. Sie wisse nur nicht mehr, ob rechts oder links. Ob Elfriede Grüne ihren Mann angerufen habe oder von ihm angerufen worden sei? Die Zeugin weiß nichts von einem solchen Anruf. Und gerade sie muss es wissen, weil Elfriede Grüne keinen eigenen Telefonanschluss hatte und immer ihren, den Apparat der Vermieterin, benutzen musste und sich dort auch anrufen ließ.

Ein Ehepaar, das mit Hans Grüne gut befreundet war, berichtet, ihnen gegenüber habe er durchblicken lassen, dass er von der Beziehung seiner Frau zu Benzinger gewusst habe. Deshalb sei es auch immer wieder zu teils heftigen Auseinandersetzungen gekommen. Wörtlich soll Hans Grüne einmal gesagt haben: »Das halte ich nicht mehr aus. Es muss jetzt zu einer Lösung kommen.« Es sei wohl zutreffend gewesen, dass er sich einen Lkw habe kaufen wollen, von einer Reise in die Ostzone sei jedoch niemals gesprochen worden. Und dann sei er im Spätherbst 1946 plötzlich verschwunden.

In den Jahren 1946/47 beschäftigten die Grünes ein Hausmädchen. Von ihr ist jetzt zu erfahren, dass nach dem Verschwinden des Hausherrn seine Frau sämtliche Kleidung des Vermissten verkauft oder aus dem Haus geschafft habe, obwohl sie eigentlich mit seiner Rückkehr habe rechnen müssen. Auch sie habe mitbekommen, dass in der Wohnung häufig gestritten worden sei, und zwar »wegen dem Benzinger, der Herr Grüne konnte das nicht mehr ertragen«. Ihr sei auch aufgefallen, dass Elfriede Grüne sich »nicht wirklich« um das Schicksal ihres Mannes gesorgt habe. Schon kurze Zeit nach seinem Verschwinden seien die Möbel in der Wohnung umgestellt worden und »Frau Grüne hat mit Herrn Benzinger in eheähnlicher Gemeinschaft zusammengelebt«.

Werner Kohlschreiber resümiert das Ergebnis der Ermittlungen in einem Vermerk: »Aufgrund dieser Feststellungen in der Vermisstensache Grüne tauchen Verdachtsmomente auf, dass der unbekannte Tote Hans Grüne sein kann und er von seiner Ehefrau und deren Liebhaber Benzinger ermordet und beiseitegeschafft wurde. Diese Feststellungen waren bisher unbekannt geblieben.«

Nun erscheint die vermeintliche Vermisstensache in einem anderen, einem dunklen Licht. Die Ermittler tun gut daran, sich mit den lebenden und dem toten Menschen dieser Ménage à trois zu befassen.

Elfriede Grüne: eine ungewöhnliche Frau, aus gutem Hause stammend, hübsch, freundlich und sympathisch, dem Geistigen und den Künsten zugewandt; sie ist intelligent, ein wenig grüblerisch, schreibt Gedichte, philosophiert gern, träumt von einem besseren Leben; sie schwärmt besonders für Männer, die ihr geistig überlegen sind; sie ist aber auch eigensinnig und kompromisslos; zum zweiten Mal verheiratet; kurz nach der Scheidung musste sie wegen Betruges sogar für neun Monate ins Gefängnis.

Hans Grüne: ein eher gewöhnlicher Mann, lebenslustig und unkompliziert mit optimistischer Lebenseinstellung; nicht vorbestraft; er liebt seine Frau, nimmt es aber mit den ehelichen Pflichten nicht so genau; achtet nicht auf Geld, vertrinkt es in Lokalen auf der Reeperbahn; seiner Frau intellektuell nicht gewachsen; verdrängt Probleme lieber, aber wenn es ihm zu viel wird, kann er sehr unangenehm werden.

Gerhard Benzinger: ehemaliger Oberfähnrich im berühmt-berüchtigten »Jagdgeschwader Mölders«; nach dem Krieg nach

Elmshorn gekommen; aufgeschlossen und wahrheitsliebend, nachgiebig und wankelmütig; sensibel, künstlerisch begabt; aber auch reizbar, impulsiv und jähzornig; ihm fehlen Lebenserfahrung, Durchsetzungsvermögen.

Diese drei Menschen lebten 1946 in einer kleinen Dachwohnung. Höchst unterschiedliche Persönlichkeiten. Sich liebend, gegenseitig belauernd, verdächtigend, beleidigend, verletzend. Wurde Hans Grüne aus dieser fatalen Dreiecksbeziehung gewaltsam und endgültig hinausgedrängt? Weil er den Lebensplänen seiner Frau im Wege stand? Weil er ihr oder ihnen zusehends unbequem und lästig geworden war?

Zunächst sind dies nur Überlegungen, Vermutungen. Es fehlen Beweise, um nach dem Paar greifen zu können, das im beschaulichen Gremmelsbach Anschluss gefunden und einen tadellosen Leumund hat. Werner Kohlschreiber interessieren besonders ein Bündel Messinglötdraht und einige Enden Bindedraht, mit denen der Leichnam zusammengeschnürt wurde. In seinem Antrag an das Bundeskriminalamt begründet er, warum nun, Jahre nach dem Leichenfund, Vergleichsuntersuchungen durchführt werden sollen: »Der Schlosser Gustav Klatt aus Elmshorn, der seinerzeit für den Bildhauer Benzinger kunstgewerbliche Arbeiten verrichtete, will in dessen Werkstatt einen größeren Vorrat gleicher Schweißdrähte gesehen haben. Klatt hat einige dieser Drähte von Benzinger geschenkt bekommen und besaß auch jetzt noch ein Stück dieses Drahtes, das sichergestellt werden konnte. Dieser Vergleichsdraht entspricht in Aussehen und Stärke dem bei der Leiche gefundenen und trägt auch dieselbe Fabrikatsbezeichnung.«

Schon einige Tage später erreicht die Ermittler in Itzehoe das BKA-Fernschreiben Nr. 575, in dem vorab mitgeteilt wird, dass die Messingdrähte und das übersandte Vergleichsstück aus derselben Fertigung stammen. Das zwei Tage später vorliegende schriftliche Gutachten macht Elfriede Grüne und Gerhard Benzinger endgültig zu Mordverdächtigen. »Das Drahtstück von Klatt weist sehr markante Ziehspuren auf«, schreibt der Experte für Werkzeugspuren, »die in gleicher Anordnung auch an einem der Drähte aus dem Bündel festgestellt wurden. Unter dem Vergleichsmikroskop wurden zwei Gruppen dieser Ziehspuren aus der Mitte der beiden Drähte zusammengelegt und fotografiert; die Bilder der Aufnahmen lassen die Übereinstimmung deutlich erkennen. Die Tatsache, dass sie aus gleicher Fertigung sind, ist damit für den Draht von Klatt und den Draht des Bündels einwandfrei nachgewiesen.«

Volltreffer! Damit steht fest: Das unbekannte Mordopfer ist Hans Grüne, und die Drähte, mit denen seine Leiche umwickelt wurden, stammen aus der Werkstatt von Benzinger. Die Kripo vermutet nun, dass Hans Grüne in seiner Wohnung in Elmshorn mit einem Beil erschlagen und sein Leichnam anschließend mit einem Fahrrad oder Bollerwagen zur Kiesgrube gebracht und dort versenkt wurde. Vom Tatort bis zum Fundort sind es nicht mehr als 15 Minuten Fußweg. Mittlerweile konnte auch ermittelt werden, dass Hans Grüne sich von einem Freund 14.000 Reichsmark hatte borgen wollen, aber kurz vor seinem Verschwinden Elfriede Grüne sich dieses Geld, wohl unter falschem Vorwand und ohne Einverständnis ihres Ehemannes, hatte auszahlen lassen. War es hierüber zwischen den Eheleuten zu einem Zerwürfnis gekommen? Oder befürchtete Elfriede Grüne nur, ihr Mann könne dahinterkommen? Musste Hans Grüne deshalb sterben?

Werner Kohlschreiber und seine Kollegen sind fest davon überzeugt, auf der richtigen Spur zu sein, es sind jetzt genügend Indizien und Beweise zusammengetragen worden, um einen Haftbefehl gegen die Verdächtigen zu erwirken. Nur ist das Mosaik dieses Verbrechens noch unvollständig und zeigt große Lücken: Wer hat Hans Grüne getötet? Seine Frau? Ihr Liebhaber? Oder beide, und zwar geplant und arbeitsteilig? Wann, wo und wie wurde der Mann getötet? Wo ist die Tatwaffe? Und aus welchem Grund wurde das Opfer umgebracht?

Die Verdächtigen werden am 17. August 1954 in den frühen Morgenstunden verhaftet und noch am selben Tag auf dem Gendarmerieposten Triberg verantwortlich vernommen. Und sie sagen aus.

Elfriede Grüne erklärt »zur Sache«: Ihr Mann sei Weihnachten 1945, vielleicht auch etwas später, aus dem Krieg heimgekehrt.

Zu dieser Zeit habe Gerhard Benzinger bereits in ihrer Wohnung gelebt, allerdings habe er ein eigenes Zimmer gehabt. Ihr Mann sei darüber informiert gewesen. Am 12. oder 13. November 1946 sei ihr Mann verschwunden, er habe ihr nur gesagt, dass er nach Hamburg fahren wolle. Danach habe sie von ihm nichts mehr gehört.

Zu den ehelichen Verhältnissen sagt sie: »Unsere Ehe war in der Nachkriegszeit nicht mehr so, wie sie sein sollte. Wir hatten uns etwas entfremdet, und ich war mit meinem Mann nicht mehr zufrieden, insbesondere darüber nicht, dass er nach Hamburg fuhr und dort in Nachtlokalen verkehrte. Es ist wiederholt zu Aussprachen und Auseinandersetzungen gekommen, wir haben uns aber hinterher immer wieder vertragen. Als wir am Abend vor seinem Verschwinden vom Tanz nach Hause gingen, haben wir uns ausgesprochen und wurden uns einig, dass wir zusammenbleiben wollten. Eine Scheidung hatten wir bisher nicht in Erwägung gezogen und hatten darüber auch nicht gesprochen. Auch dass mein Mann mich verlassen wollte, ist von seiner Seite nie angesprochen worden. Mein Mann hatte während des Krieges eine Freundin, und zwar eine Marinehelferin, die auch ein Kind von ihm hatte. Auch das hat zu dem schlechten Verhältnis zu meinem Mann beigetragen.«

Dann wiederholt sie die Aussagen, die sie bereits zuvor bei der Kripo gemacht hat: Sie habe keine Erklärung für das Verschwinden ihres Mannes, sie habe damit nichts zu tun, sie sei immer um ihren Mann besorgt gewesen, sie habe alles getan, um ihn ausfindig zu machen, irgendwann habe sie aber kapituliert.

Und ihre Beziehung zu Gerhard Benzinger? Mit ihm habe sie bis zum Verschwinden ihres Mannes »kein näheres Verhältnis gehabt«. Erst im Mai 1948, als sie mit ihm nach Buchholz gezogen sei, hätten sie zueinander gefunden und »ein eheähnliches Verhältnis gehabt, bis heute«. Im Oktober 1949 hätten sie ihren Lebensmittelpunkt in den Schwarzwald verlegt, »wegen der besseren Verdienstmöglichkeiten«.

Zu dem gegen sie formulierten Tatverdacht empört sie sich: »Ich habe mit dem Verschwinden meines Mannes nichts zu tun, ich bin unschuldig. Auch Benzinger hat damit nichts zu tun. Wir haben ihn nicht umgebracht. Auch wenn mir erklärt wird, dass meine bisherigen Angaben zum Verschwinden meines Mannes in vielen Punkten nicht zutreffend sind und dass Beweise vorliegen, dass ich doch daran beteiligt bin, so muss ich das zurückweisen und erklären, dass ich damit nichts zu tun habe!«

Die Vernehmung wird nach genau acht Stunden und zehn Minuten abgebrochen. Der Vernehmungsbeamte beschreibt in einem Vermerk den Verlauf des Verhörs und das Verhalten der Verdächtigen: »Frau Grüne hat während der Vernehmung wiederholt geweint und geschluchzt und war sehr erschüttert. Zuletzt saß sie teilnahmslos den Kopf in beide Hände gestützt da. Da ich den Eindruck gewonnen habe, dass Frau Grüne der Verhandlung nicht mehr folgen konnte, wurde die Vernehmung unterbrochen. Sie wird morgen fortgeführt.«

Zur selben Zeit wie Elfriede Grüne sitzt auch ihr Lebensgefährte zwei Kriminalbeamten gegenüber. Zunächst wird Gerhard Benzinger aufgefordert, seinen Lebenslauf anzugeben. Er habe eine glückliche Kindheit gehabt, sagt er, sein Vater sei Architekt gewesen, die Mutter habe sich um die Familie gekümmert. Im Jahre 1942 habe er Abitur gemacht und sei nach der Schulzeit freiwillig zur Luftwaffe gegangen, er habe bis zum Ende des Kriegs gekämpft. Sein letzter Dienstgrad sei Leutnant gewesen. Nur kurze Zeit habe er in amerikanischer Gefangenschaft verbringen müssen, im Juni 1945 sei er entlassen worden. Weil er sich in der Westzone bessere Lebensbedingungen erhofft habe, sei er nach Elmshorn gekommen. Dort habe er Elfriede Grüne und ihre Familie kennengelernt, und zwar durch seine Tätigkeit als Bildhauer, er habe für die Leute eine Reihe von Schnitzarbeiten gemacht. Elfriede Grüne habe eine Leihbücherei betrieben, die »Blaue Stube«. Er habe den Kontakt zu ihr intensiviert, um mit ihr gemeinsam Geschäfte zu machen. Irgendwann sei er zu ihr in die Wohnung gezogen und gut aufgenommen worden. Als Hans Grüne nach Hause zurückgekehrt sei, habe er weiterhin in der Wohnung gelebt.

Die Beamten reden Benzinger ins Gewissen, legen ihm dar, in welch prekärer Lage er sich befinde, weisen ihn auf die belastende Beweislage hin, machen deutlich, dass Lügen und Leugnen keinen Sinn mehr habe, dass er seine Situation dadurch nur verschlechtern würde. Es sei doch besser und von Vorteil, endlich reinen Tisch zu machen und sich von der seelischen Belastung zu befreien. Heute. Jetzt.

Um exakt 15.43 Uhr gibt Benzinger seinen Widerstand auf und sagt zunächst nur, er fühle sich schuldig. Dann legt er ein Geständnis ab. »Ich gebe zu, Hans Grüne eines Nachts in seiner Wohnung mit einer Axt durch Schläge auf den Kopf getötet zu haben«, beginnt er einen längeren Monolog. Endlich kommt nach acht Jahren Licht ins Dunkel. »Das hat sich folgendermaßen abgespielt: Am 13. November war zwischen Frau Grüne und ihrem Mann ein Streit entstanden, warum, weiß ich nicht. Ich hörte nur von meinem Zimmer aus, dass es lauter wurde. Das wird so gegen Mitternacht gewesen sein. Frau Grüne ging hinaus, und zwar ins Badezimmer. Während dieser Zeit schimpfte Grüne auf mich, ich konnte es deutlich hören. Als Grüne über mich herzog, stand ich wieder auf. Ich geriet dadurch, dass er über mich schimpfte, in furchtbare Erregung und Wut und ging hinaus in die Küche. Dort nahm ich mir ein Beil und ging auf den Bodenraum, wo Grüne war. Er lag halb ausgezogen auf der Couch. Als ich den Raum betrat, richtete Grüne sich auf und machte Anstalten, auf mich zuzukommen. Er wollte wohl aufspringen. In diesem Moment habe ich ihn wieder auf die Couch gedrückt und ihm mehrere Schläge mit der Axt auf den Schädel versetzt. Herr Grüne hat kaum einen Laut von sich gegeben, er hat nur geröchelt. Dann blieb er einfach liegen. Ich war so in Erregung, dass ich nicht wusste, was ich tat.«

Und was tat Elfriede Grüne? Sie habe von der Tat nichts mitbekommen, behauptet Benzinger, er sei zu ihr ins Badezimmer gegangen, habe ihr gesagt, was passiert sei. Sie habe darauf nichts erwidert. Er habe die Leiche anschließend in den Seesack getan und in der Werkstatt versteckt. Die Spuren in der Wohnung seien von ihm allein beseitigt worden. In der darauffolgenden Nacht habe er die Leiche mit einem Fahrrad zur Kiesgrube geschafft und dort versenkt. Benzinger nimmt seine Partnerin ausdrücklich in Schutz: »Die Tat habe ich allein und nicht im Beisein von Frau Grüne ausgeführt. Ich will Frau Grüne auch nicht schonen. Sie ist nur von der Tat genau unterrichtet, hat selbst aber nicht mitgeholfen.«

Obwohl die Beamten erleichtert sind, diesen Mord endlich aufgeklärt zu haben, bleiben erhebliche Zweifel, ob die Tat tatsächlich *so* passierte. Benzinger war Hans Grüne körperlich weit unterlegen, und trotzdem wollte er sein Opfer auf die Couch niedergedrückt haben; und das, obwohl Hans Grüne das Lebensgefahr verheißende Beil gesehen haben musste. Warum hat Hans Grüne sich nicht gewehrt? – Ein Mann, groß, muskulös, mit kräftigen Händen, der lange Jahre im Krieg gewesen ist. Das Opfer soll, glaubt man Benzinger, nicht einmal gerufen oder geschrien haben, nicht aus Angst, nicht vor Schmerzen. Deshalb soll Elfriede Grüne von der Tat auch nichts mitbekommen haben. Und als ihr der Tod ihres Mannes eröffnet worden sei, habe sie nichts gesagt. Nichts? Gar nichts? Da passiert in der eigenen Wohnung ein grausames Gewaltverbrechen, angeblich ungeplant und vollkommen überraschend, und es wird nicht darüber gesprochen?

Am nächsten Tag wird Benzinger wieder vorgeführt und vernommen. Er bleibt bei seinem Geständnis. Ausführlich schildert er dann, wie er Elfriede Grüne kennengelernt und wie sich ihre Beziehung entwickelt habe: Zunächst sei es rein geschäftlich gewesen, dann freundschaftlich, und erst, als sie nach Buchholz gezogen seien, leidenschaftlich. Bis zur Tötung von Hans Grüne sei man nicht miteinander intim geworden. Anfangs habe er sich mit Hans Grüne gut verstanden, nach einer Zeit sei es zu einer Eintrübung des Verhältnisses gekommen, warum, könne er nicht genau sagen.

Elfriede Grüne werden die Aussagen Benzingers vorenthalten, sie soll nicht unter Druck gesetzt werden, sondern vorbehaltlos sprechen können. Doch das fällt ihr ausgesprochen schwer. Die Beamten haben eine Frau vor sich, der deutlich anzumerken ist, dass sie einen innerlichen Kampf austrägt, mit ihrem Gewissen ringt. Immer wieder wird sie von Weinkrämpfen geschüttelt. Nach etwa anderthalb Stunden platzt es dann doch aus ihr heraus: »Benzinger hat keine Schuld. Wenn einer schuldig ist, dann bin ich es.« Elfriede Grüne bittet um einen Stift und Papier, sie will nicht reden, sie will lieber alles aufschreiben. Die Beamten geben ihr einen Bleistift, sieben Blatt Papier und bringen die Gefangene wieder in ihre Zelle. Dann beginnt sie zu schreiben.

Über das Verhältnis zu Männern im Allgemeinen: »Meine Eltern führten keine gute Ehe, was meine Vorstellungen ziemlich angriff und zu einer einseitig verkrampften Liebesvorstellung führte, zu einer eingebildeten Verantwortlichkeit, der ich nie gerecht werden konnte. Alle meine Liebeserlebnisse litten darunter. Ich liebte stets hemmungslos und ausschließlich, ohne Rücksicht auf die gute oder schlechte Meinung anderer. Ohne, dass es mir aber bewusst war, erlosch meine Liebe schlagartig, wenn der Geliebte etwas tat, was seinem Bilde in mir Abbruch tat. Er konnte tun, was er wollte, mich belügen, betrügen, alles Schlechte der Welt, aber er durfte nicht stillos sein, nicht gemein, nicht kleinlich, geizig, dumm.«

Über das Verhältnis zu ihrem Mann im Besonderen: »Er war ein netter Junge, vital und mit leicht verzeihlichem Leichtsinn begabt, eigentlich der Typ eines Seemanns. Die Freundschaften auf St. Pauli hat er nie aufgegeben. Er sagte dazu, dass er schließlich ein Mann wäre und manches brauchte, und dass ich ihm dafür zu schade wäre. Ich war sprachlos, tat aber nichts, diesen mir komisch erscheinenden Zustand zu ändern. Ich habe das nie vergessen, vielleicht kam das zu allem hinzu. (...) Er war nicht eigentlich intelligent, aber er hatte gesunden Menschenverstand. Abgesehen von einigen Differenzen, einmal holte er mich weinend zurück, was mir großen Eindruck machte, kamen wir gut miteinander aus. Erst später merkte ich bewusst, dass ich durch die Verbindung mit ihm etwas aufgegeben hatte, auf das ich früher oder später zwangsläufig zurückkommen musste, Bücher, geistige Anregung, Weiterkommen.«

Über das uneheliche Kind ihres Mannes: »Bei einem Kurzurlaub erzählte er mir von seiner nicht ohne Folgen gebliebenen Freundschaft. Er setzte mein selbstverständliches Verständnis voraus und wollte von mir die briefliche Regelung mit dem Mädel.

Ich tat alles. Natürlich weinte ich erst und neidete der anderen das Kind – aber was nützte jetzt jede Aufregung, es war Krieg. Wie lange würden wir noch leben? Versuchen nett zu sein miteinander, solange es ging. Es war ja auch mein stiller Kummer, dass ich auch zu meinem Bruder (der im Krieg umkam, Anm. S. H.) nicht nett und gut gewesen war. Es kann alles so schnell zu spät sein. Ich fand das Verhalten meines Mannes nur nicht kameradschaftlich gegen mich, ich wurde immer einsamer. So machte ich mir auch nicht den geringsten Vorwurf, mich einem Menschen zu geben, den ich wert hielt.«

Über die Beziehung zu Gerhard Benzinger: »So kam Benzinger eines Tages. Ich hatte ihn kurz zuvor im Geschäft gesehen, natürlich konnte er auch mitarbeiten. Dann fuhr ich nach Kiel zu meinem Mann, und als ich zurückkam, hatte meine Schwester Herrn Benzinger zu uns gebracht. Es war mir ganz selbstverständlich, wir hatten Platz. Seine Art gefiel mir von Anfang an, sein Stolz und sein Kummer über den verlorenen Krieg. In dem Jungen fand ich endlich den gleichen Klang. Der grübelte wie ich um das Warum, mit dem konnte ich reden über die Sinnlosigkeit des Krieges, mit dem konnte man tatsächlich endlich wieder diskutieren über alles, was einen bewegte. Ich stand ihm vollkommen unbefangen gegenüber, war frei und vergnügt und zog ihn damit wohl an. Ich nahm ihn so ernst, wie er mich nahm, und gab ihm bedenkenlos alles Vertrauen. Da war nichts von Liebe und Intimitäten, da hatten sich ganz einfach zwei Geschwister gefunden.«

Über die Beziehung zu ihrem Mann nach dessen Rückkehr aus dem Krieg: »Man muss noch verstehen, dass mein Mann mich als selbstverständliches Eigentum ansah, das er nun lange genug hatte und darum rundherum zu kennen glaubte. Da gab es keine Gespräche über Gott und Krieg, allenfalls über den armen verkannten Hitler, dass ich rasend wurde. In der Hauptsache war ich für meinen Mann fürs Bett, Hausfrau, Ehefrau, ich sollte einzig für ihn sorgen und dauernd zur Verfügung stehen. Bei den Besuchen habe ich ja alles mitgemacht, aber dann zu Hause, ging es nicht mehr. Ich hatte doch wirklich nicht die ganze Zeit nur zu Hause gesessen und gestrickt. Lieber Gott, mein Leben war doch inzwischen weitergegangen. Das musste er doch einsehen. Ich hatte ja Verständnis für den ersten Taumel, aber ich war doch ein Mensch für mich. Nichts ließ er von mir zu Worte kommen, nichts schloss er auf. Er war da, war mein Ehemann, hatte seine Rechte, fertig. Ich war verzweifelt, ich wurde unglücklich, zerrissen. Ich fand mich so herabgewürdigt, so eingesperrt. Es war furchtbar.«

Über sexuelle Probleme in der Ehe: »Mein Mann war ein wilder Liebhaber, und ich musste jedes Zusammensein mit stundenlangen quälenden Schmerzen bezahlen. ›Das gibt sich‹, meinte mein Mann, ›du bist nur nichts mehr gewöhnt.‹ Und dann ging es nicht mehr, ich machte nicht mehr mit. Er gab mir böse Worte, ich wurde bockig, ich wurde wild. Er zwang mich, und da war es erst mal aus. Ich schützte lange Unwohlsein vor, ich verschanzte mich hinter Herrn Benzinger, ich hatte jeden Weg zu meinem Mann verloren.«

Über die Entfremdung und Entzweiung in der Ehe: »Ich zitterte vor jedem Abend. Nun fand ich immer neue Finten, ihm aus dem Weg zu gehen. Da gab er dann teilweise insofern nach, als er auch anderweitig Befriedigung suchte. Er fing an, ausgedehnter nach Hamburg zu fahren. Zu Hause ertappte ich ihn ab und zu sehr nah bei meiner Hausgehilfin, ein hübsches Ding, das für andere Nöte sicher Verständnis hatte. Mir war es eigentlich egal, sagte ihm aber, dass ich nicht blind wäre. Er ging alleine tanzen, er ging stundenlang zu einer anderen Frau – mich sah er dann blass und vorwurfsvoll an, und ich wusste nicht aus noch ein. Er tat mir dann wieder leid, es war doch so dumm, sich gegenseitig zu quälen, er war doch kein schlechter Mensch. Warum ließ er nicht mit sich reden, warum setzte er sich nicht einmal abends ruhig hin, ein gutes Buch in der Hand. Ich kann das heute nicht mehr ganz verstehen, meine panische Angst vor jeder seiner Umarmungen. Damals dachte ich nur noch im Kreise. Kaum war er aus dem Haus, lebte ich auf, um restlos zu verfallen, wenn er wieder da war.«

Über die Dreiecksbeziehung zwischen ihr, Hans Grüne und Gerhard Benzinger: »So kam es zwangsläufig, dass wir alle drei zwischen die Mahlsteine gerieten. Er quälte sich ja genauso und fand keinen Ausweg. Mir wurde es immer schrecklicher, wenn ich an all das Volk dachte, das er umarmt hatte. Hin und her ging es. Mal schien es gut, wir wurden alle etwas vernünftiger. Ein dummer Abend – und aus war es. Sicher habe ich Schuld, er war ja mein Mann, er liebte mich, sehr sogar. Und ich verhielt mich ganz verkehrt. (...) Nun wollte mein Mann, dass ich die Bücherei verkaufte und ihm das Geld für sein Geschäft gab. Ich wollte das nicht. Dann hatte ich ja gar nichts mehr und war ihm restlos ausgeliefert. Außerdem konnte ich nicht mehr recht an seinen Ernst glauben. Ganz von alleine bekam man durch die Bücherei auch kein Geld, und das Leben war nun arg teuer. Herr Benzinger schnitzte unaufhörlich und half, wo er konnte. Vonseiten meines Mannes kam nichts. Also kam bei mir auch von dieser Richtung eine gewisse Ungeduld gegen meinen Mann. Und das zermürbende Betteln um mich ließ nicht nach. (...) Ich wurde so gedemütigt, wie ich es gar nicht beschreiben kann. Sie müssen das verstehen. Mein Mann war nicht schlecht, er war auch nicht böse. Er konnte sich aber vergessen, wie ein Tier, und mich behandeln wie ein Straßenmädchen. Ich war sehr verzweifelt. Ich hatte keine Freude mehr und sah keinen Ausweg.

Herr Benzinger quälte sich um mich. Er wusste nicht, wie er mir helfen sollte. Er litt wie wir, er wollte gehen, auch von wirren Gefühlen gepeinigt, wir alle waren im Dunkeln. (...) Ich glaube, dass das alles kein normaler Mensch verstehen kann. Mein Leben war wirklich wertlos von da an, wo ich mich beweisen sollte und allen, die ich liebte oder die mich liebten, brachte ich nur Schmerz, Schande, Enttäuschung. Und, bei Gott, eigentlich wollte ich gut sein. Ich habe doch meinen Mann nie gehasst. Ich wollte ihm nichts Böses.«

Schließlich über die Umstände, die zum Tod ihres Mannes geführt haben: »Immer wieder quälte ich mich zu einem richtigen Weg für alle. Hätte ich Herrn Benzinger fortschicken sollen? Vernünftige Menschen sagen: selbstverständlich. Ich weiß nicht mehr, ich kann nicht mehr entscheiden, ich sehe heute noch sein Gesicht vor mir, so ausweglos verzweifelt, er hatte doch keine

Heimat, er war so ein junger, so ein lieber anständiger Mensch. Ich habe ihm etwas bedeutet, vielleicht war er bei mir ein wenig nach Hause gekommen.

Und mein Mann – ich musste mit ihm sprechen. Ich ging also mit ihm tanzen. Nachher gingen wir alleine nach Hause und in den Bodenraum. Da sagte ich ihm vieles, sagte, dass ich nicht mehr mit ihm leben könnte, aber bereit wäre, mit ihm zu sterben. Es kam alles wie ein Zwang, ganz von alleine, als ob ich eine fremde Szene hörte, so sah ich mir zu. Ich hatte ein starkes Schlafmittel, ich konnte ja oft nicht schlafen. Jeder sollte 20 Tabletten nehmen. Es war so seltsam, ich weiß nicht mehr, er sah mich nur an und ich dachte nichts, ich war nur tief verwundert, wieso alles so einfach war. Und er trank die Tabletten in wenigen Zügen, ohne mich aus den Augen zu lassen. Ich weiß, dass ich ihn küsste, es klingt vielleicht entsetzlich, ich konnte nicht anders. Ich liebte ihn in diesem Augenblick sehr. Er war so komisch schnell bewusstlos. Ich saß auf dem Sessel und starrte ihn wie bewusstlos an. Es war alles so seltsam. Ich starrte auf die Tabletten in meinem Glas. Dann nahm ich die Gläser und spülte sie aus. Es war alles tot in mir.

Und nun, als ich aus der Tür kam, stand da Gerhard Benzinger. Er war sich bestimmt nicht klar über die Situation, glaubte todsicher, ich hätte ihn ermordet. Ich ging ins Badezimmer und weiß, dass ich mich am Fensterkreuz festhielt, weil sich alles vor mir drehte. Und als ich zurückging, hatte Herr Benzinger eine Axt geholt und gehandelt. Er wollte mich nicht alleine lassen. Haben wir beide überhaupt gedacht in jener Nacht? Ich glaube nicht. Wenn ich mich zurückerinnere, sehe ich uns wie Automaten das Erforderliche tun. Jetzt muss durchgehalten werden und weiter den Weg, etwas anderes war nicht in mir.«

Das von Elfriede Grüne bei der Tatschilderung am häufigsten benutzte Adjektiv ist »seltsam«. Höchstwahrscheinlich hat sie dadurch versucht, die unlogischen und unwahrscheinlichen Leerstellen ihrer Schilderung zu füllen. Die Ermittler sind überaus misstrauisch, sie nehmen Elfriede Grüne diese Schilderung nicht ab: Eine Leiche soll »ermordet« worden sein? Genauer gesagt:

Hans Grüne soll bereits tot gewesen sein, als Benzinger ihm den Schädel einschlug. Die Version der Selbsttötung passt indes nicht zu Hans Grüne, den alle Zeugen als lebenslustigen, optimistischen Mann beschreiben. Die Kriminalisten halten den angeblichen Selbstmord für ein Hirngespinst Elfriede Grünes – ein raffinierter Schachzug, um sich und Benzinger vor einer Anklage wegen Mordes zu bewahren.

Damit nicht genug, Elfriede Grüne liefert der Kripo in der Folgezeit immer wieder neue Versionen der Tat. Zunächst ändert sie ihre Darstellung dahin, sie allein habe ihrem Mann mit der Axt mehrere Schläge auf den Kopf versetzt. Benzinger habe ohne ihr Zutun die Leiche in den Seesack verpackt und aus der Wohnung getragen. Gemeinsam hätten sie am nächsten Abend den Leichnam fortgeschafft. Bei der nächsten Vernehmung erklärt sie die Zertrümmerung des Schädels ihres Mannes damit, sie habe ihn für den Fall der Auffindung nur unkenntlich machen wollen.

In ihrer nächsten Aussage schildert sie, dass sie mit Benzinger vor der Tat ausgemacht habe, ihren Mann zu töten. Einen Tag vor der Tat habe sie zu Benzinger gesagt: »Heute Nacht muss etwas geschehen!« Sie sei mit ihrem Mann zum Tanzen gewesen. Nach der Rückkehr hätten sie gemeinsam Schlaftabletten genommen. Dann habe sie mit Benzinger gesprochen und sei ins Badezimmer gegangen. Benzinger sei allein hinüber in den Bodenraum und habe Hans Grüne erschlagen. Sie selbst sei nicht anwesend, aber mit der Tötung einverstanden gewesen.

Elfriede Grünes vorerst letzte Version: Es habe gar keine Verabredung zum Mord gegeben, beteuert sie. Sie habe vielmehr Benzinger in der Tatnacht geweckt, nachdem ihr Mann eingeschlafen sei. Und dann habe sie Benzinger das Beil in die Hand gedrückt und sei ins Badezimmer gegangen, während Benzinger das Opfer im Bodenraum erschlagen habe. Die Axt sei nur deshalb benutzt worden, weil sie befürchtet habe, ihr Mann könne wegen der Überdosis Schlaftabletten Krampfzustände bekommen.

Auch Gerhard Benzinger konfrontiert die Kripo mit weiteren Tatschilderungen, die stark voneinander abweichen. Seine nächste Darstellung: Er sei nachts aufgewacht und habe zur Toilette gehen wollen. Von einer Auseinandersetzung zwischen den Eheleuten Grüne habe er nichts mitbekommen. Auf dem Weg zur Toilette sei ihm dann Elfriede Grüne begegnet, die ihm gesagt habe: »Ich habe meinen Mann umgebracht.« Gemeinsam sei die Leiche in den Seesack gesteckt und aus der Wohnung getragen worden. Aufgrund der Gesamtumstände habe er lediglich angenommen, das Opfer müsse mit der Axt erschlagen worden sein, und zwar von Elfriede Grüne.

Nur einen Tag später erklärt Benzinger, er habe die Unwahrheit gesagt, die Tat habe sich vielmehr so zugetragen: Etwa um Mitternacht habe er im Gang vor dem Badezimmer Elfriede Grüne getroffen, die ihm gesagt habe, es sei etwas Furchtbares passiert, sie habe ihren Mann umgebracht. Er sei in den Bodenraum gegangen und habe dort das Opfer auf der Couch liegend vorgefunden, nackt, den Kopf umwickelt, tot. Er habe sich mit dieser Situation abgefunden und bei der Beseitigung der Leiche geholfen.

Bei dieser Darstellung bleibt Benzinger eine Zeit, bis er ergänzend erklärt, Elfriede Grüne habe ihm einige Tage nach der Tat erzählt: »Ich habe ihm Schlaftabletten gegeben.« Schließlich fügt er in einem Brief hinzu, Elfriede Grüne habe bereits vor der Tat davon gesprochen, ihren Mann im Schlaf erschlagen zu wollen.

In seiner nächsten Vernehmung schildert er, seine Partnerin habe am Tag vor der Tat gesagt: »Heute Nacht muss es geschehen!« Ihm sei aus den vorherigen Gesprächen klar gewesen, dass sie Hans Grüne erschlagen wollte. Er habe vormittags das Beil aus seiner Werkstatt geholt und im Vorraum zwischen dem Badezimmer und dem Bodenraum abgelegt. Das habe Elfriede Grüne gesehen. Er habe noch versucht, sie von der Tat abzubringen, aber es sei schon zu spät gewesen.

»Ich will jetzt die volle Wahrheit sagen.« Mit diesen Worten beginnt Benzinger sein neues, mittlerweile drittes Geständnis und begründet zunächst, warum er bisher gelogen haben will: »Ich dachte, dass ich nach einer kürzeren oder längeren Strafe im Vergleich zu Frau Grüne entlassen würde und dass ich mir dann wieder mein Leben aufbauen könnte. Ich dachte auch, dass Frau

Grüne nach Verbüßung ihrer Strafe wieder entlassen und ich bereits etwas aufgebaut haben und für sie weiter sorgen würde. Ich wollte auch, indem ich es bisher abstritt, mich entlasten. Auf den Gedanken, die Angaben in meiner ersten Vernehmung zu widerrufen und Frau Grüne zu beschuldigen, dass sie ihrem Mann die Schläge mit dem Beil versetzt hat, bin ich dadurch gekommen, dass Frau Grüne mir im Gerichtsgebäude in Villingen, als ich nach meiner richterlichen Vernehmung abgeführt wurde, ein Zeichen gab. Sie saß auf einer Bank in dem Gang, ich wurde an ihr vorbeigeführt, und da zeigte sie mit der Hand auf sich, indem sie sich mehrmals an die Brust tippte. Ich entnahm daraus, dass sie es auf sich nehmen wolle. Ich sehe jetzt aber ein, dass es besser ist, wenn ich bei der Wahrheit bleibe.«

Benzinger erzählt schließlich, kurz vor Mitternacht von Elfriede Grüne geweckt worden zu sein. Sie habe ihm gesagt, ihren Mann jetzt mit dem Beil erschlagen zu wollen. Sie halte das alles nicht mehr aus, sie könne nicht mehr. Jetzt sei es genug, nun müsse gehandelt werden: »Die Quälerei halte ich nicht mehr aus!« Sie habe das Beil genommen und sei zur Tür gegangen. Er habe ihr jedoch das Beil abgenommen, sei selbst in den Bodenraum gegangen und habe den schlafenden Hans Grüne erschlagen. Anschließend habe man gemeinsam die Spuren der Tat beseitigt und den Leichnam in der Kiesgrube entsorgt.

Aber auch diese Schilderung soll nicht den Tatsachen entsprechen, erklärt er einige Tage später. Es stimme zwar, dass er Hans Grüne erschlagen habe, allerdings sei Elfriede Grüne nicht dabei gewesen und sie habe auch erst später vom Tod ihres Mannes erfahren. In seiner letzten Vernehmung geht Benzinger jedoch wieder zu seiner Version über, Elfriede Grüne allein habe ihren Mann getötet. Zwar sei zwischen ihnen der Plan besprochen worden, den Ehemann umzubringen, auch habe er das Beil in die Wohnung gebracht, was von Elfriede Grüne bemerkt worden sei. Doch dann habe er versucht, in seiner Werkstatt ein Grab für den noch lebenden Hans Grüne auszuheben, und sei dadurch so erschüttert worden, dass er Elfriede Grüne mitgeteilt habe: »Das können wir nicht machen!« Er sei danach der Auffassung gewesen, es werde nichts weiter passieren. Schließlich sei er in der Tatnacht von Elfriede Grüne geweckt worden, sie habe ihm mitgeteilt, den Ehemann getötet zu haben. Erst jetzt habe er sich an der weiteren Tat beteiligt und bei der Beseitigung der Leiche geholfen.

Am 8. November 1955, es ist sein Geburtstag, liegt Gerhard Benzinger morgens um 4.17 Uhr in der Gefängniszelle auf seiner Pritsche, als der kontrollierende Beamte etwas sieht, was ihn zu sofortigem Handeln zwingt: Am Hals des Gefangenen ist Blut, auch am Bettzeug, ebenso auf dem Boden. Ein Arzt wird alarmiert, der jedoch nicht mehr helfen kann. Der Gefangene ist verblutet. Gerhard Benzinger ist es trotz gefesselter Hände (weil er bereits mehrfach versucht hatte, sich das Leben zu nehmen, mussten ihm vorsorglich Handschellen angelegt werden) gelungen, sich die Halsschlagader durchzuschneiden.

Elfriede Grüne ist entsetzt, als ihr vom Tod des Lebensgefährten berichtet wird. Die jetzt 41-Jährige erleidet einen Nervenzusammenbruch. Ihr Verteidiger erklärt der Presse gegenüber: »Sie weinte wie eine Mutter, die ihr einziges Kind verlor. Ihr Schmerz wirkte umso erschütternder, als sie sich bisher niemals eine Gefühlsregung hat anmerken lassen.«

Sechs Tage später beginnt vor dem Schwurgericht Itzehoe der viel beachtete Prozess. Der Staatsanwalt verliest die Anklage: »Elfriede Grüne klage ich an, im November 1946 in Elmshorn gemeinschaftlich, vorsätzlich, heimtückisch und aus niedrigen Beweggründen einen Menschen getötet zu haben. Um den lästig gewordenen Ehemann der Angeklagten, den Spediteur Hans Grüne, zu beseitigen, verabfolgte die Angeklagte ihm Schlaftabletten, durch deren Genuss er eingeschläfert wurde. Dann weckte sie den Gerhard Benzinger, drückte ihm eine Axt in die Hand, womit er dem schlafenden Hans Grüne eine Reihe kräftiger Schläge auf den Kopf versetzte. Dadurch wurden der Schädel und das Gehirn Grünes schwer zertrümmert und sein alsbaldiger Tod herbeigeführt.«

Schon am 18. November 1955, nur vier Tage nach Prozessbeginn, soll das Urteil gesprochen werden. Das Gericht hat sich mit den unterschiedlichen Tatvarianten eingehend befasst. Elfriede Grüne hat sich auf die Tatversion zurückgezogen, bei der sie am besten wegkommt: »Benzinger hat alles allein getan.« Der Vorsitzende richtet noch einmal einen flammenden Appell an die Angeklagte: »Frau Grüne, Sie allein können wissen, was sich in den Tagen vor dem Tod Ihres Mannes, was sich in der Tatnacht in Ihrem Haus in Elmshorn zugetragen hat. Wollen Sie Ihrem Geliebten, der für Sie wie ein Bruder war, etwa der Wahrheit zuwider jetzt die Alleinschuld an der grauenhaften Tat aufbürden? Ihm täte das nicht weh – aber könnten Sie selbst noch je mit gutem Gewissen an sein Grab treten? Würden Sie sich noch achten, noch in den Spiegel Ihrer Seele schauen können, von den Folgen einer Tat freigekauft, nur um den Preis der Schändung des Andenkens an einen Toten, der Ihnen lieb und teuer war? Nur Sie wissen, ob Sie schuldig sind. Wenn Sie es sind, dann erleichtern Sie Ihr Gewissen!«

Alle Blicke sind auf Elfriede Grüne gerichtet. Für einen Augenblick scheint die Zeit stillzustehen. »Ich habe den von mir gemachten Angaben nichts hinzuzufügen«, sagt die Angeklagte nach einem kurzen Zögern. »Ich habe die Wahrheit gesagt. Die moralische Schuld für den Tod von Gerhard Benzinger trifft andere.« Die Sitzung wird unterbrochen und soll am Mittag mit der Urteilsverkündung fortgesetzt werden.

Um 12.05 Uhr wird das mit Spannung erwartete Urteil gesprochen: »Im Namen des Volkes! Die Angeklagte wird wegen Mordes zu lebenslangem Zuchthaus verurteilt. Die bürgerlichen Ehrenrechte werden ihr auf Lebenszeit aberkannt.« Der Vorsitzende wartet einige Minuten, bis sich die erste Aufregung gelegt hat, dann fügt er hinzu: »In diesem Fall wäre ein Freispruch ein Fehlurteil gewesen. Unter dem Druck einer schweren Verantwortung, die beinahe über Menschenkraft gegangen ist, hat das Gericht nach langer Beratung und nicht leichten Herzens dieses Urteil gesprochen. Wir wissen, was es heißt, einen Menschen für sein ganzes Leben ins Zuchthaus zu schicken, und haben die Mahnung des Verteidigers, kein Fehlurteil zu fällen, wohl beachtet. Wir waren von der Schuld der Angeklagten überzeugt, und zwar nicht aufgrund von Vermutungen, sondern aufgrund von harten Fakten, die nur den Schluss zuließen: Die Angeklagte hat gemordet!«

Elfriede Grüne, die den Urteilsspruch regungslos zur Kenntnis nimmt, ist wohl insbesondere die letzte Frage, die tags zuvor an sie gerichtet wurde, zum Verhängnis geworden: Ob sie niemals nach der Tat mit Gerhard Benzinger darüber gesprochen habe, dass er im Grunde schon einen Sterbenden erschlagen habe. Wenn dies nicht der Fall war, wie die Angeklagte behauptete, und wenn Hans Grüne tatsächlich Selbstmord verübt haben sollte, dann wäre es von Elfriede Grüne unmenschlich gewesen, zuzusehen, wie Gerhard Benzinger sich acht Jahre lang mit der Last der Tat quälte. Das Gericht berief sich darauf, dass sowohl von Elfriede Grüne als auch von Gerhard Benzinger übereinstimmend von Schlafmitteln gesprochen und diese dem Opfer auch verabreicht wurden. Der Aussage Gerhard Benzingers, wonach Elfriede Grüne dem Brotaufstrich ihres Mannes ein Schlafmittel beigemischt habe, komme ein hohes Maß an Wahrscheinlichkeit zu.

In seiner Urteilsbegründung streicht der Vorsitzende vier Aspekte der Tat besonders heraus und beschreibt einen Tathergang, der von allen bisherigen Darstellungen zumindest teilweise abweicht:

1. Hans Grüne wurde 1946 in einer Novembernacht in Elmshorn erschlagen.
2. Das Opfer wurde durch Schlafmittel vorher wehrlos gemacht.
3. Auf den Kopf von Hans Grüne wurde fünfmal mit einer Axt eingeschlagen. Wahrscheinlich führte Elfriede Grüne die ersten beiden Schläge und ließ dann, nach den Worten »Ich kann nicht mehr«, Gerhard Benzinger die Tat vollenden.
4. Beide haben die Leiche gemeinsam in den Seesack gepackt und in der Kiesgrube versenkt.

Dass die Beilhiebe von zwei Personen ausgeführt worden sein müssen, hat das Gericht aus dem rechtsmedizinischen Gutachten abgeleitet, wonach es »zwei Arten von Schlägen« gab. Der Vorsitzende sagt aber auch: »Ganz gleich, ob nun Benzinger allein die Schläge ausführte oder ob Elfriede Grüne dabei half – es war ein Mord, der aus niedrigen Motiven erfolgte. Die Angeklagte wollte den Ehemann zugunsten des neuen Liebhabers beseitigen.«

Elfriede Grüne hat dieses Urteil niemals akzeptiert und alle rechtlichen Mittel ausgeschöpft, um es zu Fall zu bringen – vergebens. Auch während ihrer Haftzeit spricht sie unentwegt von einem Fehlurteil. Am 27. Dezember 1972 stirbt sie: als Mörderin.

Wenn Frauen töten, ist dies ein seltenes Ereignis. Das Bundeskriminalamt bemerkt in seinen amtlichen Zahlenkolonnen zur Tötungskriminalität für das Berichtsjahr 2006: »Die ermittelten Tatverdächtigen bei Mord und Totschlag sind in der Regel männliche Erwachsene.« In konkreten Zahlen heißt das: Nur 15 Prozent der bei »Mord« überführten Täter sind Frauen, bei den Delikten »Totschlag« und »Tötung auf Verlangen« sind es lediglich 12 Prozent. Dass wesentlich mehr Männer als Frauen tödliche Gewalt anwenden, ist keine neue kriminologische Erkenntnis – sie gilt seit Jahrhunderten für alle Kulturen und Länder. So kommen auch die kanadischen Psychologen Martin Daly und Margo Wilson in einer 1988 veröffentlichten Studie bei dem Vergleich von 35 Untersuchungen zur Tötungskriminalität, die in unterschiedlichen Kultur- und Zeitepochen durchgeführt wurden, zu dem Ergebnis: 91 Prozent der Täter waren Männer. Dass Frauen auch besonders häufig zu Opfern männlicher Gewalt werden – so wird es jedenfalls immer wieder einmal in populären Medien verbreitet –, stimmt indes nicht. Laut BKA-Statistik sind bei Tötungsdelikten nur 37 Prozent der Opfer weiblich.

Es gibt einige Merkmale, die im Zuge wissenschaftlicher Untersuchungen bei Mörderinnen und Totschlägerinnen gehäuft festgestellt werden: Die Frauen sind jünger als 40 Jahre, verheiratet oder leben in einer festen Beziehung, stammen aus ungünstigen Familienverhältnissen, haben ein geringes bis durchschnittliches Intelligenz- und Bildungsniveau, gehen einer nichtprivilegierten beruflichen Tätigkeit nach, leiden unter Minderwertigkeitsgefühlen und Beziehungsstörungen, werden als unreife Persönlichkeiten beschrieben, kennen das Opfer persönlich und begehen die Tat im häuslichen Milieu. Allerdings sind diese Erkenntnisse nur bedingt geeignet, um die Ursache für weibliche Tötungsdelinquenz herzuleiten, denn viele Frauen entsprechen genau dieser Beschreibung, ohne jemals kriminell zu werden.

Weibliche Täter unterscheiden sich von männlichen zum Beispiel dadurch, dass sie tendenziell jünger, häufiger verheiratet und seltener vorbestraft sind. Die qualitativ bedeutsamste Abweichung ist jedoch, dass Tötungsverbrechen von Frauen ganz überwiegend Beziehungsdelikte sind, begangen an Ehemännern, Lebensgefährten, Geliebten oder den eigenen Kindern, während Männer meistens außerhalb der Familie oder der Lebensgemeinschaft töten, und zwar männliche Opfer.

Wenn Frauen töten, dann am häufigsten den Intimpartner. Auch diese kriminologische Erkenntnis zum »Intimizid«[1] ist zumindest in den vergangenen 200 Jahren unverändert geblieben. Schon 1923 schrieb beispielsweise der Jurist und Verbrechenserforscher Erich Wulffen: »In diesem Kapitel der gewaltsam mordenden Frauen ähneln sich die Fälle in auffälliger Weise. Die Ausführungsart erscheint beinahe stereotyp. Immer handelt es sich um eine Ehe, die durch mehr oder minder große Mitschuld der Ehefrau missraten ist. Aber auch die Schuld des Mannes fehlt nie; er ist brutal und misshandelt die Frau, er ist Trinker und ausschweifend, er missachtet die Frau usw. Die Frau hat den Mann schon oft ohne jede Neigung, aus rein äußerlichen und zufälligen Gründen, geheiratet; sie sieht sich in der Ehe enttäuscht, vereinsamt, unterdrückt, ihr Geschlechtstrieb sucht anderweitig Befriedigung; ein verführender oder verführter Liebhaber findet sich, der beim Morde meist als Mittäter auftritt. Beim Giftmord wird sie häufig ganz allein tätig. (...) Ursprüngliche geringe Neigung

---

[1] Der Begriff »Intimizid« stammt von dem Gerichtspsychiater Andreas Marneros, der ihn in seinem gleichnamigen Buch so definiert: »Als Intimizid bezeichnen wir die Tötung des Intimpartners. Als Intimpartner wird der Sexualpartner bezeichnet, unabhängig von der Dauer und Art der intimen Beziehung.«

oder Gleichgültigkeit werden bei der von guten und schlechten Instinkten geleiteten Frau schnell zur Abneigung und zum Hass gegen den Ehemann.«

Wissenschaftliche Untersuchungen jüngeren Datums belegen, dass es den meisten Täterinnen tatsächlich darum geht, sich in erster Linie gegen männliche Dominanz oder Gewalt zu verteidigen, um sich selbst zu schützen, die eigenen Kinder oder andere Familienangehörige. In vielen Fällen finden sich biografische Hinweise auf frühe Gewalterfahrungen wie Misshandlung, Vernachlässigung und sexueller Missbrauch in der Herkunftsfamilie der Täterinnen. Auch wenn überzeugend nachgewiesen worden ist, dass die Täterinnen überwiegend aus sozial schwachen Strukturen stammen und auch zur Tatzeit in einem solchen sozialen Umfeld leben, so kann doch prinzipiell jede Frau eine Partnertötung begehen, unabhängig von ihrem Intelligenzniveau, der sozialen Position oder ihrer Herkunftsfamilie. Denn: In jedem Fall ist der männliche Partner aus Sicht der Täterin zu einer Bedrohung geworden, von der sie glaubt, sich ihr durch sozialübliche Abnabelungen wie Trennung oder Scheidung nicht ausreichend erwehren und entziehen zu können. Aus dem ursprünglich Täterin und Opfer verbindenden Band der Vernunft oder Liebe ist eine Demarkationslinie geworden, die das Opfer immer wieder missachtet und überschreitet und darum getötet wird, meistens im engen zeitlichen Zusammenhang mit einer aktuell erlittenen Kränkung oder Erniedrigung der Täterin.

Auch Elfriede Grüne befürchtete, von ihrem Mann gänzlich fremdbestimmt zu werden, sie hatte Angst davor, nur sein Leben zu leben, ihm gefällig zu sein, sich selbst aufgeben zu müssen. Bis Juni 1957 galt in der Ehe noch der »Gehorsamsparagraph« aus dem Bürgerlichen Gesetzbuch, in dem es seinerzeit hieß: »Dem Manne steht die Entscheidung in allen das gemeinschaftliche eheliche Leben betreffenden Angelegenheiten zu; er bestimmt insbesondere Wohnort und Wohnung. Die Frau ist nicht verpflichtet, der Entscheidung des Mannes Folge zu leisten, wenn sich die Entscheidung als Missbrauch seines Rechts darstellt.« Und Hans Grüne wollte bestimmen, als er aus dem Krieg nach Hause kam:

Er drängte seine Frau, die Bücherei zu verkaufen und in seiner Spedition mitzuarbeiten. Und er bedrängte seine Frau, ihren Liebhaber aufzugeben und sich ganz ihm hinzugeben. Unannehmbar. »Er war mein Ehemann, hatte seine Rechte, fertig«, schrieb Elfriede Grüne in ihrem Geständnis über ihre Verzweiflung vor der Tat. »Bei jeder herzlichen Bitte um Schonung, Geduld, kam ein Angriff auf andere Männer, das Geschäft (gemeint ist ihre Bücherei, Anm. S. H.), Gerhard Benzinger. Was sollte ich nur machen? Ich hatte jeden Weg zu meinem Mann verloren.« Hans Grüne hatte die Entscheidungsbefugnis in allen Angelegenheiten, die das gemeinschaftliche Leben betrafen. Auch eine Scheidung wäre für seine Frau nicht ohne Weiteres möglich gewesen, es gab damals noch kein Zerrüttungsprinzip. Elfriede Grüne hätte sich nicht scheiden lassen können, wenn ihr Mann nicht auch gewollt hätte. Und er wollte nicht. Deshalb sah Elfriede Grüne nur noch einen letzten Weg, bei dem es für ihren Mann keine Wiederkehr geben würde – Mord.

Es gibt deutliche Hinweise, die nahelegen, dass eine kausale Beziehung besteht zwischen der weiblichen Tötungsdelinquenz und den besonderen Konflikten, mit denen Frauen im Zuge ihrer geschlechtsspezifischen sozialen Einengung und Benachteiligung konfrontiert werden. So berichtet etwa die US-amerikanische Soziologin Vickie Jensen, Studien zum Thema Emanzipation von Frauen und Tötungsdelikten zeigten, dass mit der Gleichstellung von Mann und Frau eine erhebliche Abnahme von Tötungsdelikten zu beobachten ist, die von Frauen verübt werden.

Unbestritten: Der weibliche »Intimizid« ist in der Mehrzahl der Fälle das Endresultat von teilweise langjährigem körperlichem, sexuellem und/oder emotionalem Missbrauch der Frau. Auch Elfriede Grüne machte diese leidvollen Erfahrungen, als sie von ihrem ungeliebten und unbequemen Mann zunächst sexuell genötigt und schließlich vergewaltigt wurde. Allerdings liegt die Ursache für die Tötung des Intimpartners nicht selten auch in einem falschen Verständnis von Ehe und Partnerschaft oder einem regelrechten Missbrauch dieser begründet, solche Beziehungen werden nämlich von den Täterinnen mitunter bewusst als Zufluchtsorte zweckentfremdet, um sich lediglich sozial abzusichern. Und diese von den Täterinnen kalkuliert und von den Opfern unwissentlich begründeten Zweckgemeinschaften drohen immer dann zu einem Gefängnis zu werden, wenn der Partner, den die Täterin nur aus Vernunftgründen ausgewählt hat, einer neuen Beziehung oder der eigenen Lebensausrichtung im Wege steht. So dachte und verhielt sich auch Elfriede Grüne. »Die Freundschaft (zu Hans Grüne, Anm. S. H.) war herzlich, aber nicht weitergehend. Der Tag, an dem wir zusammenkamen, war so unwichtig für mich, dass ich darüber nicht mehr weiß«, schrieb sie. »Wir hatten nie von Heirat gesprochen. Da schickte er mir eines Tages, anlässlich einer Auseinandersetzung mit seiner Mutter meinerseits, einen Brief, in dem er die Tatsache einer bereits seit einem Jahr bestehenden Verlobung mit mir mitteilte. Mir war es gleich. Der Krieg kam bald. Das Verhältnis von mir zu seiner Mutter war wegen einer aus Geschäftsgründen wirklich notwendig gewordenen Hypothek sehr schlecht, sodass ich dann eine gänzlich unvorbereitete Heirat, die Idee machte uns beiden Spaß, in Kiel begrüßte.«

Besonders gefährlich wird es für den Ehemann, wenn sich ein Dreiecksverhältnis entwickelt, seine Frau sich einen Geliebten nimmt, von dem er nichts weiß – und irgendwann ein Mann zu viel da ist, der geliebt werden will und auf seine Rechte pocht. Dann trifft den Ehemann die heimtückisch ausgeführte Tat aus heiterem Himmel. So werden auch dem damals 23-jährigen Manfred Greiner diese Augenblicke für immer im Gedächtnis bleiben: Wie er seinem Zimmerkollegen Albert Winkelhofer ein Glas vermeintlichen Enzians anbietet, wie sein Freund es trinkt und schon nach Sekunden nach Luft zu ringen beginnt, wie er zusammenbricht und bewusstlos wird. Und wie schließlich das geschieht, was offenbar ihm selbst zugedacht ist: der Tod durch Vergiftung mit Zyankali.

Die Vorgeschichte: Der Regierungsassistenten-Anwärter Manfred Greiner, dessen Frau Angelika und dessen zwei Kinder in Kempten/Allgäu wohnen, und Albert Winkelhofer absolvieren gemeinsam einen viermonatigen Lehrgang des Zivilen Deutschen Wetterdienstes in Neustadt an der Weinstraße, der am 31. Januar 1967 beendet ist. Einen Tag später treten die beiden einen neuen Lehrgang an, und zwar bei der Geophysischen Lehrgruppe der Luftwaffe auf dem Fliegerhorst Fürstenfeldbruck. Am Freitag, dem 10. Februar, erhält Manfred Greiner ein Päckchen, das an ihn adressiert ist. Er wundert sich, weil er eigentlich keine Post erwartet. In dem Paket befinden sich Schokoladenkekse, sogenannte Katzenzungen, eine graue Enzianflasche und ein dazu passender Krug. Und Manfred Greiner findet einen Zettel. »Gruß aus der Pfalz, aber alleine trinken mit Genuss«, steht darauf geschrieben. Er wundert sich noch einmal, als er nach dem Absender schaut: »B. Schiller, Neustadt/Weinstraße, Bahnhofstraße 5«. Unbekannt. Manfred Greiner kennt niemanden, der so heißt. Ein Irrtum? Oder treibt seine Frau mit ihm einen Scherz? Er kümmert sich zunächst nicht weiter um das Päckchen und lässt es in seinem Spind liegen.

Am darauffolgenden Dienstagabend klagt sein Kumpel Albert Winkelhofer über Erkältungsbeschwerden und meint, eine Flasche Rum könne ihm Linderung verschaffen. Manfred Greiner erinnert sich an das merkwürdige Paket, kramt es aus seinem Spind hervor und bietet seinem Freund an, doch von dem Enzian zu trinken, der werde schon helfen. Albert Winkelhofer nimmt dankbar einen Schluck. Es dauert nur Sekunden, bis ihm übel wird und er nach Luft zu ringen beginnt. Manfred Greiner, der auch ein volles Glas in der Hand hält, wird misstrauisch, stutzt, nimmt einen kleinen Schluck, probiert aber nur mit der Zunge, und als es sehr bitter schmeckt, spuckt er das Zeug sofort wieder aus. Beide wollen sich den Mund ausspülen, doch Albert Winkelhofer bricht bereits zusammen. Kurze Zeit später stirbt er im Kreiskrankenhaus Fürstenfeldbruck.

Der Kripo wird schnell klar, dass der feige Giftanschlag Manfred Greiner gegolten haben muss und sein Freund wohl versehentlich getötet wurde. Wer hatte ein Motiv, Manfred Greiner zu vergiften? Nachdem sie Manfred Greiner vernommen haben, vermuten die Ermittler stark, der Täter müsse aus seinem Familien- oder Bekanntenkreis stammen. Dann geht alles ganz schnell. Am 17. Februar verhaftet die Kripo den 26 Jahre alten Waldemar Lichtenhagen, der Automechaniker soll der »Enzianmörder« sein. In München wird zeitgleich Manfred Greiners Frau Angelika, 24, verhaftet. Beiden wird vorgeworfen, den Tod Manfred Greiners gemeinsam geplant und gewollt zu haben, um ihre bis dahin heimliche Liebesbeziehung ungehindert fortsetzen zu können. Manfred Greiner hätte sich nämlich keinesfalls scheiden lassen. Er ist vollkommen überrascht, als der Verdacht gegen seine Frau und seinen Freund gerichtet wird. Manfred Greiner ist fest davon überzeugt, dass zwischen den Mordverdächtigen nur ein kameradschaftliches Verhältnis bestanden hat. »Ich habe ihr immer vertraut, denn das muss in einer guten Ehe sein, und ich habe ja auch den Waldemar beauftragt, sich um meine Frau und die Kinder zu kümmern«, lässt er sich in einer Zeitung zitieren. Manfred Greiner hat offensichtlich nicht bemerkt, dass seine Frau sich bereits innerlich von ihm losgesagt hatte. Aber auch als die Liaison zwischen seiner Frau und seinem Freund von diesen eingestanden wird, glaubt er nicht an die Tatbeteiligung seiner Angelika, er verweigert sich auch dem Gedanken, seine Frau könne etwas davon gewusst haben. Er löst das Problem auf seine Art: »Ich verzeihe meiner Frau.«

An dieser Einstellung hält er auch dann noch fest, als am 24. November 1967 seine Frau vom Schwurgericht in München wegen gemeinschaftlich begangenen Mordversuchs (an ihm) und fahrlässiger Tötung (seines Freundes) schuldig gesprochen wird und sie, wie ihr Liebhaber Waldemar Lichtenhagen auch, für 15 Jahre ins Gefängnis geschickt wird. Manfred Greiner, der auch im Gerichtssaal ist, hört genau zu, als der Vorsitzende die Vorgeschichte des brisanten Liebesverhältnisses der Angeklagten aufrollt. Angelika Greiner hält er zugute, dass ihr zerrüttetes Elternhaus und ihre wenig erfreuliche Jugend zu dem »leichten Lebenswandel« geführt haben können, von dem sie nicht habe lassen wollen, auch nicht, als sie verheiratet war. Dann wendet sich der Richter der zunächst freundschaftlichen Beziehung der Angeklagten zu, die dann im Herbst 1966 intim und somit problematisch geworden sei: »Lichtenhagen verkehrte ständig in der Familie Greiner, wurde von den Kindern mit Onkel Waldi angesprochen und hatte auch gerade in den entscheidenden Tagen noch mehrfach mit seiner Mitangeklagten Verkehr.« Mit deren Mann, den er zwei Monate später kennengelernt habe, sei er freundschaftlich verbunden gewesen. Er habe aber befürchten müssen, dass Manfred Greiner von dem außerehelichen Verhältnis seiner Frau durch Konstanze Lichtenhagen, die Frau des Angeklagten, erfahren würde, die davon gewusst habe.

Für beide Angeklagte sei eine Scheidung nicht infrage gekommen: Angelika Greiner hätte dann das Sorgerecht für ihre Kinder verloren, und die Frau ihres Geliebten habe sich nicht scheiden lassen wollen. »Beide hatten keine Beziehung mehr zu ihren Ehepartnern. Damals muss der Entschluss gereift sein, Manfred Greiner zu beseitigen«, begründet der Vorsitzende das Mordmotiv. Die Zügellosigkeit und Hemmungslosigkeit, mit der die Angeklagten geglaubt hätten, sich über jede bürgerliche Ordnung hinwegsetzen zu können, lastet der Richter nicht nur dem Ex-Liebespaar an: »Sinn der Strafzumessung ist nicht die Abschreckung; der Kampf gegen das Verbrechen muss bei der Erziehung der Menschen beginnen.«

Die Analyse von einschlägigen Studien zu tödlich endenden Beziehungskonflikten zeigt auch, dass Gewalt meist schon in der ersten Zeit einer Partnerschaft als Verhaltensregulativ angewendet wird, und zwar von Männern wie Frauen mit etwa gleicher Häufigkeit und Intensität. Nur während die Frau mit einer Trennung droht oder mit Worten verletzt, droht der Mann mit Gewalt, falls die Partnerin nicht bei ihm bleiben sollte, oder er schlägt tatsächlich zu. Es wäre jedoch falsch, anzunehmen, den Mann bei einer Partnertötung ausschließlich als affektgeleiteten Spontantäter und die Frau als eiskalt planende und mordende Täterin darzustellen. Denn viele Taten von Frauen werden von einem hohen Konfliktniveau begleitet und angestoßen, das affektiv wirksame Moment wird bei der Täterin also eher im Vorfeld der Tat zu suchen sein. Die spätere Tötung des männlichen Opfers ist immer auch auf ein Versagen oder Aufhören der partnerschaftlichen Kommunikation zurückzuführen. Statistisch gesehen tritt der Beziehungs-Super-GAU durchschnittlich nach fünf Jahren ein, wenn die Frau beschließt, das Problem Mann gewaltsam aus der Welt zu schaffen.

Die Tötung des weiblichen Intimpartners hingegen geschieht häufig unter umgekehrten Vorzeichen. Der Täter vollzieht nämlich nur die totale Unterwerfung des Opfers, die ihm zuvor mit anderen Mitteln nicht gelungen ist. Männer töten in diesem Kontext eher aus Verlustängsten heraus, weil sie glauben oder befürchten, ihre Partnerin fortan nicht mehr beherrschen zu können und andernfalls endgültig zu verlieren: Wenn ich dich nicht haben kann, dann soll dich auch niemand anderes haben, dann sollst du eben sterben. Es ist häufig ein Akt der tiefen Verzweiflung, der untaugliche Versuch, das eigene verpfuschte Leben vielleicht doch noch in den Griff zu bekommen.

Der renommierte Psychiater Andreas Marneros will die Ursachen für die partnerschaftsbezogene Tötung von Mann durch Frau nicht auf typische Frauenproblematiken beschränkt wissen. »Es scheint aber so«, schreibt der Gerichtsgutachter zutreffend in seinem lesenswerten Buch *Intimizid*, »dass (...) zusätzlich zur geschlechtsspezifischen auch individuelle und geschlechtsunabhängige Konstellationen eine wichtige Rolle spielen, etwa die ubiquitäre Konstellation einer narzisstischen Kränkung.« In der Mehrzahl der Fälle liegt bei den Täterinnen zwar keine narzisstische Persönlichkeitsstörung im Sinne klinischer Diagnostik[2] vor,

---

[2] Bei einer narzisstischen Persönlichkeitsstörung handelt es sich um eine Störung der Selbstwertregulation, die in eine Beziehungsunfähigkeit münden kann. Die Betroffenen wollen überdies ohne Gegenleistung als bedeutend angesehen werden, entwickeln Fantasien unbegrenzten Erfolgs oder Macht, sind überzeugt einmalig zu sein, wollen übermäßig bewundert werden, nutzen zwischenmenschliche Beziehungen aus, sind wenig empathisch, neiden anderen Menschen deren Erfolg und fallen durch arrogantes Verhalten auf. Narzissten leiden unter einer häufig vorhandenen inneren Anspannung zwischen dem Pol der Minderwertigkeitsgefühle und Selbstunsicherheit und dem Pol des überzogenen Selbstgefühls und der Arroganz.

jedoch werden die Taten durchweg von narzisstischen Persönlichkeitsmerkmalen der tötenden Frauen geprägt, die lediglich akzentuiert erscheinen, also noch keinen Krankheitswert haben – einer tiefer liegenden Frustration, einer unangemessenen Geringschätzung des Opfers und einer Überbewertung der eigenen Person und Bedürfnisse. Und wenn Frau dieses Stadium erreicht hat, dann droht Mann tödliche Gefahr.

2. Erst totschweigen, dann totmachen

»Das Kind kam nachmittags.
Ich habe geblutet wie ein Schwein und versucht,
das Köpfchen zu greifen, um das Kind
selbst herauszuziehen.
Es lebte. Es wimmerte.«

Sonntag, 31. Juli 2005. Klaus Berlitz ist wieder einmal zu Besuch bei seiner Großmutter in Brieskow-Finkenheerd, einer 2.700-Seelen-Gemeinde im ostbrandenburgischen Landkreis Oder-Spree, rund 85 Kilometer südöstlich von Berlin. Die polnische Grenze ist nur einige Kilometer entfernt. Der 28-jährige Metallbauer will neben dem grob gemauerten Schuppen, der hinter dem Wohnhaus am Rand des blühenden Gartens steht, endlich aufräumen. Seit knapp zwei Jahren ist das Gemäuer mit Habseligkeiten zugemüllt, die Susanne Hecht gehören, seiner Tante. Teile einer Schrankwand stehen dort herum, ein Sofa, ein Bastkorb, mehrere mit Erde gefüllte Plastikeimer, ein als Blumenkübel genutztes vergammeltes Aquarium und eine Waschwanne – ein Haushalts-Sammelsurium, das die 39-Jährige nach der Zwangsräumung ihrer Wohnung auf dem Grundstück hat lagern dürfen, um das sie sich seither aber nicht weiter gekümmert hat.

Frank Berlitz beginnt seine Aufräumarbeiten und schüttet zunächst den Sand aus dem Aquarium. Zum Vorschein kommt überraschenderweise eine blaue Plastiktüte. Und noch etwas: lauter kleine Knochen. Die Tante wird hier wohl einen Wellensittich begraben haben, mutmaßt Frank Berlitz zunächst. Dann schaut er etwas genauer hin und glaubt ein Stück Schädel zu erkennen. Menschlich? Dieser Gedanke widerstrebt ihm. Er geht zurück ins Haus seiner Großeltern und erzählt von dem merkwürdigen Fund. Es wird lange diskutiert. Doch erst am nächsten Tag wird weitergesucht. Und man wird abermals fündig, als eine Plastiktüte geleert wird, die in der Badewanne gelegen hat. Ein grüner Lappen fällt heraus, verklebt mit weißem, übel riechendem Brei. Und etwas, das auf den ersten Blick aussieht wie eine Kokosnuss. Aber Kokosnüsse haben keine Augenhöhlen und auch keine Haare. Also doch menschlich! Als niemand mehr bezweifelt, einem Verbrechen auf die Spur gekommen zu sein, wird die Kripo alarmiert.

Die Mutter von Frank Berlitz erzählt den Beamten, die Behälter mit den Knochen hätten früher auf dem Balkon der Wohnung von Susanne Hecht in Frankfurt/Oder gestanden. Mehrmals habe sie ihre Schwester gefragt, was mit den Blumenkübeln geschehen solle, in denen nur noch Unkraut wucherte. Susanne habe stets geantwortet, man solle nichts auskippen, sie wolle da noch etwas herausholen. Angeblich wertvolle Blumenknollen. Den Einwand, dass doch nach zwei Wintern im Freien in den Eimern keine lebensfähigen Knollen mehr sein können, habe Susanne einfach nicht gelten lassen. Man solle in jedem Fall die Finger davon lassen.

Die Kriminalbeamten vor Ort sind entsetzt. Was sie in diversen Behältnissen finden, teilweise sorgfältig in Handtücher eingewickelt und hochgradig verfault, haben sie in dieser Form und Fülle noch niemals zuvor gesehen – ein Baby-Friedhof. Rechtsmediziner kommen noch am selben Tag zu dem Ergebnis, dass die Überreste von mindestens neun Säuglingen geborgen worden sind.

Susanne Hecht wird noch am Montag von der Kripo festgenommen und verhört. Die gelernte Zahnarzthelferin und vierfache Mutter bleibt zunächst ruhig, zeigt kaum Emotionen, wirkt gefasst, kühl und überlegt. Mit den Utensilien, in denen reichlich verwitterte Knöchelchen und weißlicher Gewebebrei gefunden worden sind, will sie nichts zu tun haben. Mit den toten Babys schon gar nicht. Zweieinhalb Stunden lang geht das so. Es ist Punkt 23.52 Uhr, als einer der Vernehmungsbeamten ihr sagt, es werde sowieso alles herauskommen, weil man einen Gentest machen wolle und erfahren werde, wer die Eltern der Babys sind. Susanne Hecht knickt sofort ein und gibt ihre störrische Verweigerungshaltung auf. »Sie haben recht«, beginnt sie ihr Geständnis. »Es ist so, ich bin froh, dass es jetzt raus ist. Ja, ich habe die Kinder geboren und vergraben. Ich habe sie aber nicht vorsätzlich sterben lassen, habe sie einfach liegen lassen, habe mich nicht um sie gekümmert.«

Als sie zu ihren Motiven befragt wird, will sie aus Angst vor ihrem Mann getötet haben. Hans-Georg Hecht soll bereits bei ihrem dritten Kind »getobt« haben, weil er nicht noch mehr Nachwuchs wollte. »Drei Kinder waren eindeutig zu viel für ihn«, berichtet sie den Beamten. Bei der Staatssicherheit, dem damaligen Arbeitgeber des Ehemannes, sei es verpönt gewesen, kinderreich zu sein – »asozial« eben. Und er habe »nun mal das Sagen gehabt«. Zudem habe sie befürchtet, im Falle einer Scheidung die drei lebenden Kinder zu verlieren. »Diese Angst war in der DDR bei mir immer da.« Die unerwünschten Babys hätten also »verschwinden« müssen.

Erstmals habe sie 1988 ein solches »Problem« bekommen, als sie zum vierten Mal schwanger wurde. »Bei der Geburt des Kindes dachte ich, dass es wegmuss«, sagt sie der Kripo. Das Kind soll blau angelaufen gewesen sein und Schaum vor dem Mund gehabt haben, als es nachts bei einer Sturzgeburt im heimischen Badezimmer in die Toilette gefallen sei. Anschließend habe sie das Bewusstsein verloren. Als sie erwachte, sei das Baby, ein Mädchen, bereits tot gewesen. Ihr Mann habe während der Geburt geschlafen und nichts mitbekommen. Dann sagt Susanne Hecht einen Satz, der die Kriminalbeamten überrascht: »Wenn es nach mir ginge, ich hätte das Kind genommen.« Sie habe sich aber nicht gegen ihren Mann aufgelehnt, die offene Konfrontation gescheut, das Kind »besser entsorgt«. Anschließend habe sie sich sinnlos betrunken.

Drei Jahre später wird sie wieder schwanger, wieder von ihrem

Mann, wieder ungewollt. Und wieder verheimlicht sie alles. Da kein Arzt den Entbindungstermin errechnet hat, will sie während einer Fortbildungsveranstaltung in Goslar – damals arbeitete sie als Pharmareferentin – von den Wehen überrascht worden sein. In knappen Sätzen erzählt sie den Kriminalisten, was sich dann ereignet haben soll: »Morgens hatte ich Wehen. Ich habe den Leuten gesagt, dass ich krank bin. Das Kind kam nachmittags. Ich habe geblutet wie ein Schwein und versucht, das Köpfchen zu greifen, um das Kind selbst herauszuziehen. Es lebte. Es wimmerte. (…) Als plötzlich eine Kollegin reinkam, legte ich eine Steppdecke drauf. (…) Am nächsten Morgen wickelte ich es in meinen Mantel. Es wimmerte nicht mehr.«

So oder so ähnlich sei ihr das noch siebenmal passiert, immer zu Hause, immer unbemerkt, immer mit denselben Folgen: tot, tot, tot, tot, tot, tot, tot. Susanne Hecht kann oder will sich allerdings an Einzelheiten der Geburten nicht erinnern, auch nicht an Tages- oder Jahreszeiten. Sie weiß nicht einmal, wie viele Kinder es gewesen sind, die nicht leben durften. Stets habe sie große Mengen Alkohol getrunken, wenn sie gespürt habe, dass »es so weit ist«. Noch am Tag der Festnahme wird gegen Susanne Hecht ein Haftbefehl erlassen.

Eine kollektive Erschütterung erfasst diese Republik, als die Medien in den nächsten Tagen beherzt berichten. Denn solch ein Verbrechen hat es in der deutschen Kriminalgeschichte noch nicht gegeben – *neun* getötete Babys. Neunmal spürte Susanne Hecht Leben in sich heranwachsen, fühlte sie, wie sich der Fötus erstmals bewegte und sich drehte, erlebte sie, wie ihr Bauch anschwoll, wie sich ihr Körper auf die Geburt vorbereitete, wie das Ungeborene schließlich strampelte, wie der Tag X immer näher rückte, wie sich das Kind ankündigte. Neunmal hat sie das Neugeborene kurz nach der Geburt unversorgt gelassen und sich selbst überlassen, bis nach unsäglichen Qualen der Tod eintrat.

Die noch wenige Tage zuvor beschauliche und heile Welt von Brieskow-Finkenheerd ist eine andere geworden. Die kleine Gemeinde, die mächtig stolz darauf ist, ein eigenes Einkaufszentrum zu besitzen, hat ihre Unschuld verloren. Es herrscht der Ausnahmezustand. Doch nicht nur die Dorfbewohner sind entsetzt und ungläubig, die Zahl Neun macht aus diesem Fall ein maßstabsloses Verbrechen. Niemand kann nachvollziehen, was im »Horror-Haus« passiert ist, was in der »Todes-Mutter« in all den Jahren vorgegangen sein muss, wie sie mit dieser bleischwer auf ihrer Seele lastenden Schuld leben konnte. Die Vorstellung, dass die Mutter das Leben ihrer Kinder auslöscht, ist so abwegig, dass von den meisten Menschen wohl nur reflexartige Reaktionen zu erwarten sind: Unwohlsein, Ungläubigkeit, Unverständnis.

Die Kripo kommt bei ihren Ermittlungen zu dem Ergebnis, dass Susanne Hecht zwischen 1992 und 1998 durchgehend schwanger gewesen sein muss. Natürlich ist dies Familienangehörigen, Bekannten, Nachbarn oder Arbeitskollegen nicht gänzlich verborgen geblieben, ab und an fielen spitze Bemerkungen oder wurde konkret nachgefragt. Allerdings entwickelte und beherrschte die werdende Mutter im Laufe der Zeit viele Arten, sich zu verstellen, schlagfertig zu antworten oder von sich abzulenken. Wenn sie auf ihren Baby-Bauch angesprochen wurde, behauptete sie dreist, sie habe wohl zugenommen, sie sei an einer Bauchfellentzündung erkrankt oder sie leide unter den Nebenwirkungen von Medikamenten. Und wenn ihr einmal auf die Schnelle nichts einfiel, was halbwegs als plausible Begründung hätte taugen können, sagte sie nur: »Quatsch, ich habe doch schon drei Kinder. Das reicht!«

Diejenigen, die eine Schwangerschaft lediglich vermuteten und sich nicht sicher sein konnten, unternahmen nichts. Aber auch diejenigen, die keine Zweifel hatten, blieben untätig, nachdem Susanne Hecht wieder schlank war, aber das Baby fehlte. Niemand wollte annehmen oder wahrhaben, da könne etwas nicht stimmen. Niemand wollte einen so ungeheuerlichen Verdacht aussprechen, für den es keinen echten Beweis gab. Stattdessen begnügte man sich mit Mutmaßungen: das Kind könnte ihr vom Sozialamt weggenommen worden sein; das Kind könnte von ihr zur Adoption freigegeben worden sein; oder das Kind könnte von ihr als Leihmutter ausgetragen worden sein. Und in solchen Fällen ist das Baby nach der Geburt eben weg. Tragisch dabei ist, dass niemand es für geboten hielt, die Aufsichts- oder Ermittlungsbehörden zu informieren. Wahrscheinlich hätte schon ein einziger Anruf genügt.

Schnell rückt auch der Ehemann in den Fokus der Ermittlungen. Was wusste Hans-Georg Hecht? Ist er Mittäter gewesen? Oder Mitwisser? Ist es überhaupt vorstellbar, dass der ehemalige Mitarbeiter der Staatssicherheit von neun Schwangerschaften nichts mitbekommen hat? Wie ist es zu erklären, dass ein Mann, der mit seiner Frau wöchentlich sexuell verkehrt, jahrelang einen ausladenden Baby-Bauch übersieht? Und wie verhielt es sich während der Geburten, die mit einer Ausnahme in der Wohnung Hecht passierten, als der Erzeuger regelmäßig anwesend war? Hat seine Frau nicht geschrien vor Schmerzen? Nicht ein einziges Mal? Gab es denn keine Spuren? Keine Auffälligkeiten? Nichts?

Die Beschuldigten sollen vernommen werden. Susanne Hecht macht jedoch auf Anraten des Anwalts von ihrem Schweigerecht Gebrauch. Deshalb bleibt allein ihre Aussage bestehen, die sie am Tag ihrer Festnahme gemacht hat: Ihr Mann habe nichts bemerkt und nichts gewusst. Punkt. Hans-Georg Hecht hingegen erzählt seine Version der Ereignisse, die sich jedoch nicht von der seiner Frau unterscheidet. Er will seiner Sexualpartnerin die Schwangerschaften nicht angesehen und er will von den Geburten nichts mitbekommen haben.

Obwohl die Ermittler vermuten, dass Hans-Georg Hecht wenigstens Mitwisser gewesen sein muss, wird das Verfahren gegen ihn bald eingestellt. Die Gründe sind zwingend: Seine Frau, die als Kronzeugin hätte fungieren können, entlastet ihn. Und es fehlen Beweise. Die Staatsanwältin darf bei dieser Sachlage nicht anders entscheiden. So will es das Gesetz. Und so bleibt die zwielichtige Rolle des Ehemanns zunächst eine der großen Leerstellen in diesem Kriminalfall.

Fünf Tage nach dem Geständnis von Susanne Hecht wird in der Martin-Luther-Kirche von Brieskow-Finkenheerd ein Gedenkgottesdienst abgehalten, es soll ein Zeichen gesetzt werden. »Uns alle verbindet die Betroffenheit und das Entsetzen über den schrecklichen Fund an diesem Ort vor wenigen Tagen«, beginnt die Pastorin die Andacht. »Die Menschen fragen sich, wie konnte das geschehen mitten unter uns? Niemand kann sich vorstellen, wie schwer das Unglück ist, das über die Angehörigen gekommen ist. Für sie zu beten, dazu sind wir zusammengekommen.«

Etwa 90 Dorfbewohner haben sich eingefunden, 150 hätten es sein können. Auch einige hochrangige Politiker sind unter den Besuchern. Vor einem schlichten Metallkreuz steht eine dicke Taufkerze, um diese herum neun kleinere Kerzen. Nach jedem Gebet wird eine der kleinen Kerzen entzündet. Neunmal Kerzenschein für neun kleine Wesen, die nur geboren wurden, um möglichst bald zu sterben. Babys, die namenlos geblieben sind. Menschsein auf Zeit.

Das Grundstück, auf dem die Leichenteile gefunden wurden, ist noch immer abgeriegelt. Die Tatort-Spezialisten der Kripo suchen nach weiteren Beweisen für bekannte Verbrechen und nach Hinweisen auf noch unbekannte Verbrechen. Weil Susanne Hecht zu Details der Schwangerschaften beharrlich schweigt, könnte es durchaus auch mehr als neun Opfer gegeben haben.

An den Zaun des Grundstücks hat jemand ein Schild gestellt. Mit roter Farbe steht darauf geschrieben, was viele Menschen in diesen ereignisschwangeren Tagen umtreibt: »Warum, warum, warum« – versehen mit zehn Fragezeichen, knallgelb. Eine Reihe darunter heißt es: »Wir trauern.« Vor dem Plakat liegen Blumen, Kerzen und Kuscheltiere im Gras. Die Bewohner der kleinen Gemeinde reagieren auf das »Jahrhundert-Verbrechen« und seine Folgen im Übrigen mit Argwohn und Abschottung. Vielen sind die unzähligen Journalisten, die auf der Jagd nach Informationen und Sensationen sind, suspekt. Eindringlinge. Wo noch vor Tagen Hofeinfahrten und Häuser unverschlossen waren, sind die Tore und Türen jetzt zugesperrt. Plaudereien finden nicht mehr auf der Straße statt, sondern in den eigenen vier Wänden. Die Straßen sind mitunter menschenleer.

Die Ermittlungen der zuständigen Kripo Frankfurt/Oder werden mit Hochdruck vorangetrieben. Zentrale Fragen dieses Falls sind bislang noch nicht mit letzter Gewissheit beantwortet oder gänzlich unbeantwortet: Wer sind die Eltern der toten Säuglinge? Wann sind die Opfer geboren worden? Waren sie lebensfähig?

Woran sind sie gestorben? Während mit einem baldigen Ergebnis der komplexen gerichtsmedizinischen Untersuchungen nicht zu rechnen ist, gelingt es den Kriminalisten, den Lebensweg jener Frau zu rekonstruieren, die viele Menschen für ein gewissenloses »Monster« halten.

Susanne Hecht wird 1965 geboren und wächst in der ländlichen Idylle von Brieskow-Finkenheerd auf. Die familiären Verhältnisse erscheinen zumindest nach außen bürgerlich-besenrein, der Vater ist Reichsbahner und sitzt im Stellwerk, die Mutter kümmert sich um die Großfamilie. Zwei wesentlich ältere Schwestern leben auch im Haus, später noch ihre wechselnden Lebenspartner und die Kinder, die aus diesen Beziehungen hervorgehen. Als Susanne sieben ist, bekommt die Familie noch einmal Nachwuchs, ein Mädchen. Erst mit elf schläft Susanne nicht mehr bei den Eltern. Sie erreicht in der Schule sehr gute Noten, liest viel und ist aufgeschlossen. Auf ihre Umgebung wirkt sie freundlich und hilfsbereit, bei ihren Schulkameradinnen ist sie beliebt. Susanne ordnet sich generell und gerne unter und absolviert eine für die DDR typische Jugendzeit: Junge Pioniere, Freie Deutsche Jugend, Jugendweihe.

Obwohl sie eigentlich ein Universitätsstudium anstrebt und auch die intellektuellen Voraussetzungen hierfür mitbringt, geht sie nach der zehnten Klasse ab und lernt Zahnarzthelferin. Der Vater will es so. Keine Diskussion. Kein Murren. Kein Aufbegehren. Sie traut sich nicht, ihr Leben selbst in die Hand zu nehmen. Denn sie hat erst in der Familie und später in der Schule gelernt, sich unterzuordnen, genau das zu tun, was von ihr erwartet wird. So entsteht und verinnerlicht sie ein stereotypes Verhaltensmuster. Diskutieren? Nein. Sich mitteilen? Nein. Konflikte austragen? Nein. Sich über etwas hinwegsetzen? Himmel, nein! Natürlich besitzt sie einen eigenen Willen, nur kann sie ihn nicht artikulieren, schon gar nicht durchsetzen. Und darum spielt sie bereitwillig und widerwillig zugleich jene Rolle, die ihr zugedacht wird: bevormundete Mitläuferin.

Mit 17 lernt sie ihren ersten Freund bei einer Maifeier kennen und wird schon vier Monate später schwanger. Hans-Georg ist

19 und Soldat, introvertiert, ruhig, schweigsam. Ein adretter Nichtauffaller und Nichtherausrager. Kurze Zeit später wechselt er ins Ministerium für Staatssicherheit und arbeitet in der Abteilung »Rückwärtige Dienste«. Dort erledigt er schlichte Verwaltungstätigkeiten, gelegentlich auch in der Kleiderkammer. Wäre es nach ihm gegangen, hätte er Susanne gar nicht geheiratet. Vier Wochen vor der Hochzeit im Mai 1985 kehrt er von einer Geschäftsreise zurück und bringt schlechte Nachrichten mit: Er hat eine andere Frau kennengelernt und sich eine Geschlechtskrankheit zugezogen. Hans-Georg bietet seiner Verlobten an, sich zu trennen. Doch Susanne lehnt ab, sie will unbedingt heiraten. Und genauso kommt es auch.

Susannes Lebensverhältnisse verändern sich formal, doch inhaltlich ändert sich nichts: Der Bevormundung in der Familie folgt die Beherrschung durch den Ehemann, den sie wohl in erster Linie aus Vernunftgründen geheiratet hat, um als junge Mutter und noch beruflose Frau versorgt zu sein. Hans-Georg bestreitet den Lebensunterhalt für die Familie, und er hat damit das unbestreitbare Recht erworben, auch über das Leben seiner Frau zu bestimmen. So jedenfalls denkt Susanne und handelt danach, obwohl sie ganz anders empfindet. Wieder gibt ihr jemand vor, was und wie sie zu sein hat, ohne es wirklich sein zu wollen – kreuzbrave Gattin und Hausfrau. Susannes Dasein und Sosein gleicht einer Zwangsverwaltung dessen, was ihr eigenes Leben hätte sein können.

Nach dem dritten Kind im Jahre 1985, Susanne ist jetzt gerade 20, gelingt der soziale Aufstieg. Man wohnt zwar in einem Familienbunker der Staatssicherheit, aber es sind vier Räume und immerhin 76 Quadratmeter, die zur Verfügung stehen. Zu DDR-Zeiten ein begehrtes Privileg. Der kleinbürgerliche Wohlstand überdeckt die brisanten Probleme der jungen und unreifen Eltern, ihre Ehe ist mehr Zweckgemeinschaft denn Liebesbeziehung. Zum Zweck gehört selbstverständlich auch Sex, der zunächst folgenlos bleibt. Susanne führt ein fremdbestimmtes Leben, geprägt von Lieblosigkeit, Monotonie und Langeweile. Es gibt keine Kinobesuche, keine Tanzabende, kein Abendessen außer Haus. Susannes Welt beschränkt sich im Wesentlichen auf die eigenen vier Wände – Haushalt und Kinder eben. Und wenn Sabrina, Jens und Lukas im Bett sind, dann sitzen Mann und Frau vor dem Fernseher. Schweigend und auf bessere Zeiten hoffend, aber untätig bleibend.

Hans-Georg ist ein etwas mürrischer, pragmatischer und stiller Mensch, der wenig spricht, weil er nicht viel zu sagen hat. Und der auch nicht angesprochen werden möchte. Wenn Susanne Gesprächsbedarf hat, prallt sie an ihm ab wie ein Gummiball an einer Betonwand. Sein Schweigen legt sich wie ein dunkler Schatten auf die eigentümliche und zusehends verödende Beziehung. Wieder wird Susanne in ihrer Entwicklung gehemmt, Persönlichkeit und Selbstvertrauen bleiben kümmerliche Fragmente, soziale Kontakte beschränken sich auf den Tagesgruß. Diese Frau muss unendlich einsam gewesen sein während der Zeit ihrer Ehe. Nur die Verbindung zu ihren Kindern ist innig und intakt, Susanne sorgt und kümmert sich um die Kleinen, so gut es eben geht.

So gehen die Jahre dahin. Susanne gewöhnt sich an diese quälenden Zustände, die andere Menschen längst zu einem Schlussstrich bewogen hätten. Doch obwohl sie leidet, ergreift sie nicht die Initiative, sie sorgt nicht für Veränderung. Sie wartet lieber geduldig darauf, dass sich etwas tut, dass *er* etwas tut. Doch Hans-Georg bleibt stumm und tut nichts. Dann, irgendwann im Jahre 1988, wird sie wieder schwanger, zum vierten Mal, zum zweiten Mal ungewollt. Die unmissverständlichen Worte ihres Mannes nach der Geburt des dritten Kindes hat sie nicht vergessen: »Keine Kinder mehr!« Susanne verschweigt die Schwangerschaft. Sie hofft vielmehr darauf, dass Hans-Georg von selbst darauf kommt und sie anspricht, eine Lösung findet. Sie bangt still und so lange, bis sie eines Morgens von den Geburtswehen überrascht wird. Es ist soweit – und zu spät. Schließlich nimmt das Drama seinen Lauf, Tag für Tag, Monat für Monat, Jahr für Jahr.

Um die seelischen Blessuren zu lindern und wenigstens für eine Zeit lang vergessen zu können, greift sie zum Alkohol. Während ihr Mann im Wohnzimmer fernsieht, sitzt sie in der Küche vor einer Flasche Weißwein. Später steigt sie auf Schnaps um. Sie versucht, ihr schlechtes Gewissen förmlich zu ertränken. Wenn sie zu viel getrunken hat, kommt ihre dunkle Seite zum Vorschein, sie wird aggressiv, verletzend, provoziert und brüllt ihren Frust heraus. Zwischen den Eheleuten kommt es immer häufiger zu heftigen Wortgefechten, schließlich zu Tätlichkeiten. Einmal geht sie sogar mit einem Messer auf Hans-Georg los.

Im Sommer 2002 tritt schließlich doch ein, wovor Susanne sich so sehr gefürchtet hat: Hans-Georg zieht aus und lässt sich scheiden. Er kann die Alkoholeskapaden seiner Frau nicht länger ertragen. Die Kinder nimmt er mit. Nach dem Verlust des Ehemanns und der Kinder gerät Susannes unheilvolle Welt vollends aus den Fugen. Sie trinkt noch regelmäßiger und noch mehr, einmal wird sie mit 4,8 Promille im Blut an einer Straßenbahnhaltestelle aufgegriffen und in die Notaufnahme eines Krankenhauses eingeliefert. So etwas wird im Regelfall nur dann überlebt, wenn man an große Mengen Alkohol gewöhnt ist.

Susannes sozialer Abstieg vollzieht sich jetzt rasant, beschleunigt von fortwährenden Alkoholexzessen. Sie torkelt volltrunken und orientierungslos durch die Stadt. Sie wird im Treppenhaus ihres Wohnhauses angetroffen, unfähig aufzustehen. Sie wird im Keller gefunden, nicht ansprechbar. Sie zieht ziellos durch die Gegend, begeht Ladendiebstähle, wird verurteilt. Schließlich kann sie selbst die Miete nicht mehr zahlen, ihre Wohnung wird zwangsgeräumt, die Möbel kommen in die Pfandkammer. Sie lässt sich mit Männern ein, denen sie früher nicht einmal Beachtung geschenkt hätte. Im September 2003 bekommt sie von einem dieser Männer ein Kind. Sie tötet das Mädchen aber nicht, es darf leben. Erst nach dieser Geburt sagt sie, sie wolle sterilisiert werden. Der Alptraum soll endlich ein Ende haben. Es werden aber noch zwei Jahre vergehen, bis der Neffe die Lebenslüge dieser Frau und ihre Verbrechen ans Licht bringt.

Vier Monate nach Susanne Hechts Verhaftung liegen die Ergebnisse der DNA-Analysen vor. Susanne und Hans-Georg Hecht sind mit einer Wahrscheinlichkeit von 99,9 Prozent die Eltern der getöteten Kinder. Auch das Geschlecht der Opfer konnte festgestellt werden: Susanne Hecht brachte sieben Mädchen und zwei

Jungen zur Welt. Die Staatsanwaltschaft sieht indes nach wie vor keinen Grund, die Ermittlungen gegen den Erzeuger der Opfer wiederaufzunehmen. Es gebe keine ausreichenden Indizien oder Beweise, die den Verdacht begründen, dass der Ehemann die Schwangerschaften seiner Frau bemerkt und sich nach den Geburten trotzdem nicht nach dem Verbleib der Babys erkundigt habe, erklärt die zuständige Staatsanwältin.

Als alle rechtsmedizinischen Untersuchungen und auch das psychiatrische Gutachten zur Schuldfähigkeit Susanne Hechts vorliegen, erhebt die Staatsanwaltschaft am 8. Februar 2006 Anklage – obwohl die genauen Todesumstände der Opfer trotz umfangreicher Analysen ungeklärt geblieben sind. Man weiß demnach nicht, wann die Babys gestorben sind und woran. Die Angeschuldigte soll dennoch wegen achtfachen Mordes und einer Kindestötung belangt werden, begangen im Zeitraum von 1988 bis 1998. Drei Wochen später kippt die 2. Strafkammer des Landgerichts Frankfurt/Oder die Anklage. Die Richter stufen den Tod des 1988 geborenen Kindes nach altem DDR-Recht als verjährt ein und sehen für einen Mordvorwurf in den übrigen Fällen »keinen hinreichenden Tatverdacht«. Die Kammer lässt die Anklage jedoch unter dem Gesichtspunkt des »Totschlags in acht Fällen« zu. Mit anderen Worten: Susanne Hecht könnte ihre Kinder vorsätzlich getötet haben, ohne eine Mörderin zu sein.[3]

Am 27. April 2006 beginnt der mit Spannung erwartete Prozess. Der Saal 007 des Landgerichts Frankfurt/Oder ist bis auf den letzten Platz besetzt, Medienvertreter aus ganz Deutschland sind angereist. Ein leises Raunen ist zu hören, als Susanne Hecht in Handschellen an ihren Platz geführt wird, neben ihrem Verteidiger, mit dem sie freundlich ein Gespräch beginnt. Zu beobachten ist eine dezent geschminkte, zierliche, ansehnliche, zurückhal-

---

[3] Paragraf 212 Strafgesetzbuch (Totschlag) und Paragraf 211 Strafgesetzbuch (Mord) sind zwei selbstständige Tatbestände. Mord bedeutet die vorsätzliche Tötung eines Menschen unter erschwerenden Umständen (sogenannte Mordmerkmale, z. B. »aus Habgier« oder »grausam«). Dadurch, dass der Mörder ein qualifiziertes Delikt begeht und mehr Schuld auf sich lädt, wird er auch härter bestraft als ein Totschläger.

tend und scheu wirkende Frau in weißem Langarm-T-Shirt und schwarzen Jeans, der man nicht ansieht, dass sie insgesamt 13 Kinder zur Welt gebracht hat. Ihre dunklen Augen strahlen eine große Wachheit aus. Die schwarz gefärbten Haare trägt sie offen und schulterlang. Trotz ihrer gepflegten Erscheinung stehen der 40-Jährigen die Strapazen der Haft und ihre bitteren Lebenserfahrungen deutlich ins Gesicht geschrieben.

Susanne Hecht zeigt keinerlei Reaktionen, als die Staatsanwältin die Verbrechen rekonstruiert und ihr, gestützt auf gerichtsmedizinische Gutachten und DNA-Analysen, vorwirft, »durch acht selbstständige Handlungen einen Menschen vorsätzlich getötet zu haben«. Konkret soll sie die Babys nach der Geburt unversorgt gelassen haben, »mit dem Ziel, sie sterben zu lassen«. Im Amtsdeutsch heißt das »Totschlag durch Unterlassen«. Dann habe sie die Körper in Plastik- oder Stoffbeutel gesteckt und in Blumenkübel, Eimer oder eine Plastikwanne gepackt. Immer wieder habe sie das getan und sei sich der Konsequenzen ihrer Taten »vollständig bewusst« gewesen.

Die Angeklagte hält sich bedeckt und macht »zur Sache keine Angaben«. Das passt zu ihr. Schweigen umgibt diese Frau schon ihr gesamtes Leben lang wie die Verwünschung eines Dämons. Sie macht also nur die Angaben, die sie machen muss: Name, Vorname, Geburtsdatum, Geburtsort. Deshalb ist die Schwurgerichtskammer darauf angewiesen, die Vernehmungsprotokolle der Ermittlungsrichterin vom 1. August 2005 zu verlesen. Nur dann darf diese Aussage als Beweismittel verwendet werden. Der Haftrichterin erzählte Susanne Hecht am Tage ihrer Festnahme von einem »Teufelskreis«, der 1988 begonnen habe. Ihre Schilderungen der ersten beiden Tötungen werden vom Vorsitzenden vorgetragen. Grabesstille im Saal. Hier und da Kopfschütteln. Nach »der Sache in Goslar« habe sie »durchgehend Alkoholprobleme« gehabt, weil sie mit der Situation »nicht klargekommen« sei. Bei den übrigen Geburten habe sie bei Eintritt der Wehen »viel Alkohol getrunken«, dann sei sie jedes Mal in ein »großes schwarzes Loch« gefallen: »Ich wollte das in meinem Kopf auslöschen.« Allerdings sei es ihr nicht gelungen, den dunklen Schatten der Vergangenheit zu enteilen. »Ich sah immer wieder das blaue Gesicht vor mir, den Schaum vor den Lippen«, hat Susanne Hecht bei der Vernehmung erzählt. Sie habe gegen ihre mütterlichen Gefühle angetrunken und gegen das Wissen, Dinge getan zu haben, die man nicht tun darf, die tabu sind.

Warum sie die Schwangerschaften verheimlicht haben will, bleibt nebulös. Das Vernehmungsprotokoll beinhaltet zwar eine entsprechende Frage, doch es gibt lediglich eine unbefriedigende Antwort: »Ich weiß nicht, warum ich meine Schwangerschaften immer verschwiegen habe.« Sie sei auch nicht zu einem Frauenarzt gegangen, heißt es weiter, weil sie Angst gehabt habe, dass die früheren Schwangerschaften entdeckt würden. Nur warum sie die toten Säuglinge in Blumenkübeln »verbuddelt« und weshalb sie nachts mitunter stundenlang auf dem Balkon vor den vergrabenen Leichen gesessen hat, genau das hat sie den Ermittlern begreiflich machen wollen: »Ich wollte meinen Kindern nahe sein.«

Die damaligen Aussagen sind insgesamt wenig erhellend und beschreiben nur den äußeren Tatbestand, die Beweggründe der Täterin und die Hintergründe der Taten bleiben genauso rätselhaft wie die Angeklagte selbst. Das amtliche Protokoll klingt wie ein halbherziges Geständnis, wie die Beschreibung eines Films, bei dem die heiklen Szenen der Zensur zum Opfer gefallen sind. Allerdings ist »Angst« ein Schlüsselwort, das Susanne Hecht immer wieder gebraucht hat. Angst vor Ärzten. Angst vor ihrem Mann. Angst vor der Staatssicherheit. Angst vor der Verantwortung. Angst davor, dass man ihr die Kinder wegnehmen könnte. Merkwürdigerweise aber keine Angst vor weiteren Schwangerschaften.

Warum hat sie nicht einfach verhütet oder abgetrieben? Dazu hätte sie zum Arzt gehen müssen. Der hätte unangenehme Fragen stellen können, deren Beantwortung sie nicht nur in Verlegenheit gebracht, sondern sie auch der Gefahr strafrechtlicher Verfolgung ausgesetzt hätte. Also lässt sie es besser. Und warum hat sie ihren sonst so spröden Mann gewähren lassen, der angeblich drei- bis viermal in der Woche auf die Erfüllung ehelicher Pflichten pochte? Sie hätte ihn doch wenigstens während der Zeit des

Eisprungs mit schlagenden Argumenten zurückweisen können: Du willst doch keine Kinder mehr, oder? Susanne Hechts Antwort darauf offenbart das Dilemma, in dem sie steckte: »Dem eigenen Mann verweigert man sich nicht.« Wieder glaubte sie sich der Rolle der devoten Ehefrau verpflichtet, die dem Mann zu Willen zu sein hat, wenn ihm danach ist – eine eherne Regel, die man nicht bricht, ein damoklesschwertartiges Dogma.

Der Prozess steuert seinem zweiten Höhepunkt entgegen, als Hans-Georg Hecht aussagen soll. Kommt jetzt endlich Licht ins Dunkel?

Der 43-Jährige kommt mit schnellem Schritt in den Gerichtssaal. Der untersetzte, breitschultrige Mann trägt eine Baseballmütze, tief in die Stirn gezogen. Es wirkt so, als wolle er nicht erkannt werden, als wolle er sich von all dem distanzieren, als ginge ihn das gar nichts an. 20 Jahre lang ist er mit der Angeklagten verheiratet gewesen. Doch er würdigt die Mutter der drei gemeinsamen Kinder keines Blickes. Mit dunkler Stimme sagt er leise, dass er nichts sagen will und wird. Augenblicke später geht er schon wieder und verlässt das Gericht als freier Mann, während seine Ex-Frau auf der Anklagebank sprachlos zurückbleibt und die strafrechtlichen Konsequenzen allein tragen soll.

Dennoch erfahren die Prozessbeobachter, was Hans-Georg Hecht bei der Kripo ausgesagt hat. Das Gericht lässt nämlich die Richterin aussagen, die ihn damals mehrere Stunden lang vernommen hat. Er habe nur zwei Kinder haben wollen, berichtet die Zeugin. »Mehr als zwei« seien auch bei seinen Kollegen bei der Staatssicherheit »nicht üblich« gewesen. Er habe wohl mit Kondomen verhüten wollen, seine Frau habe ihm aber gesagt, das sei nicht nötig, sie nehme die Pille. Als sich das dritte Kind ankündigte, habe sie ihm »erst im letzten Drittel der Schwangerschaft« davon erzählt. Nach der Geburt sei schließlich gemeinsam beschlossen worden, keine weiteren Kinder zu bekommen. Die folgenden neun Schwangerschaften seien von ihm nicht bemerkt worden, er habe es seiner Frau auch nicht angesehen.

Am dritten Verhandlungstag wollen auch die erwachsenen Kinder der Angeklagten nicht zur Wahrheitsfindung beitragen.

Sowohl die 21-jährige Tochter als auch die 19 und 20 Jahre alten Söhne machen von ihrem gesetzlich verbrieften Zeugnisverweigerungsrecht Gebrauch. Sie haben auch die Protokolle ihrer Aussagen bei der Polizei sperren lassen. Es sind sympathische und ordentlich wirkende junge Leute, die dem Publikum vor Augen führen, was nicht nur eine Nachbarin der Kripo über Susanne Hecht gesagt hat: »Ihre Kinder waren ihr Heiligtum.« Ob sie von den Schwangerschaften und den Geburten etwas wissen, bleibt ungewiss. Auch sie vermeiden wie der Vater den Blickkontakt zu ihrer Mutter, die den jeweils kurzen Auftritt der Kinder gebannt verfolgt, mit Tränen der Verzweiflung in den Augen.

Hat Susanne Hecht die Opfer tatsächlich im Vollrausch zur Welt gebracht, wie sie behauptet? Ist die Angeklagte schuldfähig, wenn sie ihre Taten im Vollrausch begangen hat? Könnte sie psychisch krank sein, weil sie neun ihrer 13 Kinder unmittelbar nach der Geburt hat sterben lassen? Und kann sie unter diesen Gesichtspunkten juristisch überhaupt zur Verantwortung gezogen werden?

Antworten auf diese Fragen erhofft sich das Gericht am neunten Verhandlungstag von dem psychiatrischen Sachverständigen, der sich lange und ausgiebig mit der Angeklagten unterhalten hat. Der Experte für die Abgründe der menschlichen Seele bescheinigt Susanne Hecht eine hohe Intelligenz, sie sei »blitzgescheit« und leide weder an einer Nervenkrankheit noch an einer Persönlichkeitsstörung. Allerdings beschreibt der Psychiater Charakterauffälligkeiten der Angeklagten, die jedoch keinen Krankheitswert haben sollen: Selbstwertdefizite und abhängige Züge, Orientierungslosigkeit, Realitätsverlust, »dissozialer Aktionismus«, aber auch eine »masochistisch« wirkende Neigung, in ihren lieblosen Familienverhältnissen zu verharren. Überdies habe er deutliche »Reifungsdefizite« festgestellt. In einem Alter, »in dem die meisten Menschen entscheidende Reifungsschritte durchmachen«, habe sie als »überaus begabtes Mädchen, das dachte, die Welt steht ihr offen«, einen zu raschen Übergang zur Hausfrau und dreifachen Mutter vollzogen, sie habe sich »nicht ausprobieren und beweisen« können. Das sei von »großer Bedeutung« für ihre weitere Entwicklung gewesen, erklärt der Gutachter. Mit Blick auf die unbeabsichtigten Schwangerschaften habe sie sich verhalten wie ein kleines Kind, das Unheil einfach verschweigt – so lange eben, bis die Erwachsenen es bemerken und Konsequenzen gezogen werden. Später habe sie die Schuld für ihr eigenes Versagen stets bei anderen Personen und in den widrigen Umständen gesucht, die eine andere Entwicklung verhindert hatten.

Der Gerichtspsychiater hält die Version der Angeklagten, sie habe die Geburten im Vollrausch erlebt und anschließend alle Spuren beseitigt, für abwegig. Er könne sich nicht vorstellen, wie sie die »aufwändigen Reinigungsarbeiten« spurenlos bewältigt haben will, schon gar nicht in einer von fünf Personen bevölkerten Vier-Zimmer-Wohnung. »Blut wegwischen, Erde besorgen, Blumentöpfe beschaffen« – im »Zustand alkoholbedingter Handlungsunfähigkeit« sei so etwas nicht möglich. Das Fazit des Experten lässt den Verteidiger von Susanne Hecht aufhorchen: »Wenn ein Vollrausch eingetreten sein sollte, brauchte es für die Nachfolgehandlungen« eine weitere Person, »damit niemand etwas merkt«. Ohne den Namen dieser Person zu nennen, weiß jeder im Gerichtssaal, wer gemeint ist: Hans-Georg Hecht. Habe die Angeklagte aber alles allein getan, könne Alkoholrausch kein Schuldminderungsgrund sein, resümiert der Gutachter, dafür habe die Frau zu planvoll, zu umsichtig und zu erfolgreich gehandelt.

Nachdem zweieinhalb Stunden referiert worden ist, fällt das Urteil aus psychiatrischer Sicht klar und deutlich aus: Susanne Hecht sei »voll schuldfähig«. Für den Wahnsinn ihres Lebens gibt es demnach keine medizinische Erklärung. Auch viele andere Fragen sind unbeantwortet geblieben. Susanne Hecht hat sich nämlich während der Zeit der Begutachtung dem Sachverständigen gegenüber ausgesprochen clever verhalten, sich auf heikle Aspekte wie die Geburten und Sexualität erst gar nicht eingelassen, und nur die Facetten ihrer Persönlichkeit offenbart, die sie auch zeigen wollte: brave Schülerin, aufopferungsvolle Mutter, treue Ehefrau.

Das Plädoyer der Staatsanwältin ist hart und unerbittlich. Die Angeklagte habe »bewiesenermaßen« acht Neugeborene »aus niederen Beweggründen« getötet – »regelhaft, routiniert, seriell«.

Sie habe »das bewusst getan«, weil sie keine Kinder mehr gewollt habe und »aus Angst, dass ansonsten die jeweils davorliegenden Tötungen herauskommen könnten«. Die angebliche Volltrunkenheit zum Zeitpunkt der Geburten bewertet die Anklagevertreterin als durchschaubare Schutzbehauptung. Die Staatsanwältin fordert schließlich wegen »Mordes in acht Fällen« die »lebenslange Freiheitsstrafe« und die Anerkennung der »besonderen Schwere der Schuld« – demnach wäre im Falle einer Verurteilung eine vorzeitige Entlassung nach 15 Jahren ausgeschlossen.

Der Verteidiger sieht in diesem außergewöhnlichen Kriminalfall in erster Linie »eine menschliche Tragödie unvorstellbaren Ausmaßes«. Die Vorwürfe der Staatsanwaltschaft seien im Wesentlichen »ein Berg von Vermutungen«. »Die Beweisaufnahme hat mehr Fragen aufgeworfen, als klärende Antworten gegeben«, stellt der Anwalt durchaus zutreffend fest. Kein Gerichtsmediziner habe ausschließen können, dass die Kinder tot geboren wurden. In diesen Fällen sei die Angeklagte freizusprechen. Nur das Baby in Goslar habe »nachweislich gelebt«, und seine Mandantin habe »nicht alles getan, um es am Leben zu halten«. Dies müsse als »Totschlag im minder schweren Fall« bewertet werden, weil seitdem fast 15 Jahre vergangen seien und Susanne Hecht »planlos« gehandelt habe. Als Strafe halte er deshalb »dreieinhalb Jahre Haft für angemessen«.

1. Juni 2006, nach gut einmonatiger Verhandlungsdauer der Tag der Urteilsverkündung. Um 13 Uhr betreten die drei Berufsrichter und die beiden Schöffen den Saal. Die Spannung ist mit Händen zu greifen, niemand sagt etwas. Wenige Augenblicke später spricht der Vorsitzende das Urteil: Totschlag durch Unterlassen in acht Fällen, 15 Jahre Freiheitsentzug. Das ist die Höchststrafe bei Totschlag. Es wird unruhig im Saal. Damit haben die meisten Prozessbeobachter nicht gerechnet. Zu komplex waren die Ermittlungen, zu unbefriedigend die Ergebnisse. Der Urteilsspruch muss Susanne Hecht wie ein Keulenschlag getroffen haben. Doch sie verzieht keine Miene. Sie wirkt irgendwie unbeteiligt. Als sei jemand anderes verurteilt worden. Als habe sie an diesem Prozess nur als Beobachterin teilgenommen.

Das Geständnis am Tag ihrer Festnahme ist Susanne Hecht schließlich zum Verhängnis geworden. Die Angeklagte hat nach Auffassung des Gerichts jeweils durch Unterlassen getötet, die sterblichen Überreste der Opfer hätten keine Spuren von Gewalteinwirkung aufgewiesen. Die Babys seien an Unterkühlung gestorben. Der Vorsitzende räumt zwar ein, dass die Hauptverhandlung wenig zur Klärung der Todesumstände beigetragen habe, doch man sei überzeugt davon, dass alle Opfer nach der Geburt gelebt hätten. Es gebe zwar »keine naturwissenschaftlich absolute Sicherheit«, aber auch wenn man »theoretische Zweifel« in dieser Streitfrage nicht ausschließen wollte, sei allein entscheidend, »dass alle vernünftigen Zweifel schweigen«. Bei den lebenden Kindern der Angeklagten habe es keine Geburtskomplikationen gegeben, und bei keinem der Opfer hätte es Hinweise für eine Früh- oder Risikogeburt oder für Anomalien gegeben. Selbst die 2003 geborene Tochter sei nach einer »zehnjährigen Trinkerkarriere« gesund zur Welt gekommen.

Die beiden ersten Tötungen hätten »die Grundlage für die weiteren Geschehnisse« gebildet. »Die Hemmschwelle ist von Mal zu Mal gesunken«, erklärt der Richter. Die Angeklagte sei, ohne die Tötungen im Voraus geplant zu haben, zur Serientäterin geworden. Bereits die zweite Tat in Goslar habe nicht »mehr den Stempel der Ausnahme getragen«. Und genau deshalb wertet das Gericht diese Tötung als »besonders verwerflich«, die Angeklagte habe sich nicht in einer Notlage und auch nicht in der Enge ihrer Familie befunden. Das Motiv für dieses und die folgenden Verbrechen sei die Angst gewesen, ihr Mann könne sie verlassen und die Kinder für sich reklamieren.

Im Gegensatz zur Staatsanwältin sieht das Gericht in Susanne Hecht keine Mörderin. »Die Babys waren der Angeklagten nicht einfach lästig. Sie befand sich vielmehr in einer familiären Konfliktlage, aus der sie einen Ausweg suchte«, erläutert der Vorsitzende. Es sei eine »absurde Vorstellung«, Susanne Hecht habe die Kinder getötet, um die vorausgegangenen Schwangerschaften zu verdecken: »Der Frauenarzt kann doch keine Jahresringe ablesen und feststellen, wann und wie oft jemand ein Kind bekommen hat.« Die Tötungen seien indes als Wiederholungstaten anzusehen, sodass Totschlagshandlungen in einem minder schweren Fall auszuschließen seien. Die Angeklagte wäre ohne Weiteres in der Lage gewesen, die hilflosen Säuglinge zu versorgen und damit vor ihrem überaus qualvollen Sterben zu bewahren.

Wie gerecht ist dieses Urteil? Konnte es in diesem verworrenen Verfahren überhaupt ein gerechtes Urteil geben, wenn wichtige Fakten zurückgehalten wurden oder einfach nicht zu ermitteln waren? Die Meinungen der Kommentatoren gehen weit auseinander. Die einen glauben, Susanne Hecht sei zu gut weggekommen, die anderen beurteilen das Urteil als hart, aber angemessen. Eine dritte Fraktion sieht in der Verurteilten nicht die Alleinschuldige und verlangt nach weiterer Aufklärung. Gemeint sind Hans-Georg Hecht und alle anderen, die nichts unternommen haben, weil sie genau wussten: Wer Unrecht geschehen sieht, der muss auch konsequent sein. Der muss auch handeln. Der muss auch anzeigen.

Der Urteilsspruch stößt aber nicht nur in den Medien und breiten Teilen der Bevölkerung auf Unverständnis, er löst auch bei der Staatsanwaltschaft und der Verteidigung Unmut aus. Der Anwalt von Susanne Hecht legt schließlich Rechtsmittel ein mit der Begründung, wegen des mitunter exzessiven Alkoholkonsums seiner Mandantin sei nicht einmal sicher, ob alle Kinder lebend zur Welt gekommen seien.

Der 5. Strafsenat des Bundesgerichtshofs kassiert das Urteil am 4. April 2007 tatsächlich und hebt es auf, zumindest teilweise. Die obersten Strafrichter dieser Republik bestätigen zwar den achtfachen Totschlag; jedoch halten sie die Frage der Schuldfähigkeit für nicht ausreichend gewürdigt. »Angesichts der zahlreichen Auffälligkeiten wären eine eingehendere Prüfung und Erörterung, ob bei der Angeklagten eine schwere andere seelische Abartigkeit aufgrund einer Persönlichkeitsstörung vorliegt, geboten gewesen«, heißt es in der Begründung. Mit anderen Worten: Das Fachgutachten des psychiatrischen Sachverständigen wird angezweifelt. Die BGH-Richter fragen beispielsweise, wie das »bizarre Nachtat-Verhalten« zu erklären sei – das Vergraben der Leichenteile in Blumenkästen und die Übergabe der Blumenkästen an die Mutter mit der Bemerkung: »Nicht anrühren, da sind kostbare Blumenzwiebeln drin.« Kann ein derartiges Verhalten als normal gelten?

Am 14. Februar 2008 wird zum zweiten Mal gegen Susanne Hecht verhandelt, diesmal soll die 3. Strafkammer des Landgerichts Frankfurt/Oder ausschließlich über mögliche Schuldminderungsgründe zugunsten der Angeklagten befinden. Susanne Hecht hat sich seit dem ersten Prozess vor anderthalb Jahren kaum verändert, die zierliche Frau mit den großen Augen scheint nur etwas schmaler geworden zu sein. Auch diesmal wirkt sie erstaunlich gefasst. Vielleicht ist es die Hoffnung, ein günstigeres Urteil zu bekommen, die ihr Mut macht. Verschlechtern kann sich ihre Position nicht, da ja im ersten Verfahren bereits die Höchststrafe verhängt worden ist.

Die Angeklagte tut nun etwas, das man von ihr nicht gewohnt ist, mit dem auch nicht zu rechnen war: Sie redet. Noch vor einem Jahr, versucht sie dem Gericht ihren Sinneswandel zu erklären, wäre sie nicht imstande gewesen, »offen« über sich und ihr verpfuschtes Leben zu sprechen. Doch ihr Anwalt habe sie »gezwungen«, sich in die Prozessunterlagen zu vergraben. Beeindruckt und animiert durch das »Erschrecken« beim Studium der Akten, könne sie nun mit Distanz über sich Auskunft geben.

Susanne Hecht spricht leise und ist im Saal kaum zu verstehen, als sie von der Familie berichtet, in der sie aufgewachsen ist, in der nicht über Probleme gesprochen worden sei, niemals. Auch nicht über Sexualität oder Verhütung, das sei »kein Thema gewesen«. Bis ins Jahr 1988 hinein sei ihre Ehe »noch in Ordnung« gewesen, dann habe sie sich von ihrem Mann mehr und mehr alleingelassen gefühlt. Wegen des dritten Kindes habe er »erst geschimpft und dann nur noch geschwiegen«. Sichtbar beeindruckt erinnert sie sich an diese Phase ihres Lebens, die sie als Wendepunkt zum Schlechten erkannt haben will: »Ich denke mal, da begann der Prozess einer reinen Zweckgemeinschaft. Nur nach außen hin wurde noch auf heile Familie gemacht.« Bei aller Sprach- und Beziehungslosigkeit habe man sich jedoch körperlich nicht entfremdet und weiterhin regelmäßig Geschlechtsverkehr gehabt.

Warum sie ihrem Mann nicht von den ungewollten Schwangerschaften erzählt habe, möchte die Vorsitzende wissen. »Ich habe gedacht, er wird es doch wohl mitkriegen«, antwortet sie, »er konnte mich doch sehen, wir wohnten unter einem Dach.« Ob über Verhütung gesprochen worden sei? »Wenn überhaupt, am Rande.« Heute könne sie nicht mehr sagen, warum sie es einfach habe geschehen lassen. Genauso kryptisch sind ihre Angaben zu den Geburten. Was genau ist mit den Säuglingen geschehen? »Ich sehe noch das dunkelblaue Gesicht des Babys von der ersten Geburt in der Toilette.« Das ist aber auch schon alles, woran sich Susanne Hecht erinnern können will. Hat diese Frau sich in den immer gleichen Teufelskreis hineinmanövriert? Schwanger werden, Geburt, Blackout, Kind weg?

Auch die Fragen der Staatsanwältin werden immer gleich beantwortet. Warum hat sie die Leichen in Blumenkübeln vergraben und auf dem Balkon versteckt? »Ich weiß es nicht.« Warum hat sie sich niemand anvertraut? »Ich weiß es nicht.« Die Angeklagte wirkt in diesen Momenten der behaupteten Ahnungslosigkeit hilflos und wenig überzeugend. Es hat den Anschein, als wolle sie die dunklen Momente ihres Lebens besser ausblenden. Allerdings weist sie den Einwand der Richterin, es bestehe durchaus der Verdacht einer Verdrängung, entschieden zurück: »Im Gegenteil, ich würde alles dafür tun, zu erfahren, was damals passiert ist.« Für diese Erkenntnis würde sie »jede, noch so schwere Strafe auf sich nehmen«. Doch je länger sie darüber nachdenke, umso mehr Fragen wollten beantwortet werden.

Am Ende ihrer mehrstündigen Ausführungen belastet Susanne Hecht erstmals ihren Ex-Mann, von den Schwangerschaften und den toten Babys gewusst zu haben. Also doch? Sie schildert einen Streit, der sich zur Jahreswende 1999/2000 ereignet haben soll. Damals habe ihr Mann sie mit den Worten angebrüllt: »Glaub bloß nicht, dass ich nicht mitbekommen habe, dass du schwanger warst!« Auch erzählt sie nun von einer Szene auf dem Balkon ihrer Wohnung im Jahre 1993, wo ihr Mann ihr gegenüber begründet habe, weshalb er sie vor einigen Monaten während eines Seminars in der Pension in Goslar angerufen hatte: »Er befürchtete, ich würde nicht nach Goslar zur Fortbildung fahren, sondern nach Holland zur Abtreibung.« Und sie geht noch einen Schritt weiter: Sie könne jetzt auch nicht mehr ausschließen, dass er die Geburten miterlebt habe.

Die Staatsanwältin hat der Angeklagten genau zugehört und ordnet neue Ermittlungen gegen Hans-Georg Hecht an. Der 45-Jährige wird wieder bei der Kripo vernommen, er streitet aber erneut jede Form der Beteiligung oder Mitwisserschaft ab. Den Anruf im Jahre 1993 räumt er ein, allerdings habe er sich lediglich nach dem Zustand des Autos erkundigt, mit dem seine damalige Frau angereist war. Von einer Schwangerschaft oder befürchteten Abtreibung sei keine Rede gewesen. Das Verfahren wird abermals eingestellt, weil nach Auffassung der Staatsanwältin die Behauptungen der Angeklagten allein nicht genügen, um einen hinreichenden Tatverdacht zu begründen.

Der Prozess wird schließlich fortgesetzt, nun soll die Streitfrage der Schuldfähigkeit der Angeklagten verhandelt werden. Susanne Hecht ist an diesem Tag die Anspannung deutlich anzumerken, von der Einschätzung des Gutachters wird es in erster Linie abhängen, ob sie auf eine Verkürzung der Haftzeit hoffen darf. Doch der Facharzt für Psychiatrie und Neurologie kommt zu keinem anderen Ergebnis als sein Vorgänger: Susanne Hecht sei »sehr intelligent«, sie handele grundsätzlich »durchdacht, planend und beherrscht komplexe Abläufe«. Durch ihren langjährigen Alkoholkonsum sei sie zum Zeitpunkt der Taten nicht so beeinträchtigt gewesen, dass sie nicht »normal« hätte handeln können. Die Angeklagte habe seiner Ansicht nach weder eine schwere Persönlichkeitsstörung, noch sei ihre Steuerungsfähigkeit so eingeschränkt gewesen, dass sich daraus eine verminderte Schuldfähigkeit ergebe. »Völlig anders« sei das Geschehen indes zu beurteilen, sollte ihr jemand geholfen haben.

7. April 2008. Duplizität der Ereignisse. Niemand im Saal ist überrascht, als Susanne Hecht nach wenigen Verhandlungstagen wieder zur Höchststrafe verurteilt wird – 15 Jahre Haft. Und

wieder zeigt die Angeklagte keine Regung, als ihr erklärt wird, warum das Gericht nicht anders entscheiden durfte. »Sie haben acht Menschen getötet«, wirft ihr die Richterin vor, »Menschen, die keine Chance hatten, ihr Leben richtig zu beginnen«. Die Frage der Schuldfähigkeit habe nicht anders entschieden werden können, für »Alternativsachverhalte wie die Beteiligung Dritter« sei in diesem Verfahren kein Raum gewesen. »Beide Gutachter konnten deutliche Eindrücke von Ihnen gewinnen«, begründet die Vorsitzende die Entscheidung des Gerichts. Weder eine Persönlichkeitsstörung noch eine Alkoholabhängigkeit noch eine Alkoholvergiftung zur Zeit der Taten sei zweifelsfrei feststellbar gewesen: »Alle drei Fragen sind zu verneinen.« Somit hatte das Gericht keine Grundlage, um anders entscheiden zu können. Allerdings bleibt dieses Urteil ganz und gar unbefriedigend, weil nach wie vor unbekannt ist, was wirklich geschehen ist, als die Geburtswehen bei Susanne Hecht eingesetzt haben. Und weil sich Menschen vor ihrer moralischen und juristischen Verantwortung drücken konnten, die sich einfach dumm stellten. Aber auch ein schlechtes Gewissen kann eine schwere Strafe sein, vielleicht schlimmer noch als alles andere.

Die von Susanne Hecht begangenen Verbrechen passen zu ihrer deformierten Persönlichkeit und zu ihrem eigentümlichen Sozialverhalten: Sie hat den Geschlechtsverkehr mit ihrem Mann passieren lassen, sie hat nicht verhütet, sie hat nicht mit ihm über die Schwangerschaften gesprochen, sie ist nicht zum Frauenarzt gegangen, sie hat nicht abgetrieben, sie hat niemand ins Vertrauen gezogen. Und sie hat nichts unternommen, um das Leben der Neugeborenen zu retten. Diese Frau ist einfach untätig geblieben, die Verantwortung von sich weisend, darauf hoffend, ein anderer werde dafür einstehen, sich ihrer Probleme annehmen, alles werde sich zum Guten wenden. Ein im Wesentlichen fremdbestimmtes Leben, aber auch ein Leben auf der Flucht vor der Verantwortung für sich selbst.

Das Verhalten dieser Frau ist auch deshalb so schwer zu verstehen und zu bewerten, weil sie zu wichtigen Aspekten geschwiegen hat. Über die genauen Umstände der Geburten ist nichts bekannt.

Und auch über die körperlichen und seelischen Schmerzen in der Ehe hat sie nichts gesagt. Und sie hat nicht darüber gesprochen, wie es ihr gelungen ist, die neben ihr liegenden Neugeborenen nicht anzunehmen, das Wimmern und Schreien zu überhören, ihre Kinder grausam leiden zu lassen, bis der Tod eintrat.

Der Schlüssel für diese Verbrechensserie dürfte die erste Tat gewesen sein. Susanne Hecht hat sich nach reiflicher Überlegung gegen das Kind entschieden, es getötet, dann versteckt, schließlich vergraben. Und sie kam damit durch – ein Prägungserlebnis. Das Töten und Verbuddeln wurde zu einer durchaus attraktiven Handlungsoption bei weiteren Schwangerschaften, mit denen sie rechnen musste, würde sie auch weiterhin auf eine Verhütung verzichten. Weil sie es einmal getan hat, konnte sie es immer wieder tun. Gewöhnung. Routine. Abstumpfung. Die Hemmschwelle, sich dem eigenen Kind zu verweigern, war nicht mehr so hoch, das Töten verlor seinen Schrecken, weil sie nun wusste, was damit verbunden war. So entstand ein Muster, eine Blaupause für beliebig viele ungewollte Schwangerschaften und deren folgenlose Bewältigung: erst totschweigen, dann totmachen.

Die Tötung der eigenen Nachkommen durch die Mutter, den Vater oder beide ist kein Phänomen der Neuzeit, sie scheint so alt zu sein wie die Menschheit selbst. In manchen Kulturen (z. B. bei bestimmten Eskimo-Stämmen oder Nomadenvölkern) galt die Kindestötung sogar weder ethisch noch juristisch als verwerflich. Über die Familiengröße bestimmte über Jahrhunderte hinweg in vielen Kulturen der Familienvater. Er entschied, ob er das Kind annahm, es tötete oder töten ließ. Der Staat sanktionierte diese Form der Gewalt nicht, die Täter hatten keine Bestrafung zu befürchten. Die Neugeborenentötung wurde vielmehr als probates Mittel zur Regulierung des Bevölkerungswachstums eingesetzt, insbesondere dann, wenn die Nahrung knapp war oder ein Engpass drohte. Häufig traf es weibliche Säuglinge (vornehmlich in China und Indien), weil sie weniger zur Sicherung des Überlebens der Familie beitragen konnten als männliche und deshalb angeblich »weniger wertvoll« waren. Bis zum 19. Jahrhundert war es auch in einigen deutschen Regionen durchaus üblich, Babys »himmeln« zu lassen, wenn mehrfache Eltern in Not lebten und die finanziellen Mittel fehlten, um noch ein Kind durchzufüttern. In Preußen soll mehr als die Hälfte aller vorsätzlichen Tötungen an Neugeborenen begangen worden sein.

In Deutschland wurde der »Kindsmord« erstmals im Jahree 1507 unter Strafe gestellt, und zwar in der Bamberger Halsgerichtsordnung; 25 Jahre später auch in der »Carolina«, der »Peinlichen Gerichtsordnung«, die Kaiser Karl V. erließ. Wer ein Kind heimlich und unehelich zur Welt brachte und kurz darauf tötete, verstieß gegen das Dogma einer funktionalen und produktiven Sexualität. Die Täterin war demnach eine Buhlerin des Teufels, gleichzusetzen mit einer Hexe. Bis tief in das 18. Jahrhundert hinein galt die Kindestötung als Beweis für die sich entfaltende Macht des Teufels. Die drakonischen Strafandrohungen hatten ihre Grundlage allerdings auch im Alten Testament, wonach Gott das unschuldig vergossene Blut an dem gesamten Gemeinwesen rächen werde, sofern der Täter nicht gehörig bestraft werden sollte – viele Frauen wurden deshalb öffentlich gepfählt, ertränkt oder lebendig begraben. Die Kindesväter indes blieben unbehelligt und unbestraft, der männlich dominierte Staats- und Kirchenapparat wusste sich wirksam zu schützen.

Im ausgehenden 18. Jahrhundert wurde erstmals staatlicherseits der besonderen sozialen und psychischen Situation der Täterinnen Rechnung getragen. König Friedrich II. von Preußen ließ »alle Hurenstrafen« abschaffen, damit »in Unehren schwanger gewordene Weibsleute umso weniger Bedenken finden möchten, ihre Schwangerschaft bekannt werden zu lassen«. Insbesondere einige Vertreter des »Sturm und Drang« (beispielsweise Heinrich Leopold Wagner mit *Die Kindermörderin* oder Goethe, als er *Faust I* schrieb) hatten an diesem Umdenken einen großen Anteil, weil sie die Gestalt der »Kindsmörderin« literaturfähig machten und eine soziale Wirklichkeit reflektierten und kritisierten, die bis dahin ausgeblendet worden war. Doch erst das Bayerische Strafgesetzbuch von 1813 brachte auch in der Gesetzgebung den Umbruch. Artikel 157 bestimmte nämlich, dass eine »Mutter, welche ihr uneheliches neugeborenes lebensfähiges Kind absichtlich um das Leben bringt, (...) zum Zuchthause auf unbestimmte Zeit verurteilt« werden sollte. Damit wurde die Todesstrafe für derartige Fälle abgeschafft und die Kindestötung erstmals zu einem privilegierten Delikt.

Im Jahre 1871 wurde die »Kindstötung« in das Reichsstrafgesetzbuch aufgenommen. Der »Gretchen-Paragraf« bezog sich ausschließlich auf Mütter, die ihre unehelichen Kinder während oder gleich nach der Geburt töteten. Er sollte der brisanten sozialen Stellung der Täterinnen Rechnung tragen. Den Frauen drohte nun lediglich eine Freiheitsstrafe von mindestens drei Jahren, in einem minder schweren Fall zwischen sechs Monaten und fünf Jahren. Mit dem 6. Strafrechtsreformgesetz strich der Gesetzgeber im April 1998 den Paragrafen 217 des Strafgesetzbuches ersatzlos, als ein neues Kindschaftsrecht in Kraft trat: Nichteheliche Kinder wurden ehelichen gleichgestellt. Es bestand also kein Grund mehr, eine Strafnorm aufrechtzuerhalten, die ausschließlich auf ledige Mütter abzielte. Seither gelten für die Tötung von Säuglingen dieselben Strafvorschriften wie für andere Tötungsdelikte: Paragraf 212 Strafgesetzbuch (vorsätzliche Tötung; Strafandrohung fünf bis 15 Jahre) und Paragraf 213 (minder schwerer Fall des Totschlags; Strafmaß mindestens ein Jahr, höchstens zehn Jahre); werden Merkmale des Mordes nach Paragraf 211 Strafgesetzbuch festgestellt (wenn die Tat beispielsweise aus »sonstigen niedrigen Beweggründen« passiert), droht eine lebenslange Freiheitsstrafe.

Für das Delikt der Kindestötung (der wissenschaftliche Fachterminus ist »Neonatizid«) existiert keine Legaldefinition[4]. Die am häufigsten gebrauchte Begriffsbestimmung stammt von dem amerikanischen Psychiater Phillip J. Resnick. Er beschrieb diesen Tatbestand als die Tötung eines Kindes durch Mutter und/oder Vater binnen 24 Stunden nach der Geburt. Von diesem eng gefassten Deliktsbereich grenzte Resnick die Tötung eines Kindes

[4] Als Legaldefinition bezeichnet man eine Begriffsbestimmung, die der Gesetzgeber gemacht hat und die im Gesetz steht.

im Alter von einem Tag bis zu einem Jahr ab (»Infantizid«) sowie den gewaltsamen Tod eines Kleinkindes, das älter als ein Jahr ist (»Filizid«). Diese Definitionen wurden in zahlreichen Studien zum Thema »Tötung der eigenen Kinder« übernommen, allerdings existieren auch Untersuchungen, in denen diese Fachbegriffe anders umschrieben oder wie Synonyme verwendet werden. Dies führt regelmäßig zu Problemen, will man einzelne Studien miteinander vergleichen.

Verlässliche Zahlen zur Verbreitung der Kindestötung in Deutschland gibt es nicht. Seit Abschaffung des Paragrafen 217 Strafgesetzbuch im Jahre 1998 werden entdeckte Neonatizide in der polizeilichen Kriminalstatistik nicht mehr erfasst – diese Delikte verstecken sich nun in den Zahlen von Mord und Totschlag. Entgegen anderslautenden Medienberichten gehen die Fallzahlen bei der Tötung von Kindern allgemein zurück. So wurden im Jahre 2006 insgesamt 202 Kinder Opfer von Tötungsdelikten, das waren 88 weniger als im Jahre 2000.

Anke Rohde, Professorin für Psychiatrie am Universitätsklinikum Bonn, hat zur Häufigkeit von Neonatiziden eigene Untersuchungen angestellt. Die Expertin rechnet demnach mit einer Häufigkeit von 1 zu 25.000 Geburten. Das wären 2006 bei 672.724 Geburten 27 Kindestötungen gewesen. Von einer darüber hinausgehenden Dunkelziffer ist auszugehen, da nicht alle getöteten Säuglinge gefunden werden.

Die Wissenschaft hat den Bereich des Kindestötung bisher eher stiefmütterlich behandelt; vermutlich deshalb, weil dieses Delikt sehr selten passiert und die Täterinnen sich auch im Rahmen von Studien selten offenbaren wollen. Folgendes soziografisches Wissen scheint gesichert[5]: Etwa 70 bis 80 Prozent der Frauen sind ledig. In der Mehrzahl der Fälle sind es erstgebärende Mütter. Das Bildungsniveau der Täterinnen unterscheidet sich nicht wesentlich von dem nicht-krimineller Frauen. Das Alter der Mütter zum Zeitpunkt der Tötung liegt zwischen 14 und 42 Jahren und

---

[5] Zitiert nach Christine Swientek: *Kindestötung – Neonatizid. Die Tötung von Neugeborenen »unter der Geburt«*. Der Kriminalist 2004, S. 190 ff.

umfasst somit die gesamte Bandbreite der Fruchtbarkeit. Das Durchschnittsalter beträgt Anfang/Mitte 20. Bei jeder dritten bis fünften Täterin wird die Beziehung zum Kindesvater auch nach der Tötung des Neugeborenen fortgesetzt. Eine ärztliche Kontrolle oder Geburtsvorbereitung wird nur selten in Anspruch genommen. Allerdings werden die meisten Schwangerschaften von einem Arzt diagnostiziert. Das Persönlichkeitsprofil der Täterinnen variiert. Häufig wird jedoch von Frauen mit einer unreifen Persönlichkeit berichtet, die zum Einzelgängertum neigen, die sich mehr mit sich beschäftigen als mit äußeren Dingen und die kaum oder gar nicht in der Lage sind, Problemlösungsstrategien zu entwickeln und durchzusetzen. Nach außen können die Frauen sich im Einzelfall jedoch durchaus kontaktfreudig und selbstbewusst geben. Allerdings sind diese Charakterisierungen so vage, dass sie kaum kriminal- oder sozialpolitische Relevanz beanspruchen dürfen und auch nicht geeignet erscheinen, ein typisches Persönlichkeitsprofil der Kindestöterin zu generieren. Denn viele Frauen weisen eben diese Merkmale auf, ohne dass sie ihre ungewollten Babys töten oder dies auch nur in Erwägung ziehen.

Fasst man die bisherigen wissenschaftlichen Erkenntnisse zu sozialen Hintergründen und Motiven der Täterinnen zusammen, so kristallisieren sich im Wesentlichen drei Gruppen heraus: Da sind zunächst Frauen, die den Tod des Säuglings bereits vor der Geburt planen und das Kind aussetzen oder töten. Zu diesen Täterinnen liegen kaum Erkenntnisse vor, weil die Offenbarung dieser Motivation mit gravierenden juristischen Konsequenzen einhergehen würde und wohlweislich verschwiegen wird. Daneben gibt es eine große Fraktion von Frauen, die, wie Susanne Hecht, abwarten, die Schwangerschaft verheimlichen, sie in der Hoffnung aussitzen, jemand werde helfen – in erster Linie der Kindesvater. Bleibt die erhoffte Anteilnahme und Unterstützung jedoch aus, wird das Problemkind getötet.

Die dritte Gruppe Frauen negiert beziehungsweise verdrängt die Schwangerschaft und wird von der Geburt regelrecht überrascht. Der Säugling wird schließlich in einer psychischen Ausnahmesituation zu Tode gebracht, die Tat trägt Züge eines affektiv eingefärbten Geschehens. Allerdings besteht ein Streit in der Wissenschaft darüber, wie diese Fachbegriffe zu verstehen und anzuwenden sind. Der Gerichtspsychiater Andreas Marneros bemüht sich um Begriffsklarheit, wenn er schreibt[6]: »Neonatizid hat viele Ursachen, eine davon ist die ›verdrängte‹ bzw. ›negierte‹ Schwangerschaft. Das Phänomen der ›verdrängten‹ Schwangerschaft ist von psychologischer Seite her ein faszinierendes, obgleich rätselhaftes Phänomen, das sich nach Schätzungen in etwa 400 klinischen Fällen (bezogen auf das Gebiet der Bundesrepublik) niederschlägt. Falls es jedoch mit der Kindestötung endet, ist das Phänomen von forensischer Seite her höchst problematisch. Der Begriff ›verdrängte‹ Schwangerschaft selbst kann irreführend sein, da er Assoziationen mit tiefenpsychologischen Vorgängen für alle Formen ›negierter‹ Schwangerschaften suggeriert, was falsch ist. Man muss davon ausgehen, dass das Phänomen der ›verdrängten‹ Schwangerschaft eine Untergruppe der ›negierten‹ Schwangerschaft ist und dass Überlappungen zwischen ›verdrängter‹ und ›verheimlichter‹ Schwangerschaft vorhanden sind. Eine ›verdrängte‹ Schwangerschaft ist wahrscheinlich anzunehmen bei Vorliegen folgender Merkmale:

1. Subjektive Gewissheit der Schwangeren, nicht schwanger zu sein,
2. Fehlen von Schwangerschaftszeichen oder subjektiv hinreichende Umdeutungen von vorhandenen Schwangerschaftszeichen,
3. Unbefangenheit in sozialen Situationen, die zur Aufdeckung führen könnten,
4. unverändertes Sexualverhalten,
5. Verkennung der einsetzenden Wehen und Überraschtwerden von der Geburt.

---

[6] Andreas Marneros: *Kindestötung: Zur Frage der Schuldfähigkeit nach »negierter« Schwangerschaft.* Monatsschrift für Kriminologie und Strafrechtsreform 1998, S. 177.

Wir gehen davon aus, dass bei einer ›verheimlichten‹ Schwangerschaft irgendwann während des Schwangerschaftsverlaufes die Schwangere den neuen Zustand wahrnimmt bzw. ihn ahnt. Im Falle der ›Ahnung‹ unternimmt sie jedoch keine aktive Maßnahme zur Klärung ihres Zustandes, sie wehrt sich dagegen. Die Ahnung wird zum ›Nicht-Wahrhaben-Wollen‹. Im Falle des Wahrnehmens der Schwangerschaft handelt es sich offensichtlich um ein bewusstes ›Nicht-bekannt-machen-Wollen‹.«

Bei diesen Problemgruppen liegen die verursachenden Faktoren in der Regel in der Beziehung zum Kindesvater und/oder im familiären Umfeld. Die Zeit der Schwangerschaft wird vor allem angstbesetzt erlebt: Angst vor den mutmaßlichen Reaktionen des sozialen Umfelds auf das uneheliche Kind, Angst vor dem eigenen Vater und dem Erzeuger, Angst vor der Mutter. Angst vor der (öffentlichen) Blamage, ungewollt schwanger geworden zu sein. Angst vor dem Tag der Geburt, wenn alles herauskommt. Angst vor der immensen Verantwortung. Angst vor der drohenden Überforderung. Überhaupt Angst vor der Zukunft. Das Konfliktfeld »ungewollte Schwangerschaft« ist für die späteren Täterinnen zu facettenreich und zu komplex, um sich damit rational-planend zu befassen. Es wird abgewehrt und zurückgewiesen. Das Verhalten der Frauen ist paradox: Weil es nach außen kein Problem geben darf, muss das Kind nach innen konsequenterweise abgelehnt und schließlich getötet werden, damit es künftig nach innen und außen kein Problem sein kann. Typisch in solchen Fällen ist, dass die Täterinnen nach der Tötung keine oder keine plausible Begründung für ihr Handeln angeben können. Erinnern wir uns nur an Susanne Hecht, die gebetsmühlenartig versicherte: »Ich weiß nicht, warum ich das gemacht habe.«

Gemeinhin wird in der Mutterliebe die Ursache dafür erblickt, dass die Gebärende all ihre Zeit, Kraft und Fürsorge für das Neugeborene aufbringt und in dem Zusammenspiel mit dem Baby mütterliche Fähigkeiten entwickelt. In der Wissenschaft ist die Existenz der Mutter-Kind-Bindung, die eine Reihe von teils unbewussten mütterlichen (wie auch väterlichen) Kompetenzen aktiviert, unstrittig. Man bezeichnet dieses Verhaltensphänomen als »Bonding«. Und genau in diesem Kontext gilt es zu fragen: Warum haben Kindestöterinnen nicht dieses Gefühl, dass der Säugling ganz zu einem gehört und zum unverzichtbaren Teil des eigenen Daseins geworden ist oder werden wird? Weshalb empfinden diese Frauen keine oder keine ausreichend starke Mutterliebe, die sie vor dem Töten des eigenen Kindes zurückschrecken lassen müsste?

Das Mysterium der mütterlichen Liebe und der kindlichen Anhänglichkeit hat verschiedene wissenschaftliche Disziplinen (z. B. die Biologie oder die Psychoanalyse) des 20. Jahrhunderts beschäftigt und eine Vielzahl von Theorien hervorgebracht, die mittlerweile jedoch obsolet erscheinen. Denn in einer Vielzahl von Untersuchungen der jüngeren Vergangenheit wird übereinstimmend berichtet, dass für die Mehrzahl der Mütter folgende Faktoren wesentlich gewesen seien für die Entstehung der engen Bindung an das eigene Kind: der Augenkontakt am Ende des ersten Lebensmonats; das erste Mal, als das Kind die Mutter bewusst anlächelte; das Unterscheiden des Kindes zwischen der Mutter und anderen Personen im Alter von etwa neun Wochen. Demnach scheint es keinen psychologischen oder genetischen Code »Mutterliebe« zu geben, der bereits während der Zeit der Schwangerschaft unbeeinflusst und automatisch zu wirken beginnt – eine Mutter-Kind-Bindung muss vielmehr zu großen Teilen erst erarbeitet werden, es findet eine Entwicklung statt, die sich über mehrere Wochen vollzieht und positiv wie negativ beeinflusst werden kann.

Als einen besonders negativen Einfluss werten führende Wissenschaftler, wenn das Kind ungewollt ist. »Gefährdet in dieser Hinsicht sind Mütter«, schreibt Hellgard Rauh, Professorin am Institut für Psychologie der Universität Potsdam, »die ihr Kind eigentlich (noch) nicht wollten, die selbst als Persönlichkeiten noch nicht ausgreift sind, die als Kinder zu wenig elterliche Zuwendung erfuhren und sich von ihrem Partner nicht unterstützt fühlen.« Diese Charakterisierung trifft im Wesentlichen auch auf viele Kindestöterinnen zu und könnte erklären, warum es den

Täterinnen möglich war, die Opfer nach eigenem Bekunden lediglich als »Gegenstand«, »Sache« oder »Ding« zu betrachten – Objekte eben, die »entsorgt« werden oder einfach »weg« mussten. Frauen, die eine Schwangerschaft verdrängen, verleugnen und verheimlichen, verhindern somit auch zum Zeitpunkt der Geburt ihre mütterlichen Gefühle und sind fähig, das Neugeborene als unspezifisch und unliebsam zu empfinden. Und aus dieser überaus zwiespältigen Gefühlslage der Mutter können sich für das Kind tödliche Konsequenzen ergeben.

Die Möglichkeiten, der Kindestötung wirksam vorzubeugen, sind allgemein sehr begrenzt. Dies gilt besonders für solche Frauen, die ihre Schwangerschaft verdrängen. Von Angeboten wie Babyklappe oder Anonyme Geburt können sie nicht profitieren, da diese Hilfsangebote einfach nicht wahrgenommen oder ignoriert werden. Tunnelblick. Selbst aufgeschlossene und loyale Lebenspartner oder Eltern werden nicht ins Vertrauen gezogen. Und den Gesundheitsbehörden sind die Hände gebunden, weil sie nahezu ausnahmslos nicht informiert werden.

Die Kindestötung ist das einzige Verbrechen, bei dem Frauen in der polizeilichen Kriminalstatistik als Täterinnen weitaus dominieren. Das liegt gewiss in erster Linie an der Natur der Sache, schließlich ist es die Frau, die eine Schwangerschaft verschweigt, das Kind zur Welt bringt und es tötet. Allerdings wäre es grundfalsch, die Täterinnen allein für diese Tragödien verantwortlich machen zu wollen, losgelöst von ihren sozialen Bezügen. Auch der Erzeuger einer ungewollten Schwangerschaft handelt verwerflich, wenn er sich nicht um die werdende Mutter und ihre häufig nicht zu übersehenden Probleme kümmert. Was sind das für Männer, die das Ende einer Schwangerschaft bemerken und nicht danach fragen, wo das Baby ist? Über sie weiß man sehr wenig. Sind sie denn nicht genauso verantwortlich für das Wohl des Kindes?

Diese Väter wider Willen, deren Einstellungen und Entscheidungen häufig materiellem Zweckdenken geschuldet sind, die sich vornehmlich dem finanziellen Auskommen der Familie verpflichtet sehen und der Ehefrau aus diesem Grund ein striktes

Gebärverbot erteilen, verhalten sich im Falle einer ungewollten Schwangerschaft nicht anders als die Täterinnen selbst: schweigen, aussitzen, schweigen. In den meisten Fällen können sie juristisch nicht belangt werden, weil sie sich hinter ihrem Aussageverweigerungsrecht verschanzen und ihnen eine Mittäterschaft beziehungsweise Mitwisserschaft nicht nachgewiesen werden kann. »Man hätte ihm beweisen müssen, dass er danebengestanden hat, als die Kinder getötet wurden«, erklärte ein Vertreter der Staatsanwaltschaft Frankfurt/Oder im Fall Hans-Georg Hecht, »aber wenn es von Nachbarn oder Kollegen keine Aussagen gibt, die ihn belasten, können wir nichts machen. Deshalb haben wir das Verfahren gegen ihn zähneknirschend eingestellt.« Die volle Härte des Gesetzes trifft in der Regel nur die Frau.

Es gilt also auch danach zu fragen, ob es zu Kindestötungen überhaupt kommen kann, wenn der werdende Vater sich nicht einfach nur ahnungslos gibt, sondern seine Frau auf den anschwellenden Bauch nur einmal anspricht, fragt, hilft. Vielleicht ist das Kernproblem gar nicht die Frau, sondern der Mann, der sich gerne als unnachgiebiger Patriarch generiert, nur im Ernstfall von der Verantwortung für sein Handeln nichts wissen will. Aber es sind nicht die selbstbezogenen Erzeuger allein, die mitschuldig werden. Genauso undenkbar sind diese Taten ohne ein familiäres und berufliches Umfeld, das sich immer wieder abwendet, wegschaut, weghört – und vor allem schweigt, obwohl Mütter, Väter, Geschwister, Freunde, Bekannte oder Arbeitskollegen der Täterinnen etwas ahnen oder gar wissen. Das Ablehnen dieser sozialen Verantwortung ist sicher auch ein Verbrechen, allerdings ein moralisches.

3. Blaubeer-Mariechen

»Wenn ich versucht hätte, mich scheiden zu lassen,
hätte er mir das Leben zur Hölle gemacht.
Er musste also weg.«

Es ist der 26. April 1983, als um kurz nach 17 Uhr bei der Mordkommission im Mönchengladbacher Polizeipräsidium angerufen wird.

»Hier spricht Rechtsanwalt Gernot Meininger aus Kempen. Ich habe soeben Kenntnis von einer Straftat erlangt, die in Ihren Zuständigkeitsbereich fällt. Ich schlage vor, dass wir die Angelegenheit in meiner Kanzlei besprechen.«

Auf Nachfrage des Beamten, was denn passiert sei, wird nur noch kurz geantwortet: »Es soll jemand ermordet worden sein. Ich warte hier mit meiner Mandantin auf Sie.«

Eine knappe Stunde später sitzen zwei Kriminalhauptkommissare im Besprechungszimmer der Kanzlei »Pallhuber und Partner« dem Anrufer und einer schlicht gekleideten Frau gegenüber. Es ist Gertrud Maassen, 48 Jahre alt, aus Kempen, einer etwa 30.000 Einwohner zählenden Kleinstadt am linken Rand des Niederrheins, zirka 35 Kilometer westlich von Duisburg gelegen. Auf ein Zeichen ihres Anwaltes hin erzählt die Hausfrau und sechsfache Mutter ihre Geschichte:

»Ich bin heute zu Herrn Pallhuber gekommen, weil ich mich scheiden lassen will. Mein Mann ist gewalttätig und unberechenbar, genau wie meine Schwiegermutter. Die war bereits dreimal verheiratet. Alle drei Männer sind offiziell an einem Herzinfarkt gestorben. Das stimmt aber nicht.«

»Ist das alles?«, fragt einer der Beamten.

»Nein, das ist nicht alles.« Gertrud Maassen wird jetzt energischer. »Ihr letzter Mann ist vor etwa einem halben Jahr verstorben. Der Tod wurde von Dr. Kaiser aus Kempen festgestellt. Wie ich schon sagte, es soll ein Herzinfarkt gewesen sein. Aber meine Schwiegermutter hat mir selbst zu verstehen gegeben, dass sie ihren Mann vergiftet hat.«

»Und warum sollte Ihre Schwiegermutter das getan haben?«

»Soviel ich weiß, hat sie durch Unterschriftenfälschungen unberechtigt Geld vom Konto ihres Mannes bei der Deutschen Bank abgehoben. Als ihr Mann dahintergekommen war, wollte er eine Klärung bei der Bank herbeiführen. Meine Schwiegermutter rief nun bei mir an und erzählte mir davon. Gleichzeitig fragte sie mich, ob ich nicht Schlaftabletten im Haus hätte. Damit wolle sie ihren Mann hindern, am nächsten Morgen zur Bank zu gehen. Der Anruf von ihr kam abends. Ich habe ihr gesagt, dass ich keine Tabletten hätte und nichts damit zu tun haben wollte.«

»Sie glauben also, Ihre Schwiegermutter hat ihren Mann mit Schlaftabletten umgebracht?«

»Nein! Am nächsten Tag rief meine Schwiegermutter erneut bei mir an. Diesmal erklärte sie mir, dass sie nun bald Ruhe habe. Wörtlich sagte sie: ›Der geht nicht mehr zur Bank.‹ Dann hat sie aufgelegt.«

»Frau Maassen, verstehen Sie mich bitte nicht falsch«, unterbricht einer der Beamten, »aber wir brauchen Beweise.«

»Hören Sie mir einfach nur zu.« Die Frau starrt die Kripo-Beamten missmutig an. Dann sagt sie in die Stille hinein: »Noch am selben Tag hat sie wieder angerufen und mitgeteilt, dass ihr Mann tot sei. Sie hat mir gesagt, dass sie ihm ein Mittel verabreicht habe, das nach außen hin die Symptome eines Herzinfarktes hervorrufen könnte.«

»Und was macht Sie so sicher, dass der Mann durch fremde Hand gestorben ist?«

»Ihr Verhalten danach, das war schon sehr merkwürdig. Für die Beerdigung wurden mein Mann und ich komplett neu eingekleidet. Das hat sie alles bezahlt. Sie hat meinem Mann noch ein neues Auto gekauft, das hat auch mal eben so 4.500 Mark gekostet. Und dann hat sie mir mal wörtlich gesagt: ›Du hast Geld angenommen, du kannst nicht mehr den Mund aufmachen!‹«

»Frau Maassen, bevor Sie weitersprechen, muss ich Sie auf etwas hinweisen«, wird die Frau unterbrochen. »Das, was Sie uns erzählen, sollte schon der Wahrheit entsprechen. Falls nicht, würden Sie sich strafbar machen, man nennt das im Amtsdeutsch ›Falsche Verdächtigung‹. Bitte überlegen Sie noch einmal, ob das auch wirklich so passiert ist. Das sind schwerwiegende Vorwürfe, die Sie da erheben.«

»Ich habe furchtbare Angst, verstehen Sie das denn nicht«, setzt sie wieder an. »Mein Mann hat mir gesagt, dass, wenn ich zum Anwalt gehe, um mich scheiden zu lassen, ich genauso enden würde wie die Männer seiner Mutter.«

Jetzt ist es genug, die Beamten verzichten auf eine förmliche Vernehmung. Sie haben eine überaus merkwürdig nachklingende Geschichte gehört – eine ältere Dame soll ihren Mann umgebracht haben, weil sie ohne dessen Wissen Geld von seinem Konto abgehoben hat. Schwer zu glauben.

Dennoch beginnt die Kripo mit behutsamen Nachforschungen. Die Schwiegermutter gibt es tatsächlich. Es ist Maria Horn, geboren am 12. März 1916 in Viersen, geborene Wunderlich, verwitwete Bausen, verwitwete Achterbach, wohnhaft Klosterstraße 38 in Kempen. Die 67-Jährige hat tatsächlich drei Ehemänner überlebt.

Der letzte, Walter Horn, starb am 29. November 1982 im Alter von 82 Jahren. Die Kripo überprüft den Totenschein und befragt den Hausarzt des vermeintlichen Mordopfers. Dr. Kaiser berichtet, dass Walter Horn vor seinem Tod dreimal in seiner Praxis gewesen sei, und zwar im Februar und im Mai, letztmals Anfang Juli. Der Mann habe jeweils über Unwohlsein und Atemwegsbeschwerden geklagt. Bei den Untersuchungen habe sich herausgestellt, dass Walter Horn unter Bluthochdruck und Asthma litt. Ihm seien Medikamente verschrieben worden. Zur Todesursache sagt der Mediziner: »Ich wurde in die Wohnung gerufen und konnte nur noch den Tod des Mannes feststellen. Ich habe keine Anzeichen für einen Unglücksfall oder Verschulden Dritter erkennen können, schon gar nicht Gewalt. Für mich ist er an Herzversagen gestorben, kein Zweifel.«

Den zweiten Ehemann der Verdächtigen habe Dr. Kaiser auch behandelt, konkret erinnern kann er sich aber nicht mehr. Aus den Patientenunterlagen indes geht hervor, dass Bernhard Achterbach am 20. März 1976 von seinem Hausarzt ins Krankenhaus eingewiesen worden war. Diagnose: »Akute Herzbeschwerden.« Schon am nächsten Tag war er gestorben. Todesursache: »Herzversagen.« Die Kripo fragt im Krankenhaus bei den damals behandelnden Ärzten nach. Die Ermittler bekommen zur Antwort, dass Bernhard Achterbach gründlich untersucht worden und, wie im Totenschein vermerkt, an einem akuten Herzleiden gestorben sei. Anzeichen für eine Vergiftung habe man nicht festgestellt.

Hat Gertrud Maassen vielleicht gelogen, um ihren Ehemann und ihre Schwiegermutter in Verruf zu bringen? Also ein übler Racheakt? Oder will sie auf diese Weise Polizeischutz erzwingen, weil sie befürchten muss, von ihrem Mann abermals verprügelt zu werden? Hat sie deshalb behauptet, mit dem Tode bedroht worden zu sein?

Augenscheinlich gibt es keine ernst zu nehmenden Hinweise, dass jemand tatsächlich beim Sterben nachgeholfen haben könnte: Die vermeintlichen Opfer sind alt und schwer krank gewesen; die behandelnden Ärzte haben keinen Verdacht geschöpft; es ist jeweils ein natürlicher Tod bescheinigt worden. Und es fehlt ein plausibles Motiv für die behaupteten und überaus hinterhältigen Verbrechen.

Hat man zunächst auf eine ordentliche Vernehmung von Gertrud Maassen verzichtet, so wird dies zwei Tage später nachgeholt. Die Frau soll sich erklären, ohne Wenn und Aber. Die Ermittler glauben mittlerweile eher an den üblichen Familienknatsch, der auf dem Rücken der Polizei ausgetragen werden soll. Würde die Frau zugeben, alles erfunden zu haben, die leidige Angelegenheit wäre für die Todesermittler vom Tisch.

Gertrud Maassen wird zunächst nochmals und diesmal besonders eindringlich darauf hingewiesen, dass eine gezielte Falschaussage strafrechtliche Konsequenzen auslösen würde. Sie nickt nur kurz. Dann sagt sie: »Ich möchte meine Angaben teils korrigieren, teils erweitern.«

»Dann erzählen Sie mal«, wird sie aufgefordert.

Der erste Ehemann ihrer Schwiegermutter sei im Zweiten Weltkrieg in Russland verschollen und später für tot erklärt worden. Die Schwiegermutter habe 1961 den Werkzeugmacher Bernhard Achterbach geheiratet. Die Ehe sei jedoch nicht unbelastet gewesen, mitunter habe es heftige Auseinandersetzungen gegeben. Bernhard Achterbach habe häufig mit einer Scheidung gedroht, wenn von seiner Frau wieder einmal zu viel Geld ausgegeben worden war. 1976 sei der Mann schließlich im Kempener Krankenhaus verstorben – angeblich nach einem Herzinfarkt. Einige Tage nach dessen Tod habe die Schwiegermutter den Kindern gesagt: »Das habe ich geschafft.« Sie, Gertrud Maassen, habe diese Ausdrucksweise damals schon komisch gefunden, sich aber keine weiteren Gedanken gemacht.

1978 habe die Schwiegermutter über eine Zeitungsannonce Friedrich Überall kennengelernt. Der Pensionär sei liiert gewesen, habe aber von seiner Frau getrennt gelebt. Eine Heirat sei für die Schwiegermutter von vornherein nicht in Betracht gekommen. Einige Zeit später sei ihr neuer Lebensgefährte von Dormagen nach Kempen in die Wohnung der Schwiegermutter eingezogen. Zwischen beiden habe es regelmäßig Streit gegeben, meistens sei es um finanzielle Dinge gegangen. Gertrud Maassen habe er eine Woche vor seinem Versterben sein Leid geklagt: »Mein Gott, was habe ich mir da eingebrockt! Wäre ich nur in meiner Dormagener Wohnung geblieben. Die hat mich so oft belogen und betrogen, am liebsten würde ich weggehen.«

Die letzte heftige Auseinandersetzung habe es noch kurz vor dem Tod von Friedrich Überall gegeben. Der Mann sei nur einen Tag darauf gestorben, plötzlich und unerwartet. Aus Erzählungen der Schwiegermutter wisse sie, dass er in der Küche gefunden worden sei, im Sessel sitzend, leblos. Ganz geheuer sei ihr, Gertrud Maassen, die Sache nicht gewesen. Doch habe sie sich nicht weiter darum gekümmert.

Etwa anderthalb Jahre später habe die Schwiegermutter zu dem ehemaligen Friseurmeister Burghard Horn Kontakt geknüpft, wieder über eine Annonce in der Zeitung. Wenig später sei sie zu dem betagten, aber noch rüstigen Mann in dessen Eigentumswohnung nach Wuppertal gezogen. Die Schwiegermutter habe Burghard Horn schließlich dazu gebracht, die Wohnung zu verkaufen und nach Kempen zu ziehen. Dann sei geheiratet worden, die Flitterwochen habe man in Tirol verbracht. Burghard Horn sei vermögend gewesen und habe bei verschiedenen Banken höhere Geldbeträge fest angelegt. Die Zinsen habe er sich monatlich auszahlen oder gutschreiben lassen.

Von ihrem Mann will Gertrud Maassen erfahren haben, dass die Schwiegermutter vom Konto des Burghard Horn heimlich Geld abgehoben und dafür die Unterschrift gefälscht haben soll. Wie hoch der Betrag war, wisse sie nicht. Einen Tag vor dem Ableben ihres Mannes habe die Schwiegermutter zu ihr gesagt: »Der darf morgen nicht zur Bank.« Und am nächsten Tag sei Burghard Horn gestorben, obwohl er nicht ernsthaft krank gewesen sei.

Gertrud Maassen wird nach Hause geschickt. Aus dem, was die Frau mitgeteilt hat, ergibt sich eine ganze Reihe von Verdachtsmomenten für einen Betrug, auch eine Urkundenfälschung – aber nicht für einen Mord, schon gar nicht eine Mord*serie*. Die Ermittlungen werden deshalb durch das 3. Kommissariat fortgeführt, zuständig unter anderem für Wirtschaftsstrafsachen. Und der Betrugsverdacht passt auch besser zu Maria Horn, die bereits dreimal verurteilt worden ist, weil sie kleinere Geldbeträge gestohlen oder unterschlagen hat.

Am 1. Juni 1983 werden die Konten von Burghard Horn in der Volksbank Kempen überprüft. Bei den Bankunterlagen befindet sich auch ein Sicherungsvertrag vom 19. Oktober des Vorjahres, der von Horn unterschrieben worden sein sollte. Stutzig macht die Beamten, dass ein Antrag vom selben Tag existiert – demnach sind 8.000 Mark ausgezahlt worden, und zwar an Maria Horn. Als Sicherheit für das Darlehen hat das Guthaben auf Horns Festgeldkonto mit der Nummer 3002499 in Verbindung mit dem Sicherheitsvertrag gedient. Die erste Rückzahlungsrate ist am 1. November fällig geworden, genau 585 Mark. Das Geld ist von Walter Horns Konto abgebucht worden. Wenn dieser es zur Bank geschafft hätte, wäre er bei Betrachtung seines Kontoauszuges dahintergekommen.

Der Sicherungsvertrag wird beschlagnahmt und am 7. Juni 1983 für grafologische Untersuchungen dem Landeskriminalamt in Düsseldorf überbracht. 13 Tage später liegt das Gutachten vor. Die Unterschrift sei gefälscht worden, heißt es, Burghard Horn hat den Vertrag also nicht unterschrieben. Indes sei eine beweiskräftige Aussage zur Urheberschaft der Fälschung nicht möglich.

Das Untersuchungsergebnis lässt die Todesermittler hellhörig werden. Gertrud Maassen hat in diesem Punkt demnach nicht gelogen, und somit liegen nun ausreichende Verdachtsmomente vor, um gegen Maria Horn offiziell ein Todesermittlungsverfahren einzuleiten. Zudem haben die Experten für Wirtschaftskriminalität herausgefunden, dass der ehemalige Buchhalter seine Eigentumswohnung verkauft hatte und der Witwe aus dem Erlös 30.000 Mark winkten. Auch besaß Burghard Horn noch Wertpapiere für 15.000 Mark. Das sind handfeste Gründe, um einen Mord zu begehen. Beweis erbringen kann allerdings nur Burghard Horn selbst, beziehungsweise das, was von ihm übrig geblieben ist – seine Leiche muss ausgegraben und obduziert werden.

Der Leichnam wird am 13. Juli durch Rechtsmediziner der Universität Aachen untersucht. Im Zuge der Obduktion werden folgende wesentlichen Befunde erhoben:

1. Ausgeprägte Fettwachsbildung und dadurch bedingt ein relativ gut erhaltener Leichenzustand.
2. Kein Anhaltspunkt für einen eindeutigen, nicht natürlichen Tod infolge einer Gewalteinwirkung.

3. Eindeutige schwere krankhafte Organveränderungen, die den Tod ausreichend hätten erklären können, wurden nicht festgestellt. Aufgrund des Lungenbefundes bestand der Verdacht, dass eine Bronchitis zu Lebzeiten vorgelegen hat.
4. Ein auffälliger Darminhalt, der auf eine Intoxikation hindeuten könnte, wurde nicht festgestellt.

Bei anschließenden chemisch-toxikologischen Analysen gelingt jedoch der Nachweis von Resten der Thiophosphorsäure, und zwar im Mageninhalt. Die Säurereste sollen von dem hochgiftigen Stoff Parathion oder einem seiner Abbauprodukte herrühren. Der Kripo Mönchengladbach wird dieser vorläufige Befund acht Tage nach der Obduktion mitgeteilt. Ein abschließendes Gutachten könne aber erst nach weiteren Untersuchungen und Bestätigungsanalysen vorgelegt werden, erklären die Rechtsmediziner. Man sei sich noch nicht absolut sicher.

Vier Tage später gibt es keinen Zweifel mehr. »Das Ergebnis der Analyse beweist eindeutig«, schreiben die Gutachter, »dass Herrn Horn vor seinem Tode ein Parathion-haltiges Medikament sowie nach dem Auffinden der Abbauprodukte des Warnfarbstoffes Ceresblau ›E 605‹ verabreicht worden ist. Aus der Feststellung von Parathion und dem Abbauprodukt des Warnfarbstoffes im Dünndarminhalt ist zu schließen, dass es nach der Beibringung infolge der erhöhten Magenperistaltik, bewirkt durch Parathion, zu einem Weitertransport von ›E 605‹ in den Dünndarmbereich gekommen ist. Das Vorkommen von Aminoparathion und p-Natrophenol im Gehirn beweist darüber hinaus, dass Parathion resorbiert und im Verlauf des Intoxikationsgeschehens über den Blutkreislauf im Organismus verteilt worden ist.« Der alte Mann muss demnach vorsätzlich getötet worden sein. Und die Kripo glaubt jetzt auch zu wissen, von wem. Noch am selben Tag wird Maria Horn in der Wohnung des Arztes Dr. Wollersheim verhaftet, sie arbeitet dort als Haushälterin.

Das Vernehmungszimmer der Mordkommission ist nur knapp zehn Quadratmeter groß und ausgesprochen spärlich eingerichtet. An den Wänden hängen keine Bilder, sondern Stadtpläne.

Auf einem alten Aktenbock unter dem Fenster steht eine Kaffeemaschine, daneben ein Radio. Papier und Stifte liegen auf einem Beistelltisch mit blau-weiß-gewürfelter Leinendecke. Das, was Maria Horn zu sagen hat, wird auf einer abgegriffenen Olympia-Schreibmaschine getippt.

Die Mordverdächtige hockt auf einem braunen Holzstuhl. Äußerlich wirkt die Frau wie die nette Oma von nebenan: pummelige Figur, rote Pausbäckchen, sorgsam gekrauste schwarze Haare, züchtig hochgesteckt, blaues Jackenkleid, beige Bluse mit roten Blümchen. Nur die herabhängenden Mundwinkel erwecken den Eindruck, als sei die Frau schwermütig.

»Ich bin bereit, alle Fragen, die mir die Kriminalbeamten hier stellen, zu beantworten. Ich habe Burghard Horn nicht umgebracht«, sagt Maria Horn mit dunkler und fester Stimme. »Er war ein guter Mann. Ich hatte dazu keinen Grund.«

Der Vernehmungsbeamte beginnt jetzt Fragen zu stellen. »Was hat sich am Todestag Ihres Mannes, also am 29. November 1982, zugetragen?«

»Dieser Tag begann wie jeder andere. Wir sind morgens aufgestanden und bekamen Besuch von der Else Reuter, die bei uns im Hause wohnt. Wir machten Pläne über einen gemeinsamen Urlaub. Wir haben uns mit denen gut verstanden.

Zwischen 12 Uhr und 12.30 Uhr haben wir Mittag gegessen. Ich kann mich auf diese Zeit festlegen, weil mein Mann immer sehr pünktlich war und darauf bestand, dass diese Zeit eingehalten wurde. Als wir gegessen haben, war Frau Reuter nicht mehr in der Wohnung.

Wir hatten vor, am Nachmittag in die Stadt zu gehen, um dort etwas zu erledigen. Mein Mann wollte aber erst einen Mittagsschlaf halten. Bis zu diesem Zeitpunkt fühlte er sich wohl, er klagte auch nicht über Beschwerden. Ich habe dann die Küche aufgeräumt und bin auch mal ins Wohnzimmer gegangen. Als ich nach ein paar Minuten zurückkam, sah ich, dass mein Mann in Schweiß gebadet war. Er lag auf dem Sofa, und überall lief ihm der Schweiß runter. Er stammelte nur noch und konnte nichts mehr sagen. Weil ich Angst bekam, dass mein Mann etwas mit dem Herzen hatte, habe ich sofort Dr. Kaiser angerufen. Als der hinzukam, war mein Mann aber schon tot. Dr. Kaiser hat meinen Mann abgehört und danach den Totenschein ausgestellt. Er hat einen natürlichen Tod wegen eines Herzmuskelschadens bescheinigt.«

»Wie viel Zeit ist zwischen dem Essen und dem Übelwerden Ihres Mannes vergangen?

»Ich würde sagen, eine gute halbe Stunde.«

»Nicht mehrere Stunden?«

»Nein, das war nicht länger als eine halbe Stunde.«

»Frau Horn, wir haben hier Aussagen vorliegen, dass Sie nicht zuerst den Dr. Kaiser, sondern Ihren Sohn und dessen Frau angerufen haben.«

»Das stimmt nicht.«

»Frau Horn, Sie haben hier angegeben, Ihr Mann sei höchstens eine halbe Stunde nach dem Mittagessen verstorben. Ist das richtig so?«

»Das müsste so stimmen.«

»Wir haben hier die Ablichtung des Totenscheins vorliegen. Dr. Kaiser hat darin bescheinigt, Ihr Mann sei um 15.15 Uhr verstorben. Bei einer Befragung hat Herr Dr. Kaiser erklärt, dass Ihr Mann schon tot gewesen sei, als er hinzugerufen wurde. Es ist also davon auszugehen, dass Dr. Kaiser einige Zeit nach 15.15 Uhr zu Ihnen gerufen wurde.« Der Beamte macht eine kurze Pause und beobachtet das Mienenspiel der Frau. Das findet nicht statt. Dann fragt er: »Warum haben Sie den Arzt erst mehrere Stunden nach dem Tod Ihres Mannes gerufen?«

»Es mag sein, dass wir an dem Tag später gegessen haben und sich hierdurch die zeitliche Differenz erklärt.«

»Frau Horn, es liegen hier Hinweise vor, dass Sie bei der Volksbank in Kempen die Unterschrift Ihres Mannes gefälscht haben sollen, um dadurch einen Kredit zu bekommen.«

»Das gibt es doch gar nicht!« Maria Horn bläst die Backen auf. »Er hat die Sachen immer selber unterschrieben, ich habe keine Unterschrift gefälscht.«

»Frau Horn, Sie sollen gegenüber Ihrem Sohn Eugen und auch

gegenüber dessen Frau wenige Tage vor dem Tod Ihres Mannes erklärt haben, Ihr Mann dürfte nicht mehr zur Bank. Kurze Zeit darauf sollen Sie mitgeteilt haben, es ginge ihm schlecht, und dann, am Vormittag des 29. November, sollen Sie gesagt haben: Jetzt habe ich Ruhe, der geht nicht mehr zur Bank!«

»Das stimmt alles nicht, ich hatte keine Verfügungsgewalt darüber.«

Der Vernehmungsbeamte lässt nicht locker. »Frau Horn, wir haben hier ein Gutachten des Landeskriminalamtes vorliegen, dass eine Unterschrift Ihres Mannes auf einem Sicherungsvertrag für ein Darlehen gefälscht worden ist, das Sie nehmen wollten. Dieser Sicherungsvertrag stammt vom 19. Oktober 1982. Nach Lage der Dinge kommen nur Sie als Fälscherin in Betracht!«

»Ich habe nicht gefälscht! Das ist doch alles dummes Zeug!«, empört sich Maria Horn. »Mein Mann und ich haben diesen Sicherungsvertrag unterschrieben, und zwar zu Hause, die hatten mir den Vertrag mit nach Hause gegeben.«

»Frau Horn, noch vor wenigen Minuten haben Sie behauptet, einen solchen Vertrag habe es gar nicht gegeben, man hätte keine schriftlichen Sicherheiten gebraucht.«

»Das kann ich so nicht erklären. Jedenfalls habe ich keine Unterschrift gefälscht.«

»Haben Sie jemals Gift in Ihrem Haushalt gehabt?«

»Nein, nie.«

»Und Ihr Mann, hatte der Gift?«

»Nein, der hat noch nicht mal Gift im Garten genommen. Wenn er dort gespritzt hat, dann mit Seifenlauge.«

»Frau Horn!« Die Stimme des Beamten wird wieder energischer. »Es liegt hier eine Aussage vor, dass sich in Ihrem Haushalt, und zwar in der Küche, zeitweise Pflanzengift befunden haben soll. Was können Sie dazu sagen?«

»Ich habe nie Gift im Haushalt gehabt.«

Die Vernehmung wird unterbrochen. Die Beamten wollen die Frau nicht mehr belasten, als es das Gesetz erlaubt. Maria Horn bekommt eine Tasse Kaffee gereicht.

Nach einer Dreiviertelstunde spielt der Vernehmungsbeamte

seinen letzten Trumpf aus. »Frau Horn, vor einiger Zeit wurde die Leiche Ihres Mannes exhumiert. Entsprechende Untersuchungen der Rechtsmedizin in Aachen haben unzweifelhaft ergeben, dass sich im Magen Ihres Mannes erhebliche Rückstände eines Pflanzenschutzgiftes befanden. Nach den Umständen dürfte es als sicher anzunehmen sein, dass Ihr Mann durch dieses Gift zu Tode kam. Was können Sie dazu sagen?«

»Ich habe keine Erklärung dafür.« Maria Horn schüttelt den Kopf. »Ich habe ihm nichts gegeben. Es war kein anderer in der Wohnung. Ich bin an dem Tag ununterbrochen mit meinem Mann in der Wohnung gewesen. Ich verstehe das nicht.«

Die Kriminalisten haben jetzt ihr Pulver verschossen, die Vernehmung muss beendet werden. So ist der Frau nicht beizukommen.

Am nächsten Morgen wird Maria Horn aus ihrer Gefängniszelle geholt. Sie hat offenbar schlecht oder gar nicht geschlafen, sie sieht mitgenommen aus. Doch die Fahnder geben kein Pardon. Wieder werden die gleichen Fragen gestellt. Gebetsmühlenartig hagelt es Vorhalte und Vorwürfe. Abermals wird ihr erklärt, dass sie zwar alles abstreiten könne, aber die Beweislast doch erdrückend sei, nur sie komme als Täterin infrage. Ob sie denn nicht endlich ihr Gewissen erleichtern wolle. Ob sie dieser Tragödie nicht ein Ende machen wolle.

Um genau 11.53 Uhr will sie. Maria Horns Widerstand ist gebrochen. Sie verlangt nach einer Zigarette. Hastig rauchend gesteht sie den Mord an ihrem letzten Ehemann.

»Ich will jetzt die Wahrheit sagen«, beginnt sie zu erzählen. »Ich habe meinen Mann, den Burghard Horn, vergiftet, ja, und zwar mit E 605. Das Giftfläschchen, es handelte sich um eine kleine Blechflasche, habe ich etwa 14 Tage vor der Tat bei der Firma ›Sieben‹ in Kempen gekauft. Ich habe mir überlegt, wie ich das am besten machen sollte. Ich bin dann zu dem Entschluss gekommen, das Gift in den Nachtisch zu schütten.

Ich weiß jetzt beim besten Willen nicht mehr, was es für ein Nachtisch war, meine aber, dass es Pudding mit Saft drüber war. Ich habe einige Tropfen aus der Flasche des Giftes auf den Saft geschüttet und diesen gut verrührt. Damit die blaue Farbe des Giftes nicht mehr sichtbar war.

Ich habe das Gift in den Nachtisch getan, weil ich meinen Mann töten wollte. Ich wollte verhindern, dass er noch mal zur Bank geht. Er hätte dann nämlich festgestellt, dass ich seine Unterschrift gefälscht habe, um an einen Kredit zu kommen. Im Übrigen habe ich mir überlegt, dass ich selbst mit diesem Kredit nicht auskommen würde. Ich war total verschuldet und am Ende und wollte das ganze Geld haben, was ich von ihm erben würde. Ich hatte den Pudding schon vor dem Essen zubereitet. Mein Mann hatte das nicht mitbekommen. Er hat den Nachtisch ganz normal gegessen. Ihm ist nichts daran aufgefallen, er hat auch nicht darüber gesprochen, dass der komisch riecht.

Kurze Zeit später klagte er über Kopfschmerzen. Er legte sich dann auf das Sofa in der Küche. Ich habe inzwischen gespült und den Teller gesäubert, von dem er gegessen hatte. Nachdem mein Mann einige Minuten auf dem Sofa gelegen hatte, stöhnte er und schwitzte stark. Er hat nichts mehr gesagt. Mir war klar, dass das Gift jetzt wirkte. Ich habe mich ins Wohnzimmer gesetzt und ihn auf dem Sofa liegen lassen. Nach 15 Minuten habe ich nachgeschaut, er regte sich aber noch. Ich habe noch eine Weile gewartet, bis ich der Meinung war, er sei tot. Ich habe nochmals nachgeschaut und meinen Mann etwas zurechtgemacht, ihm den Schweiß abgewischt. Ansonsten war nichts Auffälliges an ihm. Ich war froh, dass es so gut geklappt hatte, weil ich jetzt mein Problem los war. Dann habe ich Dr. Kaiser angerufen.«

Die Beamten der Mordkommission sind einiges gewohnt. Doch mit welcher Gelassenheit und Selbstverständlichkeit diese Frau erzählt, wie sie ihren Mann heimtückisch aus dem Leben gedrängt hat, ist erschreckend, es scheinen sie nicht die geringsten Skrupel zu plagen. Es fließen keine Tränen, ungerührt und mit starrem Gesichtsausdruck teilt sie sich mit. Besonders nachdenklich macht die Ermittler die Kaltblütigkeit, mit der Maria Horn vorgegangen ist. Hat sie etwa Erfahrung in solchen Dingen? Wenn es so ist, dann muss schnell gehandelt werden.

»Frau Horn, wir werden auch die anderen ausgraben!« Mehr

muss gar nicht mehr gesagt werden. Maria Horn fällt auf diese kriminalistische List herein – und redet sich um Kopf und Kragen.

Opfer Nummer 2, Bernhard Achterbach, ihr zweiter Ehemann, ermordet am 21. März 1976.

»Es gab erwartungsgemäß immer wieder Probleme mit so viel Kindern, aber das war alles zu ertragen. Eigentlich richtig schlimm wurde es, nachdem praktisch alle Kinder aus dem Haus waren. Mein Mann hatte eine Kriegsverletzung. Er hatte Granatsplitter im Kopf. Die fingen Anfang der 70er Jahre an zu wandern und brachten ihm erhebliche Beschwerden. Wenn so etwas auftrat, wurde er unerträglich. Er stritt dann ständig, setzte die Möbel gerade und schlug auch mal etwas kaputt. Mich hat er allerdings nie geschlagen.

Mein Mann hatte eine für mich unerträgliche Marotte. Er hatte einen Putzfimmel. Immer wieder, auch wenn ich gerade vorher Staub gewischt hatte, nahm er, wenn er von der Arbeit kam, den Staublappen zur Hand und wischte noch einmal alles ab. Jede kleinste Fluse, die er fand, hob er auf und brachte sie zur Toilette. In den letzten Jahren regte mein Mann mich ständig auf. Er sang und palaverte den ganzen Tag herum oder ging mir durch andere Dinge auf den Geist. Wenn er seine verheirateten Kinder besuchte, stachelten die ihn gegen mich auf, und es gab Palaver, wenn er nach Hause kam. Das war doch kein Leben.

Die Situation wurde für mich immer unerträglicher, und ich fasste den Entschluss, dass es so nicht weitergehen kann. Ich konnte nicht mehr mit ihm leben. An Scheidung habe ich nicht gedacht, das wäre alles zu umständlich gewesen. Außerdem hätte ich dann als schlecht beziehungsweise unversorgte Frau dagestanden. Ich glaube auch nicht, dass Achterbach in eine Scheidung eingewilligt hätte. Wenn ich versucht hätte, mich scheiden zu lassen, hätte er mir das Leben zur Hölle gemacht. Er musste also weg.

Ich habe ihm das Gift in den Nachtisch getan, ich wollte endlich meine Ruhe haben. Achterbach hat nichts bemerkt. Er aß den Nachtisch auf, es war ein Blaubeerpudding. Achterbach klagte nach dem Essen über starke Kopfschmerzen und legte sich hin. Ich habe eine Zeit gewartet und dann den Dr. Kaiser gerufen, bei dem er in Behandlung war. Als der kam, lag Achterbach tot auf dem Bett. Da Dr. Kaiser wusste, dass Achterbach Kriegsverletzungen hatte und Splitter, die wanderten, hatte er keinen anderen Verdacht, als dass eben ein Splitter sich freigemacht und zu wandern begonnen hatte. Ich war zufrieden, endlich hatte ich wieder meine Ruhe.«

Opfer Nummer 3: Friedrich Überall, ihr Lebensgefährte, ermordet am 10. März 1980.

»Mit dem Überall war ich nur befreundet. Ich lebte mit ihm zusammen in meiner Wohnung. Der kam aus Dormagen, er lebte von seiner Frau getrennt. Mit ihm bin ich einmal nach Dormagen in den Altenklub gefahren. Die Männer haben Karten gespielt, und ich saß mit den Frauen zusammen. Da war auch eine darunter, mit der Überall zirka zwölf Jahre zusammengelebt hatte. Die alte Frau erzählte anderen Frauen, aber so, dass ich es mithören konnte, sie wäre mal gespannt, wie lange ich das mit dem Überall aushalten würde, der könnte die Finger nicht bei sich behalten. Mehr erfuhr ich zunächst nicht.

Einige Wochen später kam ein Mann in Zivil zu mir nach Hause, der sich als Kriminalbeamter vorstellte. Überall war nicht da. Der Beamte erkundigte sich nach dem Überall. Als ich ihn fragte, worum es denn ginge, antwortete er ausweichend, dass man sich ja mal nach Leuten erkundigen müsste, die plötzlich ihren normalen Lebenskreis verließen und woanders hinziehen würden. Mehr hat er nicht gesagt. Das kam mir verdächtig vor. Ich habe Überall darauf angesprochen, der wusste aber keine Erklärung für den Vorfall.

Aber diese Nachfrage hatte mich neugierig gemacht. Deshalb habe ich in seiner Abwesenheit die Papiere und Unterlagen von Überall durchgesehen. Ich fand auch ein Schreiben von einem Gericht. Danach war er zu einer Strafe mit Bewährung verurteilt worden, weil er in Dormagen zwei minderjährige Jungen unsittlich belästigt hatte. Ich stellte ihn zur Rede. Er stritt alles ab, angeblich wäre das alles nur Gerede gewesen.

Ich wurde danach noch misstrauischer und bekam mit, dass er auch versuchte, meine Kinder unsittlich anzufassen. Ich habe das meinen Kindern gesagt und sie vor Überall gewarnt. Trotzdem bekam ich mit, wie er meiner Enkelin Sonja mehrfach den Hintern tätschelte und sie am Busen berührte. Die schlug dem zwar auf die Finger, der konnte es aber nicht lassen. Ich bekam weiter mit, dass er bei allen passenden Gelegenheiten bei Frauen den Kavalier spielte, ihnen in die Mäntel half und das ausnutzte, um sie irgendwo oder irgendwie zu betasten. Ich bekam einen richtigen Hass auf Überall. Ich selber hatte die ganze Zeit, also seitdem wir uns kennengelernt hatten, keinen sexuellen Kontakt zu Überall. Er hat mir wohl anfangs ab und zu mal an die Brüste gefasst, aber mit dem schlafen wollte ich nicht.

Ich habe Überall mehrfach gebeten, wieder nach Dormagen zu gehen. Er wollte aber nicht. Im Gegenteil, er sagte, dass es ihm gut bei mir ginge und wir uns auch gut verstehen würden. Er versprach auch immer wieder, die Finger bei sich zu halten, tat es aber trotzdem nicht.

Da gab es aber noch ein Problem. Da ich immer wieder meinen eigenen Kindern und meinen Enkelkindern Geld in kleineren und auch größeren Beträgen zukommen ließ, kam ich natürlich mit unserem Haushaltsgeld nicht aus. Ich musste immer wieder von Überall Geld nachfordern, und das ging dem gegen die Hutschnur. Er verlangte Rechenschaft von mir. Ich sollte ihm darlegen, was ich mit dem ganzen Geld machen würde, aber dazu war ich nicht bereit. Hinzu kam, dass Überall nicht wollte, dass meine Kinder nach Hause kamen, also zu mir, und das war ganz genau das, was ich nicht leiden konnte, denn ich bin zu keiner Zeit irgendwie bereit gewesen, irgendeines meiner Kinder aufzugeben. Ich fühlte mich für meine Kinder immer verantwortlich, und ich habe ihnen auch stets aus der Patsche geholfen.

Es gab also zwei Probleme: Ich musste meine Kinder und Enkel vor dem Überall beschützen, weil ich gemerkt hatte, dass er von seiner komischen Veranlagung nicht loskam. Durch sein Verhalten fühlte ich mich vor den anderen bloßgestellt und lächerlich gemacht. Und dann noch die Sache mit dem Geld. Entweder der Überall oder ich, habe ich mir gedacht. Da fiel mir die Entscheidung nicht schwer, sie fiel gegen Überall. Nachdem nun mal die

Entscheidung gegen Überall gefallen war, war sein Ende vorgezeichnet.

Etwa acht Tage vorher habe ich E 605 bei einer Firma in Kempen gekauft. Das Gift habe ich dem Überall in den Nachtisch gemixt. Was ich damals gekocht habe, weiß ich nicht mehr genau. Festlegen kann ich mich nur, dass er als Nachspeise auch Waldbeeren bekam. Ich habe diesmal mehr Gift genommen und viel Zucker dazugegeben, um sicherzugehen, dass der nichts merkt und auch schnell stirbt. Überall hat den Nachtisch gegessen, ohne etwas zu merken. Ich habe mich fertig gemacht zum Einkaufen und habe deshalb nicht mitbekommen, wie Überall starb. Ich war froh, dass ich den endlich los war. Dr. Kaiser hat nichts bemerkt. Als Todesursache wurde ein Herzinfarkt festgestellt.«

Dass Frauen in Serie morden, stellt fraglos ein sehr seltenes Ereignis dar. Bei eigenen Nachforschungen und Erhebungen habe ich herausgefunden, dass es seit Ende des Zweiten Weltkriegs in der Bundesrepublik Deutschland lediglich 25 Serienmörderinnen gegeben hat, die verurteilt werden konnten. Auch wenn von einem beträchtlichen Dunkelfeld ausgegangen werden muss, sind es ausgesprochen geringe Fallzahlen. Dies wird auch deutlich, wenn man die Geschlechterverteilung beim Serienmord betrachtet: Lediglich 15 Prozent der Täter sind Frauen. Legt man allerdings nur die Fallzahlen der vergangenen zehn Jahre zugrunde, so beträgt der Frauenanteil bereits ein Viertel. Nach eingehenden Recherchen und aufgrund langjähriger Erfahrung bei der Erforschung des Gewaltphänomens Serienmord gehe ich davon aus, dass sich derzeit mindestens fünf Frauen in Freiheit befinden, die jeweils wenigstens zwei Morde[7] begangen haben und diesen wahrscheinlich weitere folgen lassen werden.

---

[7] Mitarbeiter des Bundeskriminalamts definieren den Begriff »Mordserie« so: »Eine Serienstraftat im Sinne dieser Untersuchung liegt vor, wenn im Urteil mindestens zwei Taten abgeurteilt wurden, bei denen der Täter verschiedene Opfer zu unterschiedlichen Tatzeiten tötete. Zwischen den Taten muss einerseits ein gewisser zeitlicher Zusammenhang bestehen und andererseits ein Zeitraum der sogenannten emotionalen Abkühlung liegen, in der sich der Täter konsolidieren konnte. Der neuen Tat geht ein separater Tatentschluss voraus. Die Taten müssen mindestens das Versuchsstadium erreicht haben.«

Sie, jene Serientäterin, von der die Kripo nur den genetischen Code kennt, gehört zu dieser sehr exklusiven Gruppe Frauen. Sie ist irgendwo unterwegs. Heute. Jetzt. Morgen. Irgendwo dort vermutlich, wo Baden-Württemberg und Rheinland-Pfalz am Rhein aufeinandertreffen. Sie ist eine Streunerin, gewaltbereit, bewaffnet. Sie stiehlt, raubt, mordet. Skrupel hat sie nicht, Reue kennt sie nicht. Und sie tötet erbarmungslos, manchmal aus nichtigem Anlass. Alles, was die Ermittler von ihr haben, stammt von diversen Tatorten in Westeuropa – Blut, Haare, Hautschuppen, Speichel, Fingerspuren. Gesucht wird eine der gefährlichsten Serienmörderinnen der deutschen Kriminalgeschichte. Die Frau, die nicht zu fassen ist und die in kein Fahndungsraster zu passen scheint, hinterlässt seit 15 Jahren eine hässliche Mordspur.

Fall 1: Am 26. Mai 1993 wird Liselotte Schlenger in ihrer Wohnung in Idar-Oberstein tot aufgefunden. Die 62-jährige alleinstehende Rentnerin ist erdrosselt und anschließend beraubt worden.

Fall 2: Ein ähnliches Schicksal ereilt Josef Walzenbach. Der 61-jährige Frührentner wird am 26. März 2001 in seiner Freiburger Wohnung erdrosselt. Zuvor ist ihm der Schädel zertrümmert worden.

Fall 3: In Heilbronn wird am 25. April 2007 einer 22 Jahre alten Polizistin und ihrem zwei Jahre älteren Kollegen hinterrücks in den Kopf geschossen, als sie im Streifenwagen sitzen. Michèle Kiesewetter stirbt noch am Tatort, ihr Kollege überlebt schwerstverletzt. Die Dienstpistolen und Handschellen der Beamten werden geraubt.

Fall 4: Am 27. März 2008 gibt die Polizei bekannt: Nach dem Mord an drei Gebrauchtwagenhändlern aus Georgien, die zwei Monate zuvor getötet und in den Altrhein bei Mannheim geworfen wurden, sichert die Kripo im Auto des tatverdächtigen V-Manns des rheinland-pfälzischen Landeskriminalamts eine DNA-Spur der unbekannten Serienmörderin.

Es gibt die Sonderkommissionen »Zelle«, »Parkplatz«, »St. Georgen«, »Schlinge«. Hunderte Kriminalbeamte in Deutschland, Österreich und Frankreich jagen das »Phantom« – eine mysteriöse Frau, die im Verdacht steht, an mindestens sieben Tötungsdelikten beteiligt gewesen zu sein und wohl in erster Linie aus Habgier zahllose weitere Verbrechen verübt hat und verüben wird, die sich quer durch das Strafgesetzbuch ziehen: Einbrüche in Gaststätten, Gartenlauben oder Geschäfte, Pkw-Diebstahl, Autoaufbrüche, Blitzeinbrüche, Motorrad-Diebstahl, Raub, Körperverletzung, Drogendelikte.

Wenn man zusammenfasst, was bisher über die übereinstimmenden DNA-Spuren bekannt geworden ist, ergibt sich für die ominöse Unbekannte etwa folgendes Täterprofil: zwischen 30 und 55 Jahre alt, ungepflegt, lebt nicht allein (es werden an den Tatorten immer auch Spuren männlicher Personen gefunden), ist vorbestraft wegen Eigentumsdelikten, vagabundierender Lebensstil, hält sich bevorzugt im Raum Freiburg, Heilbronn/Ludwigsburg/Stuttgart und Karlsruhe auf und durchstreift nachts Gebiete, die Gelegenheiten bieten, unbemerkt Vermögensdelikte zu begehen, zum Beispiel Industriegebiete, Kleingartenanlagen oder abgelegene Siedlungen. Diese Annahmen mögen durchaus zutreffend sein, doch bleiben sie zu unspezifisch und helfen nicht wirklich weiter. Was man bisher mit Sicherheit von der Täterin weiß, lässt sich mit einem Wort sagen: weiblich. Will man die »Phantom-Killerin« aber fassen, bräuchte man noch etwas, das bisher nicht einmal ansatzweise zu erkennen ist – ein Gesicht.

Das Persönlichkeitsprofil einer Serienmörderin wird naturgemäß geprägt von negativen beziehungsweise pathologisch eingefärbten Charaktermerkmalen. Ich habe in diesem Zusammenhang die Gerichtsakten und psychiatrischen Gutachten von 22 verurteilten Täterinnen ausgewertet. Demnach gibt es im Wesentlichen zwei typische Charakteranomalien, die jedoch nur selten Krankheitswert haben. Am häufigsten, und zwar bei 59 Prozent, wurde eine ungelöste Selbstwertproblematik festgestellt. Das positive Selbstempfinden dieser Frauen ist nur schwach ausgeprägt, Gedanken und Vorstellungen der eigenen Minderwertigkeit und Unzulänglichkeit dominieren die Vorstellungswelt und das soziale Verhalten. Dem Selbsterleben fehlt die rechte Lebendigkeit, das Selbstkonzept gleicht eher einem flächigen Bild ohne Risse und Reliefs, solche Menschen bleiben lebendig eingemauert in die eigene gehemmte Persönlichkeit. Diese Frauen sind keine typischen Einzelgängerinnen, die kaum jemand an sich heranlassen und am Rand der Gesellschaft verharren; sie lassen Sozialkontakte durchaus zu, gelten mitunter auch als umgänglich, nur bleiben die Beziehungen meistens recht oberflächlich und stumpf. Sie verhalten sich bewusst ganz und gar opportunistisch, um anderen zu gefallen oder zu imponieren, um nicht anzuecken, um nicht selbst Stellung beziehen zu müssen. Vor ihren Taten leben diese Frauen im Regelfall zu großen Teilen ein fremdbestimmtes Leben, zeigen kaum Initiative, wirken antriebsschwach, und obwohl reichlich Konfliktstoff vorhanden ist, wird Problemen lieber aus dem Weg gegangen.

Kennzeichnend für diesen Tätertypus ist ebenfalls, dass die Tötungen häufig gemeinschaftlich verübt werden und die Initiative für das Begehen der Tat und die Tötung des Opfers vom männlichen Mittäter ausgeht.

Der andere Typ Serienmörderin lässt deutliche egoistisch-egozentrische Tendenzen erkennen, ist latent aggressiv, rücksichtslos, unnachgiebig, rechthaberisch und ausgesprochen gefühlskalt. Nicht selten sind es Frauen, die glauben, im Leben zu kurz gekommen zu sein, oder befürchten, es könne so kommen. Ihre Taten sind mörderische Befreiungsschläge: Wer die persönliche Demarkationslinie überschreitet und zu einer Gefahr für die Täterin zu werden droht oder einfach nur lästig erscheint, wird umgebracht. Auch Maria Horn gehört hier eingruppiert.

»Ich hatte eine solche Spannung in mir. Und diese Spannung war grausam, weil ich nicht heulen konnte. Weil ich nicht heulen konnte, hat sich alles verkrampft. Dann habe ich die Spannungen nicht mehr ertragen.« Die Ehe von Christa Lehmann ist ein einziges Krisengebiet. Ihr gehbehinderter Mann arbeitet nur gelegentlich, trinkt dafür aber regelmäßig, verjubelt das wenige Geld, das beide besitzen, und treibt sich herum. Überhaupt hat sie den Plattenleger nicht aus freien Stücken geheiratet: »Er hat auf die Heirat gedrungen. Wenn ich es rausschieben wollte, da hat er immer das vorgeschoben: Ich würde immer nur den Krüppel sehen und würde ihn deshalb nicht heiraten. Und da hat er gewusst, dass ich schwach werde. Da habe ich nachgegeben.«

Die 29-Jährige leidet aber auch unter den außerehelichen Eskapaden ihres Mannes. Seine Ehebrüche reizen sie bis zur Gewalttätigkeit: »Er stand morgens auf, wusch sich, rasierte sich, setzte sich neben den Herd. Und jedes Mal, wenn ich den angeguckt habe, da hat es in mir gekocht. Da bin ich auf den los, da habe ich richtig auf den eingeschlagen, habe geboxt, und er hat sich nicht gewehrt. Und je mehr er sich nicht gewehrt hat, desto mehr hat er mir bestätigt, dass es wahr ist. Obwohl er dann gesagt hat: Ja, ich war bei ihr, aber es ist nichts gewesen. Aber das habe ich nie geglaubt, und ich konnte es ihm auch nicht abnehmen. Er war halt ein Hurenbock.«

Die Mutter von zwei minderjährigen Kindern, die nebenher für ein paar Mark putzen geht, fühlt sich schließlich alleingelassen, ihre Probleme nehmen überhand: »Ich habe von morgens bis abends gearbeitet. Mein Mann hat sich um nichts gekümmert. Ich konnte für meine Kinder nicht sorgen. Und dann bekam ich immer mehr Vorwürfe.« Irgendwann reift in ihr der Entschluss, sich von ihrem Joch zu befreien: »Ich weiß nicht mehr, wie ich auf den Gedanken gekommen bin. Es war ein innerlicher Trieb. Das Innerliche war stärker als ich selbst. Ich hatte eines Tages in einer Drogerie in Worms im Schaufenster eine weiße Schachtel mit einem Totenkopf und der Aufschrift ›Gift‹ gesehen. Da bin ich hingegangen und habe das Gift gekauft.« Die Schachtel enthält sechs Ampullen des Pflanzenschutzmittels E 605.

Am 27. September 1952 gibt sie ihrem Drang nach: »Mein Mann ging fort, um sich rasieren zu lassen. Ich machte den Frühstückstisch zurecht und schüttete das Gift in seine Milch. Als mein Mann wiederkam, frühstückten wir zusammen, dann fuhr er mit dem Fahrrad fort, um Platten zu holen. Nach 20 Minuten kam er zurück. Ihm wurde schlecht, er fing an zu stöhnen. Ich legte ihn auf das Sofa im Schlafzimmer und fragte, ob ich den Arzt holen solle. Er konnte nicht mehr sprechen und schüttelte den Kopf. Ich lief aber doch fort, um den Doktor zu holen. Aber der Arzt, der ihn behandelte, war nicht da. Als ich in die Wohnung zurückkehrte, stöhnte mein Mann nur noch leise.«

Noch zwei weitere Male wird Christa Lehmann E 605 verwenden, um ihre Widersacher, den Schwiegervater und die Mutter einer Freundin, zu vergiften – die prekäre häusliche Situation muss gewaltsam entschärft werden, ein für alle Mal. Dieses maßlose und egomane Verhalten passt zu einer Frau, die zeitlebens hat einstecken müssen, sich nicht hat entfalten dürfen. Schon ihre Kindheit und Jugend sind freudlos. Als sie zwei Jahre alt ist, muss ihre Mutter in die Psychiatrie eingewiesen werden. Aus dem Pflegefall resultieren permanente familiäre Missklänge und Belastungen: »Da waren immer Schwierigkeiten mit meinem Vater, er hat uns immer verboten, unsere Mutter zu besuchen. Wenn mein Vater erfahren hat, dass wir dort gewesen waren, haben wir immer unsere Schläge gekriegt. Mein Vater wollte die Verbindung einfach nicht haben.«

Im Familienverbund findet sie keine Geborgenheit, eckt an, fühlt sich zurückgestoßen: »Meine Schwester war der Liebling von meinem Vater. Ich muss sagen, ich war das Aschenputtel daheim. Ich musste immer das machen, was meine Schwester nicht machen wollte. Hat meine Schwester Schläge verdient, dann habe ich sie immer mitgekriegt. Mein Vater hat nicht gefragt, wo er hinschlägt. Er hat mich zusammengeschlagen, dass es eine Schande war. An schöne Zeiten kann ich mich überhaupt nicht erinnern.«

1944 heiratet Christa Lehmann. Ihre lapidare Begründung: »Ich wollte endlich eine Familie haben.« Die als Befreiung konzipierte Verbindung wird aber früh zu einem neuerlichen Gefängnis. Schon am Hochzeitsabend schlägt ihr Ehemann sie heftig, weil sie ihm vorgehalten hat, er möge doch nicht so viel trinken. Später streiten sie täglich, schlagen aufeinander ein, bedrohen sich mit Messern. Ein nicht enden wollender Machtkampf, in dem es keinen Sieger gibt, sondern nur Verlierer. Irgendwann beginnt Christa Lehmann, mörderische Pläne zu schmieden. Und dann tut sie es. So oft, wie eben nötig.

Auch wenn bei Serienmörderinnen bestimmte Merkmalshäufigkeiten festzustellen sind (die allerdings auch nur bei 16 von 22 Täterinnen charakteristisch waren und einer Gruppe zugeordnet werden konnten), lässt sich kein idealtypisches Charakterbild herausfiltern. Deshalb wäre es gewiss vermessen, bestimmten Persönlichkeitsmerkmalen eine verbrechensrelevante Kausalität zuschreiben zu wollen, zumal lediglich bei zwei Täterinnen die Charakteranomalien gravierend waren im Sinne einer klinischen Diagnostik und krankhafte Züge hatten. Eine akzentuierte Persönlichkeit allein darf demnach nicht mit einer menschenfeindlichen oder gar mörderischen Gesinnung gleichgesetzt und auch nicht als alleinige Ursache für verbrecherisches Handeln angesehen werden.

Was unterscheidet weibliche von männlichen Serienmördern? Während Männer in der Regel ihnen vollkommen fremde Opfer attackieren, töten Frauen ganz überwiegend Kinder, Frauen und Männer, mit denen sie verwandt sind, die ihnen nahestehen, die sie kennen, für die sie sorgen sollen. Frauen sind überdies seltener vorbestraft als Männer, kommen häufiger aus intakten Familienverhältnissen, sind sozial besser integriert, öfter verheiratet und bei ihrer ersten Tat mit etwa 32 Jahren deutlich älter. Frauen gelingt es zudem wesentlich besser, sich dem Zugriff der Ermittlungsbehörden auf Dauer zu entziehen – die Serienmörderin wird durchschnittlich erst nach sechseinhalb Jahren gefasst, der Serienmörder bereits nach zweieinhalb Jahren. Und während der Täter in der Mehrzahl der Fälle seine Opfer erwürgt, erdrosselt, erschlägt oder erschießt, werden Opfer von Täterinnen ganz überwiegend vergiftet oder erstickt.

Die wohl bedeutsamste Abweichung ergibt sich jedoch aus der jeweiligen Motivlage. Während Männer größtenteils morden, um ihre Opfer auf unterschiedlichste Art und Weise zu beherrschen und zu vernichten, töten Frauen, um sich nicht beherrschen und vernichten zu lassen. Während der männliche Serientäter Grenzen überschreitet, versucht sein weibliches Pendant Grenzen zu ziehen oder zu erhalten. Der Täterin geht es demnach vornehmlich um bestimmte Tatziele: Selbstschutz, Selbstachtung, Selbsterhaltung. Allerdings lassen sich alle Serientäter von ein und derselben Handlungsmaxime leiten: ihrer mörderischen Konsequenz.

Auch Maria Horn diskutierte nicht, wenn sie sich in ihrer persönlichen Freiheit beschnitten glaubte oder diese gefährdet sah, sondern eliminierte den vermeintlichen Gegner. Nach den drei Mordgeständnissen glauben die Ermittler, der Frau bereits alles entlockt zu haben. Umso erstaunter sind sie, als Maria Horn neun Tage nach ihrer Verhaftung erklärt: »Ich sage jetzt alles, damit ich auch vor mir selbst Ruhe finde.« Sie hat also nicht nur Bernhard Achterbach und Friedrich Überall und Burghard Horn getötet.

Opfer Nummer 4: Gerhard Wunderlich, ihr Vater, ermordet am 24. April 1963.

»Nachdem meine Mutter schon einige Zeit tot war und auch die Lebensgefährtin meines Vaters verstorben war, habe ich meinen Vater zu mir genommen. Mein Vater hat ein Jahr oder etwas mehr bei uns gelebt. Ich hatte zu diesem Zeitpunkt eine große Familie, da waren meine Kinder, die zum größten Teil noch im Haus waren, und da waren mein Mann und seine Kinder, die zum Teil noch im Haus wohnten.

Mein Vater war immer schon ein brutaler Mensch. Er hat die ganze Familie immer unterdrückt. Das war schon so, als ich ein Kind war. Als ich ihn zu mir geholt hatte, war er zunächst zurückhaltend, dann kehrte er aber wieder seine bestimmte Art heraus und wollte alles zu sagen haben, alles sollte nach seiner Pfeife tanzen. Das passte mir nicht, das konnte ich meiner Familie gegenüber nicht machen. Ich überlegte, wie ich meinen Vater loswerden könnte. Da kam mir eine Lungenentzündung meines Vaters zugute, er wurde dadurch ans Bett gefesselt. Der Arzt sagte, dass mein Vater lange Zeit bettlägerig bleiben und möglicherweise gar nicht mehr hochkommen würde. Diese Nachricht, dass ich jetzt möglicherweise mit einem ständigen Pflegefall zu tun hatte, der auch noch schwierig war, verstärkte meinen Beschluss noch, meinen Vater zu beseitigen.

Ich kaufte mir in einer Drogerie das Pflanzengift E 605. Ich nahm einige Tropfen, mischte es unter ein Gemüse, das ich meinem Vater zu essen gab. Mengenmäßig ist es sicherlich nicht mehr gewesen, als ein halber Teelöffel voll, also bestimmt so zehn bis 15 Tropfen. Bis zu diesem Zeitpunkt hatte ich ja noch überhaupt keine Ahnung davon, wie viel Gift man geben musste, um ihn vom Leben in den Tod zu befördern. Meine Absicht war jedenfalls klar.

Vater konnte nicht selbst essen, weil er von seiner Lungenentzündung sehr angegriffen war. Ich habe ihn deshalb gefüttert. Er hat das vergiftete Zeug aufgegessen, ohne etwas zu merken. Am nächsten Mittag starb er. Ich bin dabei gewesen, als er seinen letzten Atemzug tat. Ich habe meinen Vater vergiftet, weil er mir lästig geworden war. Jeder nahm an, er sei an den Folgen der Lungenentzündung gestorben.«

Opfer Nummer 5: Gertrude Unruh, ihre Tante, ermordet am 13. Juni 1970.

»Meine Tante hatte zunächst in Rheydt gewohnt und war auch dort verheiratet gewesen. Nachdem ihr Mann verstorben war, habe ich sie zu mir genommen. Sie war zu dieser Zeit gehbehindert. Ich habe sie zu uns genommen, weil sie zu mir in meiner Kindheit immer gut und teilweise wie eine Mutter zu mir gewesen war. Sie hatte keine großen Ersparnisse, es war nicht viel an ihr zu verdienen, gleichwohl brachte sie ihre Rente mit in das gemeinsame Haushaltsgeld ein, sodass wir dadurch einiges mehr als normal zur Verfügung hatten.

Meine Tante erlitt dann irgendwann einen erneuten Schlaganfall, dadurch wurde sie ständig bettlägerig. Sie wurde damit zu einer erheblichen Last für mich. Ich hatte einen großen Haushalt mit vielen Personen zu versorgen. Ich konnte keine ständig pflegebedürftige alte Tante gebrauchen. Ich entschloss mich also, sie zu vergiften, damit ich sie endlich loswurde. Das Gift, mit dem ich meinen Vater getötet hatte, besaß ich noch.

Als meine Tante jetzt im Bett lag, musste sie ständig Medikamente nehmen, auch in Tropfen- und Saftform. Mir kam der Gedanke, ihr das Gift unter die Medikamente zu mischen, das erschien mir am unauffälligsten. Etwas Vernünftiges essen konnte meine Tante zu diesem Zeitpunkt nicht. Ich habe einige Tropfen E 605 in einen Saft gemischt, den sie nehmen musste, beides auf einen Teelöffel gegeben und ihr das eingeflößt. Sie konnte sich auch gar nicht dagegen wehren, denn sie war durch ihren Schlaganfall fast vollständig gelähmt.

Nach der Einnahme des Giftes lebte sie noch eine ganze Weile. Ich habe es ihr abends eingeflößt. Endgültig tot war sie am Mittag des nächsten Tages. Der Gedanke, ihr nach der Giftbeibringung einen Arzt zu rufen, kam mir nicht, denn dann hätte ich ja mein Ziel verfehlt, dass darin bestand, ihren Tod herbeizuführen, weil sie mir lästig war. Den Arzt habe ich erst gerufen, als der Tod eindeutig eingetreten war.«

Der Lebenslauf dieser Frau ist unscheinbar und unspektakulär, offenbart aber die verzweifelt anmutenden Versuche, Fuß zu fassen: Sie habe noch drei ältere Brüder gehabt, erzählt sie den Kripobeamten. Als sie elf gewesen sei, habe ihr Vater die Familie wegen einer anderen Frau verlassen. Ihre Mutter habe fortan arbeiten müssen, um die Kinder durchzubringen. Mit 14 sei sie aus der Schule entlassen worden, sie habe dann in einer Bäckerei geschuftet, um zu Geld zu kommen. Als das Geschäft zwei Jahre später pleitegegangen sei, habe sie in einer Näherei eine Beschäftigung gefunden. Eine ordentliche Berufsausbildung sei ihr verwehrt geblieben. Als 17-Jährige habe sie ihren ersten Ehemann kennengelernt, elf Monate später sei ein Sohn geboren worden. Es folgten in kurzen Abständen drei weitere. Ihr Mann sei 1943 im Krieg verschollen. Ein weiteres Kind habe sie von Hans-Gerd Blasius, einem Dachdecker, den sie aber nicht habe heiraten können, weil der bereits verheiratet gewesen sei. Das sechste Kind stamme von einem Bekannten, 1950 sei das passiert. Diesen Mann habe sie allerdings nicht heiraten können, weil dessen Mutter dagegen gewesen sei. Bis 1958/59 habe sie mit den Kindern und ihrer Mutter zusammen in Viersen gewohnt. Wenig später habe sie Kontakt zu Bernhard Achterbach bekommen, ihrem zweiten Ehemann.

Über zwei Jahrzehnte hinweg tötet Maria Horn fast nach Belieben, ohne auch nur ein einziges Mal ernsthaft in Gefahr zu geraten, dass ihr heimtückisches Morden offenkundig werden könnte. Alle Opfer sind einen qualvollen Tod gestorben: Zunächst litten sie an Kopfschmerzen und Schweißausbrüchen, dann an akuten Magen- und Darmbeschwerden, später an Muskelschwäche und -steifheit; nach einem Herzkammernflimmern trat schließlich der Tod ein – Atemstillstand und Lähmung der Rachen-Zungen-Muskulatur, begleitet von äußerst schmerzhaften Bauchkrämpfen. In der wissenschaftlichen Literatur wird von Fällen berichtet, in denen E-605-Opfer sich vor Schmerzen die Fingernägel abrissen.

Maria Horn konnte ihre Opfer nur deshalb immer wieder ungestraft vergiften, weil Ärzte versagten, aber auch die Angehörigen der Opfer und die Familie der Giftmischerin. Nur ein Beispiel von vielen: Am späten Nachmittag des 18. April 1973 wird Bernhard Achterbach von seinem Hausarzt ins Kempener Krankenhaus eingewiesen, es besteht der Verdacht einer »unklaren Oberbauchkolik mit anfallsweisen Kopfschmerzen«. Bernhard Achterbach äußert seinem Sohn Klaus gegenüber den Verdacht, er sei »von der Maria« vergiftet worden, das Mittagessen habe »auch so komisch geschmeckt«. Klaus Achterbach konfrontiert den behandelnden Arzt mit diesem ernst zu nehmenden Hinweis. Der ist empört. »Wie können Sie so was sagen!? Wie kommen Sie dazu!? Wissen Sie, was Sie da sagen!?« Doch der Arzt verspricht auch, sich »darum zu kümmern«, und stellt wenig später die Diagnose: »Angina pectoris mit Kreislaufkollaps und Verdacht auf antero-lateralen Infarkt.« Als Bernhard Achterbach diesen Mordversuch trotz falscher ärztlicher Behandlung überlebt, hat mit einem Mal alles wieder seine Ordnung. Der Krankenhausarzt lässt die Angelegenheit auf sich beruhen, weil Maria Horn alles energisch abgestritten hat. Auch Klaus Achterbach hakt nicht nach, genauso wenig wie das Opfer selber.

Es sind aber auch die besonderen Lebensumstände, die Maria Horn in die Hände spielen. Sie ist beliebt und hat einen tadellosen Leumund. Die Nachbarn schwärmen von »Oma Horn« als dem Inbegriff der fürsorglichen Altenpflegerin. Ihre Kinder, Enkel und Urenkel halten »Mariechen« für das Ideal der aufopfernden Mutter und Großmutter. Einerseits. Andererseits sind die Opfer alt oder krank, die Vergiftungssymptome werden nicht erkannt oder verkannt, und die behandelnden Hausärzte können sich als Todesursache alles vorstellen – nur eben keinen Mord. Maria Horn ist unterdurchschnittlich intelligent, sie besitzt keine herausragenden Fähigkeiten. Ihre heimtückischen Taten sind vielmehr ausgesprochen dreist. Auf die Idee, Gift zu benutzen, ist sie nicht selbst gekommen – sie hatte davon in einer Illustrierten gelesen. Die Frau weiß nicht einmal, welche Dosis E 605 nötig ist, um einen Menschen zu töten, sie hat es ausprobiert, einfach mal so.

»Ich hatte nur bei dem Achterbach mehrere Versuche nötig. Es lag wohl auch daran, dass er besonders zäh war«, erklärt sie den Beamten bei weiteren Vernehmungen. »Bei Horn und Überall war mir das notwendige Quantum schon bekannt, das ich für einen Erfolg benötigte. Ich wusste nach meinem letzten erfolgreichen Versuch beim Achterbach, welche Menge ich brauchte. Bei meiner Tante und meinem Vater ist mir wohl deren akute Erkrankung zugute gekommen, sodass ich bei denen mit einer geringeren Menge ausgekommen bin. Eben deshalb brauchte ich bei dem gesunden Achterbach etliche Versuche, um die richtige Menge zu finden. Nachdem ich die jetzt wusste, war es kein Problem Überall und Horn schon beim ersten Mal zu erledigen.«

Maria Horn flüchtet in ihre Ehen, sucht in diesen Bindungen Schutz und Sicherheit. Für sie zählt nicht das Gefühl, nur das Kalkül. Schon ihre erste Ehe ist ein reines Zweckbündnis: »Es war keine Liebesheirat, zumindest nicht von meiner Seite aus. Ich wollte versorgt sein und ein richtiges Familienleben führen.« Sämtliche Eheschließungen und Partnerschaften sind geprägt und werden dominiert von materiellem Zweckdenken. So rechtfertigt sie die Beziehung zu ihrem Lebensgefährten Friedrich Überall mit nur einem Satz, lapidar, lakonisch: »Die Verbindung war von meiner Seite ja nicht gefühlsmäßig zustande gekommen, sondern ich hatte lediglich einen männlichen Begleiter gesucht.« Eiskalte, jede Gefühlsregung unterdrückende Rationalität hat sie in familiären Kampfsituationen und Krisen nicht unterlegen sein lassen. Sie ist nicht willens, wahrscheinlich sogar unfähig, Kompromisse einzugehen. Und wenn jemand zu unbequem erscheint, greift sie zur Giftflasche: »Die sind mir lästig geworden, ich wollte doch endlich meine Ruhe haben.«

Im September 1984 muss dieses Drama menschlicher Eitelkeiten und Unzulänglichkeiten im Sitzungssaal 157 des Mönchengladbacher Landgerichts verhandelt werden – ein bis dahin und auch danach einzigartiger Fall in der deutschen Kriminalgeschichte. Obwohl Maria Horn fünf Tötungsverbrechen gestanden hat, wird sie nur wegen dreier Morde angeklagt. Die Toxikologen haben nämlich in den Fällen Gerhard Wunderlich (Vater) und Gertrude Unruh (Tante) »keinen sicheren Nachweis von E 605« führen können. Überdies wirft der Staatsanwalt der Angeklagten »sechs versuchte Morde« vor, die den vollendeten Taten vorangegangen seien.

Auf der harten Anklagebank sitzt jene Frau, deren bürgerlichen Namen kaum jemand kennt, dafür aber ihren Spitznamen: »Blaubeer-Mariechen«. Allerdings gibt es in dieser Gerichtsverhandlung nicht mehr viel herauszufinden, die Angeklagte leistet keinen ernsthaften Widerstand, sie wirkt auf die Prozessbeobachter eher wie ein Häufchen Elend.

»Wollten Sie töten?«, fragt der Vorsitzende innerhalb von sechs Stunden am ersten Verhandlungstag die Angeklagte gleich dreizehnmal. Und dreizehnmal antwortet Maria Horn ohne Umschweife, den Blick freundlich auf die Richterbank gelenkt: »Ja, doch, ich wollte meine Ruhe haben, ja, ich wollte töten.« Dann spricht sie über ihre Motive, ihre Probleme – und was sie getan hat, um sie aus der Welt zu schaffen.

Der Vorsitzende versucht eine Charakterisierung: »Kann man Sie kaltblütig nennen, Frau Horn?« Die Angeklagte antwortet spitz: »Ich bin nicht kaltherzig!«

»Immerhin haben Sie mehrere Menschen umgebracht«, stichelt der Richter.

»Stimmt schon«, räumt die Angeklagte ein, »aber kalt bin ich nicht.« Und als der Richter wissen will, wie sie »das eigentlich bei den Beerdigungen gemacht hat«, da blickt ihn die Frau im dunklen Feiertagskostüm treuherzig an und sagt: »Bei den Begräbnissen, da hab ich mich schon zusammennehmen müssen. Aber das ging schon, denn da war ja immer Friede für mich in Sicht. Ich hatte doch nur Pech gehabt bis dahin im Leben.«

Anschließend beschreibt die Angeklagte mit einfachen Worten ihre Vita, so, wie sie es bereits bei der Kripo getan hat: Sorgen um die Kinder, finanzielle Nöte und psychische Belastungen. Existenzängste. Und Träume von einem sozialen Aufstieg, der einfach nicht gelingen wollte – ein hartes und entbehrungsreiches Leben am Rand des sozialen Abgrunds; aber auch ein Lebenslauf, wie ihn nach den Kriegsjahren nicht wenige Menschen absolvieren, der gewiss nicht erklären oder herleiten kann, warum und wie Maria Horn sich zu einer skrupellosen Serienmörderin entwickeln konnte. Doch dann bahnt sich ein Schlüsselerlebnis an, das ihre Einstellung zu Männern und den Umgang mit ihnen nachhaltig prägen sollte – als junge Frau lernt sie den Elektriker Hermann Bausen kennen, verliebt sich in den 36-Jährigen, heiratet.

»Irgendwann in dieser Zeit tauchte ein Jugendfreund meines Mannes auf«, erzählt sie dem Gericht. »Mein Mann traf sich mit dem nun öfter. Die erste Zeit bin ich immer mitgegangen, dann wurde ich mehr und mehr zu Hause gelassen. Mein Mann kam mit immer neuen Ausreden und Ausflüchten, bis ich von einer Bekannten erfuhr, dass sich mein Mann eine Freundin zugelegt hatte. Es war die Schwester dieses Jugendfreundes, die aber auch verheiratet war. Für mich brach eine Welt zusammen. Ich dachte an meine Kindheit, die auch nicht rosig gewesen war. Von da an habe ich Menschen mit anderen Augen gesehen.«

Der Staatsanwalt will dieses Schlüsselerlebnis nicht als mildernden Umstand akzeptieren, schon gar nicht als Erklärung oder Entschuldigung. »Ich habe noch nie einen Menschen kennengelernt«, gibt er vielmehr zu bedenken, »für den ein Menschenleben einen so geringen Wert hatte.«

Der Ankläger beschreibt Maria Horn in seinem Plädoyer als »gefühllos, mitleidslos, erbarmungslos« – was allerdings nur zu Teilen stimmt. Es gibt nämlich auch Menschen, die Maria Horn ans Herz gewachsen sind: »Mit meinen Kindern hatte ich ein gutes Einvernehmen. Für meine Kinder habe ich zeitlebens alles getan. Wenn meine Kinder mich brauchten, war ich für sie da.« Das ist in zahlreichen Vernehmungen auch so bestätigt worden. »Mutter war für uns die beste Mutter der Welt. Für uns Kinder tat sie alles. Sie war wie eine Glucke«, hat beispielsweise der älteste Sohn der Kripo erzählt.

Die Wurzeln dieser inneren Zerrissenheit, das Hin-und-Herpendeln zwischen unverbrüchlicher Liebe zu den Kindern und dem teilweise abgrundtiefen Hass auf die Opfer, dürften sehr wahrscheinlich in der Kindheit dieser Frau zu suchen sein, aber auch in dem äußerst zwiespältigen Verhältnis zu Männern. Der Vater verlässt die Mutter, Alkohol spielt eine verhängnisvolle Rolle, es wird geprügelt, materielle Nöte kommen hinzu. Maria Horn erlebt schon früh männliche Partner als egoistisch und unzuverlässig. Säufer. Faulpelze. Fremdgeher. Und ihre erste Ehe ist eine Kopie der elterlichen Verhältnisse. Hermann Bausen bietet ihr nicht den lange herbeigesehnten Halt, sondern trinkt unmäßig, betrügt und verhöhnt seine Frau. »Der war einfach eine Pleite«, erzählt sie dem Gericht mit versteinertem Gesicht.

Getrieben von grundsätzlichem Misstrauen, auf tatsächliche oder vermeintliche Verletzungen mit Rachegedanken reagierend, extrem mitleids- und humorlos, sich selbst permanent als Opfer sehend und nicht willens, vielleicht sogar unfähig, mit anderen Menschen gefühlsbetont umzugehen – Maria Horn zeigt zeitlebens ein paranoid eingefärbtes Wahrnehmungsverhalten. Dennoch ist sie weder irre, noch leidet sie an einer Persönlichkeitsstörung. Ihr sphinxhaftes Wesen bleibt ein Rätsel.

Das Gesicht der Angeklagten ist bei der Verkündung und Begründung des Urteils unbewegt – wie im gesamten Prozess. Nach knapp 100 Minuten spricht der Vorsitzende das erwartete, unausweichliche Urteil: dreimal lebenslange Haftstrafe. Und das Gericht stellt unmissverständlich und unversöhnlich fest: »Nur durch einen Gnadenakt kann Maria Horn wieder in Freiheit kommen. Doch angesichts des Charakterbildes, das sich hier von ihr ergeben hat, müsste dann sichergestellt sein, dass sie weiter unter Kontrolle bleibt.«

Wenn man die Persönlichkeit dieser Frau zusammenfassend würdigt, bleibt unter dem Strich ein lediglich sehr verschrobener und höchst eigenwilliger beziehungsweise eigenmächtiger Mensch, der unfassbare Verbrechen begangen hat. Das vermeintliche Lamm ist den Opfern zum Wolf geworden. Wie viele Menschen hätten unter ähnlichen Umständen auch gemordet? Wie viele werden es noch? Offenbar gibt es in vielen von uns, schlimmstenfalls in jedem Menschen, eine dunkle Seite, die wir noch nicht kennen, gegen die wir uns irgendwann nicht mehr wehren können oder wollen. Eine ganz und gar unbefriedigende Feststellung, die manche unter uns einer Angst machenden Vorstellung in die Arme treibt: *Diese Frau* könnte *ich* selbst sein!

Maria Horn mordete nicht einmal, auch nicht zweimal, sondern immer dann, wenn es ihr notwendig erschien, sie keinen anderen Ausweg mehr sah. »Ich war damit mein Problem endlich los«, erzählte sie vor Gericht. Ein solches Verhalten ist bei Serienmörderinnen häufig zu beobachten. Diese Frauen wähnen sich gefangen in einem Netz aus eigenen Wünschen, fremden Erwartungen und Fragmenten dessen, was man ein Gewissen nennt. Es geht um Zwänge und um Freiheit und um die Frage, ob der Mensch einen freien Willen haben kann oder ob er in seinem Verhalten durch bestimmte Lebenssachverhalte geprägt wird und infolgedessen zwanghaft gebunden ist. Im Gegensatz zu männlichen Serientätern drohen hier tatsächlich Verluste oder Sanktionen, die über die Gefühlsebene hinausgehen und eine faktische Bedrohung darstellen.

Wer vorsätzlich und eigenhändig einen Menschen tötet, der weiß, dass er eine unverrückbare Grenzlinie überschreitet. Das, was uns normalerweise davor zurückschrecken lässt, nennt man »Tötungshemmung«. Auch heute noch wird darüber gestritten, ob und in welcher Form diese moralische Instanz tatsächlich existiert. Ungeachtet des noch fehlenden letzten Beweises wird überwiegend davon ausgegangen, dass das Vernichten von Artgenossen sehr wahrscheinlich eben nicht Element eines normalpsychischen Kalküls ist, sondern dass eine emotionale, vermutlich sogar instinkthaft gesicherte Grenze überschritten wird.

Bei Maria Horn scheint es diese emotionale Bremse nicht gegeben zu haben. Schon nach der ersten Tat erlebte sie die eigene Destruktivität nicht mehr als Hemmschuh, sie akzeptierte dieses Patentrezept vielmehr als verheißungsvolle Handlungsmaxime.

Und sie konnte ihre Taten mühelos vor sich selbst rechtfertigen: Ich habe es doch für die Kinder getan. Meine Kinder! Diese unheilvolle Allianz von hintergründiger Feindseligkeit und Bereitschaft zur Grenzüberschreitung mündete schließlich in das Verlangen und die Akzeptanz von rechenschaftsloser Handlungsfreiheit, mit der sich bisher unerreichte Ziele verwirklichen ließen und drohenden Gefahren wirksam begegnet werden konnte. Die generelle Tötungsbereitschaft wurde zu einem zentralen Bestandteil des eigenen Lebensentwurfs, sie war jetzt nicht mehr das äußerste, sondern das erste Mittel, um eigene oder fremde Bedürfnisse selbstsüchtig und skrupellos zu befriedigen. Maria Horn entwickelte in diesem Stadium eine regelrechte Tötungsmoral, welche die begangenen Verbrechen rechtfertigen und sie selbst rehabilitieren sollte: Die Opfer waren schuld, weil sie die Täterin provoziert, beleidigt oder gereizt hatten und ihren eigenen Vorstellungen und Wünschen im Wege waren. Und deshalb hatten die Opfer aus ihrer Sicht den Tod verdient. Maria Horn gefiel sich in der machtvollen Rolle der gerechten Vollstreckerin eigener radikaler Ansprüche.

Das Abgleiten in das serielle Morden war die zwangsläufige Folge einer fortschreitenden Werteverschiebung und eines schleichenden Realitätsverlustes. Eigene Bedürfnisse wurden überbewertet, Rechte anderer Menschen gering geschätzt. Begünstigt wurde jeder neue Tatentschluss durch ein fortschreitendes Maß an Tötungsgewöhnung: »Das hat mir nicht mehr viel ausgemacht, die mussten einfach weg.« Überhaupt verlor sie jeden Respekt vor jenen Menschen, die ihr allzu unbequem geworden waren. Es bedurfte jetzt keinerlei Rechtfertigung mehr, um weiterhin zu morden, es genügte schon ein eher diffuses Bedürfnis, gleich welcher Art. Und Gefühle wie Reue oder Scham verkümmerten bis zur Bedeutungslosigkeit.

4. Zwiegespalten und zweigesichtig

»Die Angst zu versagen war immer in mir.
Als Mensch wurde ich ja gar nicht gezählt.«

Mittwoch, 28. April 1993, 9.14 Uhr. Der Zuschauerraum im Saal 210 des Kölner Schwurgerichts ist überfüllt, die Spannung hängt bleischwer in der Luft. Stille. Die Augen der etwa 100 Prozessbeobachter sind auf den holzgetäfelten Einlass gerichtet, gleich neben dem Richtertisch. Kollektives Warten auf die »Mordhexe«, den »Todesengel«. So verunglimpften die Boulevardmedien vor und während des Prozesses die Angeklagte, der sechs Morde aus Habgier vorgeworfen werden. Heute wird das Urteil gesprochen.

Dann öffnet sich langsam die Tür, und die Altenpflegerin Brigitte Krolzig kommt herein. Schleppend. Bedächtig. Unsicher. Die 57-Jährige ist ausgesprochen blass und sieht erschöpft aus. Die 15-monatige Untersuchungshaft hat Spuren hinterlassen. Der Prozess auch. An bisher 45 Verhandlungstagen sind 115 Zeugen und sechs Gutachter gehört worden. Brigitte Krolzig hat zu Beginn der Verhandlung lediglich ihren Namen gesagt, danach hat sie geschwiegen. Eisern. Missmutig. Manchmal unter Tränen.

Fast scheint es, als sei die psychische Belastung zu groß für die ausgezehrt wirkende weißhaarige Frau mit der streng glattgekämmten Ponyfrisur. Mit Tränen in den Augen bleibt sie an der für Häftlinge vorgesehenen Tür des Gerichtssaals unvermittelt stehen. Wie an einen unsichtbaren Baum gelehnt. Geistesabwesend. Verstört. Als wäre sie auf dem Weg zu ihrer eigenen Hinrichtung. Die Verteidigerin eilt hinzu, stützt ihre Mandantin, führt sie zu ihrem angestammten Platz auf der Anklagebank. Jeder der Anwesenden kann sehen, dass Brigitte Krolzig überaus nervös ist, ihre Hände zittern. Sie nimmt ihre überdimensionale Brille mit den getönten Gläsern ab und wischt sich die Tränen aus dem verweinten und eingefallenen Gesicht. Dann senkt sie den Kopf, starrt wie gebannt auf den Holztisch vor sich, als wäre dort bereits der Urteilsspruch zu lesen, schweigt. Einige Augenblicke später wird die Richtertür geöffnet. Die Todesstrafe ist zwar schon lange abgeschafft worden, doch droht ihr eine blutlose Exekution auf Raten: lebenslange Haft, die auch lebenslang vollstreckt wird. Brigitte Krolzig hofft und bangt, faltet die Hände wie zum Gebet. In den nächsten Minuten wird sich ihr Schicksal entscheiden.

Alles beginnt am 6. Juli 1990, als Brigitte Krolzig gegen 7 Uhr eine ihrer Patientinnen besucht. Es ist Hannelore Hausmann. Die 88-Jährige ist Diabetikerin und wohnt im Obergeschoss des Hauses Höher Weg 35 im Kölner Stadtteil Kalk. Seit knapp drei Jahren wird sie von Brigitte Krolzig betreut, die ihr auch regelmäßig Insulinspritzen setzt, zu der sie volles Vertrauen hat – obwohl Hannelore Hausmann wiederholt aufgefallen ist, dass die Pflegerin Schränke und Schubladen in ihrer Wohnung durchsucht haben muss. Bisher ist jedoch nichts weggekommen.

Die Altenpflegerin findet Hannelore Hausmann auf dem Bett liegend, sie trägt noch die Kleidung vom Vortag. Der Fernseher ist eingeschaltet. Die ältere Dame hat eingenässt und ist nicht ansprechbar. Brigitte Krolzig stellt fest, dass ihre Patientin noch lebt. Sie ruft Dr. Thomas Bronfen an, den Hausarzt.

Brigitte Krolzig wäscht die immer noch Bewusstlose und zieht ihr ein Nachthemd an. Die durchnässte Kleidung lässt sie auf dem Fußboden liegen. Ebenfalls reinigt sie vier Strumpfhosen der Frau und hängt sie im Bad zum Trocknen auf.

Schließlich trifft Dr. Bronfen ein. Der 52-Jährige ist überrascht. Er kennt seine Patientin seit vielen Jahren, gestern noch hatte sie jedenfalls keinerlei Beschwerden. Jetzt dies: Die Frau atmet nur noch flach, ihre Pupillen sind enggestellt, sie zeigt keine Reaktionen, Arme und Beine sind schlaff, ihre Haut ist trocken. Dr. Bronfen macht einen Zuckerschnelltest, das Ergebnis ist unauffällig. Der erfahrene Mediziner diagnostiziert ein Koma mit zunächst unklarer Ursache. Allerdings äußert er wegen der Pupillenauffälligkeiten auch vorsichtig den Verdacht, es könne eine Vergiftung vorliegen. Das sagt er auch Brigitte Krolzig und Bettina Hausmann, der 55-jährigen Tochter, die mittlerweile eingetroffen ist.

Er fordert die Frauen auf, nach entsprechenden Medikamenten und Verpackungsmaterial zu suchen. Dr. Bronfen überprüft die Präparate, die er neben einem Sessel im Wohnzimmer, im Badezimmerschrank und in einer Pappschachtel findet, die neben dem Bett der älteren Frau liegt. Unbedenklich. Die Suche der Frauen nach verschreibungspflichtigen Medikamenten bleibt erfolglos. Es fehlen wohl auch keine Mittel. Dr. Bronfen weiß adhoc keinen Rat und schreibt eine Einweisung ins Krankenhaus. Als Diagnose vermerkt er »Koma diabeticum«.

Brigitte Krolzig fordert telefonisch einen Notarztwagen an, der binnen weniger Minuten eintrifft. Hannelore Hausmann wird ins Evangelische Krankenhaus gebracht. Es ist jetzt gegen 8.30 Uhr. Etwa eine Viertelstunde später treffen dort auch Bettina Hausmann und ihre drei Jahre ältere Schwester Johanna ein. Die beiden Frauen werden von dem erstbehandelnden Arzt mit dem Verdacht konfrontiert, die Patientin könne sich vergiftet haben. Ob es Hinweise auf Selbsttötungsabsichten gegeben habe? Kopfschütteln. »Meine Mutter hat immer gesagt, dass sie mindestens 100 Jahre alt werden will.« Johanna Hausmann kann sich alles vorstellen, nur das nicht – Freitod. Weil sie der Meinung sind, ihre Mutter sei in guten Händen und dass nichts mehr für sie getan werden könne, verlassen die Frauen am Nachmittag das Krankenhaus.

Am nächsten Morgen sind sie wieder da. Der Zustand der Patientin ist allerdings unverändert komatös. Unverrichteter Dinge fährt man in die Wohnung der Mutter, um Bargeld und Ausweispapiere zu holen. Mindestens 2.200 Mark müssen noch dort sein. Spargeld. Der Personalausweis wird gefunden, das Geld nicht – bis auf vier Mark und 15 Pfennig, die noch im Portemonnaie sind. Das kann nicht sein! Kurzes Nachdenken. Brigitte Krolzig? Nur sie hat außer ihnen noch einen Schlüssel für die Wohnung! Was haben die Ärzte noch gesagt? Vergiftung? Vergiftung! Nein. Doch! Brigitte Krolzig! Nur sie kann das Geld an sich gebracht haben. Zurück im Krankenhaus unterrichten sie die Ärzte von ihrem Verdacht und verfügen, falls der Mutter »etwas passierte«, solle sie »auf jeden Fall« obduziert werden.

Hannelore Hausmann wird nach der Aufnahme von Dr. Wolfgang Merz weiterbehandelt, einem Assistenzarzt der Klinik. Der 32-Jährige weiß nichts von einer möglichen Vergiftung, weil von diesem Verdacht in der Patientenakte nichts steht. Dr. Merz hält vielmehr einen Schlaganfall für wahrscheinlich. Erst zwei Tage nach der Einlieferung der Patientin erfährt er von Dr. Bronfen in einem Telefonat, es habe »wie eine Intoxikation ausgesehen«. Sofort wird Hannelore Hausmann eine Blutprobe entnommen. Doch für Rettungsmaßnahmen ist es bereits zu spät. Exakt 24 Stunden später stirbt die Frau, ohne das Bewusstsein wiedererlangt zu haben.

Zwei Wochen nach dem Tod Hannelore Hausmanns muss Brigitte Krolzig bei der Kripo erscheinen, die Töchter der Verstorbenen haben gegen sie Anzeige erstattet. Es geht jedoch weder um Mord noch um eine Vergiftung. Der Altenpflegerin wird lediglich ein »Bargelddiebstahl aus Wohnung« vorgeworfen, kriminalpolizeiliche Vorgangsnummer »9069278«.

Die Vernehmung dauert genau 65 Minuten. Brigitte Krolzig hätte schweigen können, ohne dass ihr daraus ein Nachteil hätte entstehen dürfen. Denn niemand ist nach deutschem Strafprozessrecht verpflichtet, an einem Ermittlungsverfahren aktiv mitzuwirken, das sich gegen ihn selbst richtet.

»Ich habe kein schlechtes Gewissen. Ich erzähle, wie es sich ergab«, beginnt Brigitte Krolzig ihre Aussage, sichtbar gelassen, ohne Anzeichen einer Verunsicherung. Sie habe Hannelore Hausmann täglich 28 Einheiten Insulin gespritzt, und zwar morgens. An den Wochenenden seien die Spritzen von der Tochter Bettina

Hausmann gesetzt worden, die ihre Mutter täglich besucht und Essen mitgebracht habe.

Am 5. Juli, einen Tag bevor Hannelore Hausmann ins Koma fiel, habe sie, Brigitte Krolzig, die Patientin drei Mal besucht und auf deren Wunsch Kirschen gekauft. Am nächsten Morgen sei die Frau nicht mehr ansprechbar gewesen: »Ich habe einen Zuckerschock vermutet.« Um »bloß keinen Fehler zu machen«, habe sie sofort die Tochter und den Hausarzt angerufen.

Zum Vorwurf des Diebstahls erklärt sie: Am Nachmittag des 5. Juli habe sie Hannelore Hausmann gesagt, dass sie in Urlaub fahren werde, allerdings sei ihr Monatsverdienst dem Girokonto noch nicht gutgeschrieben worden. Deshalb würde sie noch 2.500 Mark benötigen, dringend. Darauf habe Hannelore Hausmann spontan gesagt, sie wolle ihr diese Summe leihen, die Kinder dürften jedoch nichts davon erfahren. Die ältere Dame habe keinen Schuldschein haben wollen. Sie, Brigitte Krolzig, habe von sich aus noch in der Wohnung auf einen Zettel geschrieben, dass sie sich 2.500 Mark von ihrer Patientin geliehen habe und nach ihrem Urlaub zurückgeben werde.

Nach ihrer Rückkehr am 22. Juli habe sie die Vorladung der Kripo erhalten und hierdurch erstmals vom Tod Hannelore Hausmanns erfahren. Sie habe gleich deren Tochter Bettina angerufen, aber nur den Lebensgefährten erreicht. Zwei Tage später sei sie zur Wohnung der Verstorbenen gefahren und habe der Nachbarin, mit der Hannelore Hausmann gut bekannt gewesen sei, 2.500 Mark übergeben und zusätzlich 50 Mark. Die Nachbarin habe versprochen, einer der Töchter das Geld bei nächster Gelegenheit zu übergeben. Die 50 Mark seien das Urlaubsgeld gewesen, das ihr von Hannelore Hausmann gegeben worden sei. Sie habe es nun nicht mehr haben und unbedingt zurückzahlen wollen.

Nein! Sie habe Hannelore Hausmann nicht bestohlen. Dass ihre Patientin mittlerweile verstorben sei und niemand in der Familie von dem Leihgeschäft gewusst habe und es infolgedessen zu der Diebstahlsanzeige gekommen sei, habe sie nicht ahnen können.

Diese Einlassung kann durch die Kripo nicht widerlegt werden. Ob es das behauptete Leihgeschäft gegeben hat, bleibt ungewiss – das »geborgte« Geld ist der besagten Nachbarin jedenfalls ausgehändigt worden. Als bei der Obduktion zudem eine »Lungenentzündung« als Todesursache festgestellt wird, büßen die Ermittlungsbehörden auch die letzte Trumpfkarte ein. Rechtswidriges Handeln kann Brigitte Krolzig unter diesen Umständen nicht nachgewiesen werden – weder Diebstahl noch Mord.

Es vergeht eine Zeit, das Aktenkonvolut wird zunächst nicht weiter bearbeitet, und Brigitte Krolzig nimmt ihre Tätigkeit als Altenpflegerin wieder auf. Alles geht seinen gewohnten Gang. Erst das von der Staatsanwaltschaft rein vorsorglich in Auftrag gegebene toxikologische Gutachten alarmiert die Ermittler: Dem Opfer muss demnach das rezeptpflichtige Psychopharmakon »Truxal« in vierfacher Dosis und damit tödlicher Konzentration verabreicht worden sein. »Truxal« ist ein verschreibungspflichtiges Medikament und gehört zur Gruppe der sogenannten Neuroleptika. Der Wirkstoff »Chlorprothixen« wird bei akuten Psychosen zur Reduzierung von Unruhe und Erregungszuständen eingesetzt, sowohl auf der geistigen wie auf der körperlichen Ebene. Weiterhin wird es bei »maniformen Syndromen« (= krankhaft gesteigerte Stimmungszustände) gegeben. Die Patienten beruhigen sich wieder, Aggressionen werden abgebaut, und der Schlafzyklus normalisiert sich. Knapp ein halbes Kölschglas dieses Medikaments reicht nach Meinung der Rechtsmediziner aus, um einen Menschen zu vergiften.

Also Mordverdacht. Der allerdings schwer zu beweisen sein wird. Mit einem Geständnis von Brigitte Krolzig ist nicht zu rechnen, und handfeste Beweise hat die Kripo nicht. Nur eine Handvoll Indizien. Den Ermittlern wird bei ihren behutsam und zunächst verdeckt geführten Ermittlungen jedoch schnell klar, dass hier kein Routinefall vorliegt. Als die Kriminalisten nämlich die Kriminalakte der Verdächtigen und die Patientenunterlagen durchsehen, werden sie hellhörig: Stets aufs Neue hat die Verdächtige ihre Patienten bestohlen, kurz danach sind die alten Menschen gestorben, obwohl sie nicht erkennbar ernsthaft erkrankt gewesen sind. Auch stellt sich heraus, dass Brigitte Krolzig in einer Vielzahl von Fällen Senioren betreut hat, deren Gesundheitszustand sich nach Angaben der Angehörigen in der Zeit der Betreuung dramatisch verschlechtert hat. Die Zeugen berichten auch von Medikamenten und Beruhigungsmitteln, die den Patienten verabreicht worden sein sollen, ohne dass auch nur eines dieser Mittel von einem Arzt verschrieben worden wäre. Auffällig ist auch, dass die Pflegebedürftigen sich stets erholten, nachdem sie sich von Brigitte Krolzig getrennt hatten. Es drängt sich der ungeheuerliche Verdacht auf, dass diese so bieder und unscheinbar wirkende Frau einen beträchtlichen Teil ihres Patientenbestands jahrelang und systematisch zum Schweigen gebracht, beim Sterben kräftig nachgeholfen haben könnte.

Kriminelles Verhalten ist Brigitte Krolzig zudem nicht wesensfremd. Ihr Vorstrafenregister ist beachtlich und erstreckt sich über ein Vierteljahrhundert, immer wieder wurde sie wegen Diebstahls, Unterschlagung, Urkundenfälschung oder Betrügereien verurteilt. Mit 18 Jahren fiel sie zum ersten Mal auf, sie machte als Hausangestellte lange Finger. Man steckte sie wegen »Arbeitsunlust« und »Widerspenstigkeit« in ein Fürsorgeheim. Ein Jahr später folgte die erste Verurteilung: wegen Diebstahls von drei Pfund Butter und einer Blumenvase. Die Kette der Verurteilungen riss jedoch nicht ab. Allein von 1957 bis 1968 wurde sie wegen einer Vielzahl von Diebstählen in Geschäften und Kaufhäusern oder anderer Gaunereien fünfmal verurteilt. Als »Gewohnheitstäterin« musste sie mehrere Freiheitsstrafen verbüßen. »Sie hat aus ihren Vorstrafen keine Lehren gezogen«, schrieben die Richter mahnend in ihr Urteil und diskutierten dabei den generellen Ausschluss dieser Frau aus der Sozialgemeinschaft, und zwar auf unbestimmte Zeit, notfalls lebenslang: Sicherungsverwahrung. Dies blieb ihr jedoch erspart, obwohl sie auch danach immer wieder auffällig wurde oder in Verdacht geriet.

Die letzte Verurteilung der Verdächtigen gibt den Ermittlern besonders zu denken, verkündet vom Amtsgericht Köln am 21. September 1989. In der Urteilsbegründung heißt es unter anderem: »Die Angeklagte ist freiberuflich als Alten- und Krankenpflegerin tätig und fand bei dieser Tätigkeit Gelegenheit zu folgendem Verhalten:

1. Im Dezember 1984 entwendete die Angeklagte aus der Wohnung der wenig später am 14.12.1984 verstorbenen Erna Wenner ein Sparkassenbuch und brachte auf ungeklärte Weise das Sperrwort ›Ilse‹ in Erfahrung. Am 10.12.1984 hob die Angeklagte 6.000 Mark ab, wobei sie sich als Kontoinhaberin ausgab und den Auszahlungsschein fälschend mit dem Namen Erna Wenner unterschrieb. Dass sie auch weitere Abhebungen in den nächsten Tagen ausführte oder veranlasste, war nicht überzeugend festzustellen.
2. Am 11.04.1985 entwendete die Angeklagte dem von ihr gepflegten, am 13.04.1985 verstorbenen Josef Himmelreich einen Scheck, füllte ihn über 1.000 Mark aus und hob damit von dessen Konto den Betrag ab.
3. Am 08.05.1985 erhielt die Angeklagte von dem Zeugen Fischer, bei dem der verstorbene Josef Himmelreich zur Vorausfinanzierung der Kosten seiner Bestattung das Sparbuch zu seinem Konto hinterlegt hatte, den unverbrauchten Rest von 1.138 Mark und einen Betrag von 630 Mark, der an eine Steinmetzfirma für den Grabstein zu zahlen war, in bar. Während die Angeklagte letzteren Betrag bezahlte, behielt sie den erstgenannten Betrag, statt ihn den ihr bekannten Erben zu übergeben. Teilweise will die Angeklagte das Geld zur Grabpflege eingesetzt haben.«

Nach monatelangen intensiven Ermittlungen glaubt die Kripo schließlich, einer raffinierten Serienmörderin auf der Spur zu sein. Immer wieder stellen die Beamten fest, dass Brigitte Krolzig Pflegeverhältnisse anbahnte – und die Patienten kurze Zeit später starben. Mittlerweile existieren mehr als 20 solcher Verdachtsfälle. Am 22. Mai 1991 wird die Wohnung der Verdächtigen von Kriminalbeamten durchsucht und Brigitte Krolzig verhaftet.

Wieder geht es um den Fall Hannelore Hausmann. Doch diesmal werfen die Beamten ihr nicht Diebstahl vor, sondern Mord.

Abermals sagt Brigitte Krolzig aus. Zunächst soll sie ihren beruflichen Werdegang schildern. »Nach meinem Schulabschluss habe ich keinen Beruf erlernt«, beginnt sie zu erzählen. »Während meiner ersten Ehe habe ich wegen der Kinder nicht gearbeitet. Mit 18 Jahren wurde ich als Büglerin angelernt. 1965 bin ich geschieden worden. Dann war ich zwei Jahre in der Frauenhaftanstalt in Neuwied. Das war wegen Betruges und Urkundenfälschung. Nach meiner Haftentlassung bin ich nach Hause gegangen, habe meine Koffer gepackt und bin nach Köln gefahren. 1969 habe ich meinen zweiten Ehemann kennengelernt und im September desselben Jahres geheiratet. Zu dieser Zeit war ich bereits als Hilfspflegerin im Haus ›Elisabeth‹ in Köln-Rodenkirchen tätig. Ich bin bis zum Jahr 1981 im Pflegeberuf geblieben. 1982 habe ich mich bei verschiedenen Krankenkassen beworben und bin durch Dr. Helmig überprüft worden. Seither arbeite ich als selbstständige Krankenpflegerin.«

Dann lenken die Beamten das Gespräch auf die Umstände des Todes von Hannelore Hausmann. Brigitte Krolzig: Sie habe ihrer Patientin nur die von Dr. Bronfen verordneten Medikamente gegeben, darunter gelegentlich auch ein Schlafmittel. Zu Beginn der Pflegezeit sei der Gesundheitszustand von Hannelore Hausmann »etwas besser« gewesen, später habe sie »nicht mehr so gut laufen« können. Anfangs sei sie in »guter geistiger Verfassung« gewesen, später habe »sie schon mal was vergessen oder verwechselt«, sei aber geistig rege geblieben. Nur einmal sei etwas Außergewöhnliches passiert, da habe sie die Frau mittags bei laufendem Fernseher »reaktionslos« vorgefunden. Sie habe das »im Zusammenhang mit dem Zucker gesehen«.

Zum Ablauf des 6. Juli 1990 sagt die Mordverdächtige Folgendes: Sie habe Hannelore Hausmann schon von der Eingangstür aus vollständig bekleidet im Bett liegen sehen. Sie habe die Frau angesprochen, die Patientin habe wohl mehrmals einen Arm bewegt, auch den Mund, gesagt habe sie aber nichts. Das Medikament »Truxal« sei ihr bekannt, sie habe es aber bei Hannelore Hausmann weder gesehen noch ihr besorgt, schon gar nicht gegeben.

Einer der Vernehmungsbeamten unterbricht Brigitte Krolzig und konfrontiert sie mit dem bisherigen Ermittlungsergebnis: »Untersuchungen des Instituts für Rechtsmedizin in Köln haben ergeben, dass Frau Hausmann infolge einer Vergiftung verstorben ist. Bei ihr wurde ›Chlorprothixen‹ in tödlicher Menge festgestellt. Diese Wirksubstanz ist Bestandteil der Medikamente ›Truxal‹ und ›Taractan‹. Wir haben in der Vernehmung gehört, dass Frau Hausmann ausschließlich von Ihnen mit Medikamenten vorsorgt wurde. Nach Angaben von Dr. Bronfen und nach Durchsicht der Krankenunterlagen des Evangelischen Krankenhauses in Kalk sind diese Mittel in der Zeit unmittelbar vor dem Tod von Frau Hausmann weder verordnet noch verabreicht worden. Medikamente wurden, zumindest bis unmittelbar vor Einlieferung ins Krankenhaus Frau Hausmann nur durch Sie verabreicht. Bei der heute durchgeführten Durchsuchung Ihrer Wohnung haben wir unter anderem festgestellt, dass Sie über Truxalsaft verfügen. Wir haben vier Flaschen gefunden. Deshalb besteht der dringende Verdacht, dass Sie Frau Hausmann mit ›Truxal‹ oder ›Taractan‹ vergiftet haben!«

»Das ist nicht richtig, ich habe die Frau nicht umgebracht!«, empört sich Brigitte Krolzig. »Man kann bei den Ärzten nachforschen, für wen ich die einzelnen Medikamente bekommen habe. Der Truxalsaft war von Dr. Bronfen für den Patienten Grosser verordnet worden, genauso wie für Frau Klöckner. Beide Patienten sind bereits verstorben. Ich habe keine Veranlassung, überhaupt jemandem so etwas zu geben.«

Die Vernehmung endet nach vier Stunden am späten Abend. Ein Geständnis ist von der Verdächtigen nicht mehr zu erwarten, sie soll Bedenkzeit bekommen. Am nächsten Morgen wird die Befragung um 10.05 Uhr fortgeführt. Die Beamten halten Brigitte Krolzig zunächst vor, der Fall Hausmann lasse deutliche Parallelen zu Ermittlungsverfahren erkennen, die früher schon gegen sie geführt worden seien und mit einer rechtskräftigen Verurteilung geendet hätten. Brigitte Krolzig wird aufgefordert, »in sich zu gehen und wahrheitsgemäße Angaben zu machen«.

Dieser Appell zeigt tatsächlich Wirkung, Brigitte Krolzig ändert ihre Aussage, sofern es um das Medikament »Truxal« geht. »Ja, ich habe Frau Hausmann ab und zu ›Truxal‹ gegeben. Das war aber nur, wenn sie Stress hatte, dass heißt Streit mit ihrer Tochter Bettina. Ich habe ihr dann höchstens einen normalen Teelöffel voll gegeben. Dazu habe ich das Kaffeelöffelchen gerichtet, und sie hat es abends genommen. Das war vielleicht einmal, manchmal zweimal in der Woche. Es gab schon mal Tage, da hat sie gut geschlafen und an anderen nicht. Insgesamt waren im Schrank von meinem Patienten Grosser vier Flaschen ›Truxal‹. Dieses Medikament war ihm von Dr. Baier verordnet worden. Nach dem Tod von Herrn Grosser hatte ich alle Flaschen mit nach Hause genommen.

Sie müssen einige Flaschen ›Truxal‹ in meinem Arzneischrank in der Küche gefunden haben. Eine dieser Flaschen habe ich mit in die Wohnung Hausmann genommen. Die stand dann in dem Schrank, in dem die Teller waren. Wenn ich zu ihr kam und es ihr nicht so gut ging, habe ich ihr einen Teelöffel voll in ein Schnapsglas getan, Wasser draufgeschüttet und sie es einnehmen lassen. Ich kann nicht mehr genau sagen, ob ich ihr ›Truxal‹ zuletzt am Abend vor dem Mittwoch oder dem Donnerstag gegeben habe, bevor ich sie dann freitags gefunden habe.«

Weiter erklärt sie, »›Truxal‹ schon lange zu kennen«. Es sei auch bei ihren früheren Arbeitsstellen Patienten gegeben worden. Sie habe es auch während der Zeit ihrer ersten Ehe selbst eingenommen. Bei der gestrigen Vernehmung habe sie verschwiegen, Hannelore Hausmann ›Truxal‹ verabreicht zu haben, weil es von Dr. Bronfen nicht verschrieben worden sei und sie deshalb befürchtet habe, der Arzt könne etwas davon erfahren und dies Konsequenzen haben.

Die Vernehmungsbeamten konfrontieren Brigitte Krolzig noch mehrmals mit Widersprüchen ihrer Aussagen und präsentieren Beweismittel, die in ihrer Wohnung gefunden worden sind, so auch Unterlagen, aus denen hervorgeht, dass sie Alleinerbin einer ihrer Patientinnen war, die ebenfalls unter mysteriösen Umständen gestorben ist. Geerbt hat sie eine Eigentumswohnung. Brigitte Krolzig zeigt sich indes unbeeindruckt und will alle Wertgegenstände ihrer Patienten, die die Kripo in ihrer Wohnung gefunden hat, »geschenkt« bekommen haben – »aus Dankbarkeit«. Dann bricht sie die Vernehmung mit den Worten ab: »Ich kann nur sagen, ich habe es nicht gemacht!«

Die Kriminalisten glauben ihr nicht. Sie vermuten als Motiv Habgier. Allerdings passt diese Annahme nicht zu den Lebensverhältnissen der Verdächtigen. Schließlich haben die Eheleute Krolzig keine finanziellen Schwierigkeiten, im Gegenteil. Hans Krolzig hat als angestellter Metzger ein regelmäßiges Einkommen, seine Frau verdient etwa 20.000 Mark pro Quartal. Dies geht aus ihren Kassenabrechnungen hervor. Die Krolzigs besitzen eine aufwendig eingerichtete und schuldenfreie Eigentumswohnung, einen gepflegten Schrebergarten mit Haus, zudem Schmuck im Verkaufswert von 85.000 Mark und einen teuren Mercedes. Darüber hinaus verfügt man über eine Summe von insgesamt 150.000 Mark auf diversen Giro- und Sparkonten, besitzt etliche Sparbriefe und ein Depot. Und diese vermögende Frau soll einer Vielzahl von Patienten vergleichsweise geringe Geldbeträge gestohlen und sie deswegen umgebracht haben? Sie hätte es doch gar nicht nötig gehabt.

Auch die meisten der befragten Senioren erklären der Kripo gegenüber, Brigitte Krolzig sei eine gern gesehene und geachtete Pflegerin gewesen, sympathisch, verlässlich. Eine 82-jährige Patientin beschreibt die Serienmord-Verdächtige als »liebevoll, gut und warmherzig«, ein examinierter Krankenpfleger berichtet, manche Hilfsbedürftige seien »regelrecht auf Frau Krolzig eingeschworen gewesen« und hätten sie wohlmeinend »Brigittchen« genannt – inniger und herzlicher hätte der Umgang zwischen Betreuten und Betreuerin kaum sein können. Brigitte Krolzig habe ihm Ende 1988 die weitere Betreuung ihrer Patienten angeboten, da sie »in Rente gehen wollte«.

Im persönlichen Gespräch überzeugte sich der damals 43-Jährige vom »ausgesprochen guten pflegerischen Zustand der Senioren«. Schließlich ging er zum Gesundheitsamt und zu den Krankenkassenverbänden, um die behördlichen Formalitäten für die Nachfolge seiner Kollegin zu erledigen. Eine Frau Krolzig war dort jedoch gänzlich unbekannt, auch existierte kein amtlicher Eintrag über eine Genehmigung für die ambulante Pflegetätigkeit. Erstmals geriet Brigitte Krolzig in den Fokus gesundheitsbehördlicher Ermittlungen. Und dabei kam heraus, dass weder den Ärzten noch den Krankenkassen aufgefallen war, dass die vorgebliche Altenpflegerin gar keine Lehre oder Ausbildung absolviert hatte. Den behaupteten Beruf hatte sie gar nicht erlernt, ihr Fachwissen beschränkte sich auf genau neun Stunden eines Schwesternhelferinnenlehrgangs des Malteser-Hilfsdienstes – sie hätte ihre Pflegedienste erst gar nicht anbieten dürfen. Brigitte Krolzig erhielt eine offizielle Abmahnung, und ihr wurde unter Androhung staatsanwaltschaftlicher Ermittlungen untersagt, weiter tätig zu sein. Doch dieses Verbot kümmerte die Frau nicht, sie machte einfach weiter, und die Krankenkassen zahlten die Honorare – anstandslos, als wenn nichts gewesen wäre.

Es gibt aber auch durchaus brisante Erkenntnisse zu ihrem pflegerischen Engagement und zu ihrem Umgang mit den Patienten, eine dunkle Seite. Während ihrer Tätigkeit als angestellte Pflegerin soll Brigitte Krolzig mit Patienten »grob umgegangen« sein, berichten ehemalige Kollegen. Auch soll sie den Senioren hin und wieder »Tabletten gewaltsam verabreicht« haben. Überdies habe Brigitte Krolzig einmal eine Schlaganfall-Patientin »absichtlich zu heiß gebadet«, die Frau sei dabei »nicht unerheblich verletzt« worden. Schließlich meldet sich ein Bekannter der Verdächtigen und erzählt, dass er in den vergangenen Jahren mehrfach für sie Schmuck und andere Wertgegenstände in ein Pfandhaus gebracht und dort versetzt habe. Zur Begründung habe Brigitte Krolzig gesagt, die Sachen seien ihr von Patienten geschenkt worden und sie habe »das Zeug nun nicht mehr haben« wollen. Er habe für seine Dienste als Versetzer »ein Drittel der Auszahlungssumme« erhalten, die Pfandscheine habe sie »bestimmt nicht aus Versehen« verfallen lassen. Die Pfandsachen seien schließlich sämtlich versteigert worden.

Brigitte Krolzig plünderte regelrecht die Wohnungen vieler Patienten, wenn sich eine Gelegenheit ergab, sie fälschte Schecks, manipulierte Sparbücher oder unterschlug Geld, das ihr anvertraut worden war. »Es ist halt so über mich gekommen«, erklärte sie bereits 1982 einem Psychiater, der eine »ernsthafte neurotische Fehlentwicklung« feststellte. Auch das Gericht ließ eine gewisse Ratlosigkeit erkennen, als es das Motiv für die ständigen Diebestouren und Betrügereien herleiten sollte: »Insbesondere kann von wirtschaftlicher Not keine Rede sein, zumal die Angeklagte zum einen selbst über ein angemessenes Einkommen verfügte und zum anderen auf die Einkünfte ihres ebenfalls gut verdienenden Ehemannes zurückgreifen konnte.« Das sphinxhafte Wesen dieser Frau blieb rätselhaft.

Hans Krolzig, der Ehemann der Verdächtigen, wird bei der Kripo als Zeuge vernommen. Auch er sagt aus, obwohl er im Zusammenhang mit den Verdächten gegen seine Frau gar nicht aussagen müsste. Nachdem er seine finanziellen Verhältnisse dargelegt und über die Pflegetätigkeit seiner Frau erzählt hat, bringt er sie, wohl aus Unkenntnis, in Bedrängnis, als er auf den kürzlichen Griechenland-Urlaub und die Finanzierung des Taschengeldes angesprochen wird. »Davon, dass sich meine Frau von einer Patientin Geld geliehen hat, weiß ich nichts«, bekundet er. »Die Reise hatte ich bezahlt, und das Taschengeld für die zwei Wochen hatte ich auch abgeholt. Es waren 2.000 Mark. Mehr brauchten wir nicht, wir waren ja von einem Griechen eingeladen worden und hatten dort gewohnt.«

Brigitte Krolzigs Aussage, sie habe sich von Hannelore Hausmann 2.500 Mark als Taschengeld für den Urlaub geliehen, weil ihr Konto blank gewesen sei, ist somit widerlegt. Sie hat nachweislich gelogen. Die Beamten wittern Morgenluft und erzählen Hans Krolzig von dem Mordverdacht in der Sache Hausmann und »einigen anderen Fällen von Giftbeibringungen, in denen die Opfer verstorben sind«. Es wird mit Nachdruck gefragt, ob er denn nicht zur Wahrheitsfindung beitragen wolle. Ob er Namen von Patienten seiner Frau nennen könne, die »irgendwann, unter welchen Umständen auch immer«, gestorben sind.

Hans Krolzig will nicht. Vielleicht kann er es auch gar nicht, weil er nichts davon weiß. Jedenfalls wird es ihm jetzt zu viel. Er entrüstet sich: »Ich möchte nun endlich mal sagen, dass ich nicht glaube, was man meiner Frau alles vorwirft. Ich glaube nicht, dass sie Leuten zu viel von den Medikamenten gegeben hat, auch nicht, dass sie Geld weggenommen oder Urkundenfälschungen begangen hat. Sie hat zum Beispiel die Schwester eines Notars gepflegt, die Frau Nürting. Der Notar hat mir mal ganz überraschend gesagt, dass er von der Pflege meiner Frau ganz begeistert sei. Meine Frau hat immer nur geschafft. Sie hatte den Haushalt zu erledigen und ihre Pflegearbeit. Unsere Wohnung war immer blitzsauber. Alle von meiner Frau betreuten Personen waren zufrieden. Ich verstehe das alles nicht.«

Brigitte Krolzig wehrt weiterhin beharrlich alle Vorwürfe der Kripo ab und ist geradezu verzweifelt darum bemüht, die gegen sie ins Feld geführten Indizien zu entkräften – dass sie kurz vor deren Tod bei den Opfern gewesen ist: ein dummer Zufall; dass Schmuck der Toten bei ihr gefunden wurde: ungewollte Geschenke; dass sie ›Truxal‹ in ihrer Wohnung aufbewahrte: eine Gefälligkeit für Patienten, denen das Mittel verschrieben worden war. Brigitte Krolzig sagt immer etwas, doch meistens sind es Dinge, die nicht passen, oder Unwahrheiten.

Als nach drei Exhumierungen und Obduktionen durch Rechtsmediziner festgestellt worden ist, dass die ehemaligen Patienten der Verdächtigen ebenfalls an einer Überdosis ›Truxal‹ verstorben sind, wird der Ton bei den kriminalpolizeilichen Vernehmungen deutlich schärfer. Es ist der 14. Oktober 1991, als um 9.30 Uhr in der Haftanstalt ein neuerlicher Versuch unternommen wird, das Verfahren abzukürzen und ein Geständnis zu erhalten. »Wir gehen davon aus, dass Ihr Anwalt Ihnen die Bedeutung der rechtsmedizinischen Erkenntnisse erläutert hat«, appellieren die Beamten an das Moralbewusstsein des mittlerweile prominenten Häftlings. »Mit diesem Vorhalt möchten wir den Ermittlungsstand gegen Sie aus polizeilicher Sicht kundtun. Wir ersuchen Sie, sich und Ihr Gewissen zu prüfen, bieten Ihnen auch an, sich durch Ihren Anwalt nochmals beraten zu lassen, und fordern Sie schließlich auf, in den nachfolgenden Vernehmungen sich zur Wahrheit zu entschließen. Wir haben Ihnen auch deutlich gesagt, dass wir der Überzeugung sind, dass Sie zu kritischen Fragen bezüglich der einzelnen Tatvorwürfe die Unwahrheit gesagt haben!«

»Ich habe nicht die Unwahrheit gesagt. Das kann ich mit Bestimmtheit sagen. Ich habe Sie nicht angelogen. Ich habe in meinem Leben viele Fehler gemacht, aber ich habe noch keinen Menschen umgebracht!«

Brigitte Krolzig beginnt zu weinen, sie schüttelt sich zeitweise vor Hoffnungslosigkeit. Die Vernehmung wird für eine Viertelstunde unterbrochen, damit sich die Frau wieder beruhigen kann.

»Sind Sie in der Lage, das Gespräch wieder aufzunehmen?«, wird schließlich von einem Beamten in die Stille hinein gefragt.

»Ich versuche es.«

Vorgehalten wird Brigitte Krolzig nun der Fall Johann Mertens, mutmaßlich ermordet am 8. Mai 1989 im Alter von 86 Jahren.

»Nein, ich habe ihm nichts gegeben. Ich habe weder ›Truxal‹ noch ›Taractan‹ bei ihm gesehen. Das Medikament ›Taractan‹ kannte ich gar nicht.«

»Wir möchten noch einmal unterstreichen, dass Sie angegeben haben, Herrn Mertens am Montag, den 8. Mai 1989, gegen 7 Uhr in seiner Wohnung aufgesucht zu haben.« Ein Ermittler referiert die belastenden Fakten des Falls. »Sein Befinden war für Sie unauffällig. Sie hätten ihm aus dem Bett geholfen und Kleidung zurechtgelegt. Ungeklärt blieb, was sie anschließend noch gemacht haben. Vom Sohn des Verstorbenen wurde erklärt, dass er an diesem Tag mit seinem Vater telefoniert habe. Das sei so üblich gewesen. Herrn Mertens sei es gut gegangen. Nach Angaben der Ehefrau des Sohnes sei sie noch am selben Tag gegen 12.30 Uhr von Ihnen unterrichtet worden, dass ihr Schwiegervater verstorben sei. Diese Feststellungen lassen somit nur einen Zeitraum von maximal fünf Stunden für die Einnahme oder Eingabe des Medikamentes ›Truxal‹ zu. Wir halten es für unwahrscheinlich, dass dem morgens von Ihnen angetroffenen Herrn Mertens dieses Medikament bereits vorher verabreicht worden sein könnte. Wir haben bei unseren Ermittlungen keinerlei Hinweise erhalten, dass nach Ihnen eine oder mehrere Personen das spätere Opfer aufgesucht haben. Auch gibt es keine Hinweise auf ein Motiv anderer Personen, das Medikament mitgebracht und in Tötungsabsicht verabreicht zu haben. Diese Umstände ergeben zusammen den Verdacht, dass Sie Herrn Mertens ›Truxal‹ in Überdosis gegeben haben. Ihr Motiv dürfte nach unseren Erkenntnissen Habgier gewesen sein. Was können Sie dazu sagen?«

»Herr Mertens war für mich wie ein Vater. Es gab nie ein böses Wort. Ich habe ihm nichts gegeben, das kann ich mit reinem Gewissen sagen. Ich bin keine Mörderin. Ich bete zu Gott, dass er mir hilft, und er weiß, was ich getan habe. In der Anstalt sagen sie jedes Mal: Da läuft sie ja, die Mörderin. Ich mache da ein Spießrutenlaufen mit. Wenn Gott mich nicht stärkte, wäre ich schon lange weg. Unser Herrgott gibt mir die Kraft. Hoffentlich gibt er auch denen die Kraft, die dann vor Gericht stehen, die Wahrheit zu sagen. Mein Mann ist alles, was ich habe. Der muss das mit mir durchstehen. Ich habe keinen umgebracht! Ich habe doch auch meine guten Seiten. Ich kann nicht mehr, ich kann nicht mehr!«

Die Beamten lassen dennoch nicht locker, formulieren gebetsmühlenartig Vorhalt auf Vorhalt. Brigitte Krolzig gibt sich aber weiterhin kämpferisch, sie setzt sich zur Wehr und wirkt jetzt äußerst angespannt. Manchmal schlägt sie die Hände vor das Gesicht und beginnt hemmungslos zu schluchzen. Um kurz vor 11 Uhr klagt die Frau plötzlich über heftige Schmerzen in der linken Körperseite. Die Vernehmung wird sofort abgebrochen und ein Rettungssanitäter alarmiert. Der untersucht Brigitte Krolzig und erklärt den Beamten, der Häftling müsse sofort ins Krankenhaus gebracht werden. Dort wird die Frau eingehend diagnostiziert, und nach einiger Zeit kann Entwarnung gegeben werden. Es war lediglich ein Schwächeanfall.

In den nächsten Monaten werden weitere Leichen ehemaliger Patienten ausgegraben und insbesondere toxikologisch untersucht. So kommen schließlich drei neue Fälle hinzu, in denen auch nach langer Liegezeit der Toten der Nachweis einer tödlichen Dosis ›Truxal‹ gelungen ist. Brigitte Krolzig wird mit den sie stark belastenden Gutachten konfrontiert. Doch sie bleibt sich treu und redet und redet, ohne die Beamten von ihrer behaupteten Unschuld überzeugen zu können, an die sonst niemand glauben mag. Die Beweislast ist mittlerweile erdrückend.

Nach Abschluss der Ermittlungen tut sich ein Abgrund auf: Die Kölner Kripo beziffert die Beute der mutmaßlichen Serienmörderin auf rund 400.000 Mark und geht von 17 vollbrachten und 18 versuchten Morden aus. Demnach ist nicht ein Mann, sondern Brigitte Krolzig die gerissenste und gefährlichste Gewaltverbrecherin der deutschen Nachkriegsgeschichte. Die Staatsanwaltschaft klagt jedoch nur sieben Taten an und stützt sich dabei in erster Linie auf die Ergebnisse der rechtsmedizinischen Untersuchungen: »tödlich wirkende Intoxikation«. Im Einzelnen handelt es sich um folgende Fälle:

1. Edeltraud Fiebig, 80, wohnhaft gewesen in Köln-Kalk, ermordet am 7. Januar 1986,
2. Klara Hansen, 88, wohnhaft gewesen in Köln-Kalk, gestorben am 12. September 1986,
3. Hermine Glück, 86, wohnhaft gewesen in Köln-Dellbrück, gestorben am 20. März 1988,
4. Hans-Joachim Mertens, 86, wohnhaft gewesen in Köln-Kalk, gestorben am 8. Mai 1989,
5. Barbara Golombek, 85, wohnhaft gewesen in Köln-Humboldt, gestorben am 29. Oktober 1989,
6. Hannelore Hausmann, 88, wohnhaft gewesen in Köln-Kalk, gestorben am 10. Juli 1990,
7. Wilhelmine Greiner, 85, wohnhaft gewesen in Köln-Humboldt, gestorben am 1. Februar 1991.

»Diese Männer waren größtenteils schon ältere Männer. Das war auch ein Grund dafür, dass ich mir nach ihrem Tod nicht allzu viele Gedanken gemacht habe. Ich dachte eben: ›Na ja, sie waren schon älter. Wahrscheinlich hatten sie niemanden mehr, für den sie sorgen mussten.‹ Deshalb fand ich alles nicht so schlimm. Aber ich habe sie auch nicht wegen ihres Alters umgebracht. Ich habe sie nur getötet, weil sie mir etwas tun wollten. Und dann dachte ich halt: ›Sie sind eben alt, haben wohl keine Mutter oder keinen Vater mehr, also worüber soll ich mich aufregen?‹ Irgend so was muss mir im Kopf herumgespukt haben, schätze ich.«

Aileen Wuornos, das »Monster«, war eine ganz und gar untypische Serienmörderin. Die US-amerikanische Prostituierte mit den finnischen Vorfahren erschoss mit einem Revolver auf den Landstraßen Floridas Ende der 80er Jahre sieben Männer im Alter von 30 bis 60 Jahren, die lediglich schnellen Sex wollten und ihr vollkommen fremd waren, und raubte sie aus. Deutsche Täterinnen indes töten mit etwa gleicher Häufigkeit Kinder sowie lebensältere Frauen und Männer, mit denen sie in acht von zehn Fällen verwandt, befreundet oder bekannt sind oder die ihnen als Patienten anvertraut wurden. Die ganz überwiegend kaltblütig und heimtückisch vorgetragenen Taten werden zu 95 Prozent in der Wohnung[8] des Opfers oder der eigenen verübt. Die meisten Opfer sterben durch eine Überdosis Medikamente oder Gift oder werden erstickt. Habgier als Motiv für die Tötung spielt nur eine untergeordnete Rolle. In der Regel geht es den Täterinnen um die radikale Beseitigung von Berufs- oder Beziehungskonflikten. Sie befinden oder wähnen sich in einer privaten und/oder berufsbedingten Sackgassensituation, die extrem belastend ist, aus der sie keinen Ausweg sehen, und machen die späteren Opfer für das eigene Leid verantwortlich. Das Verlangen, sich aus diesem seelischen Vakuum zu befreien, generiert schließlich einen extremen und endgültigen Lösungsvorschlag: Mord.

Am 29. Oktober 1992 lauscht Brigitte Krolzig mit erhobenem Kopf und geradeaus gerichtetem Blick den Ausführungen des Staatsanwalts, der ihr siebenfachen Raubmord vorwirft. Es dauert eine Zeit, bis die 65 Seiten umfassende Anklageschrift verlesen ist. Erst als der Vorsitzende der 11. Großen Strafkammer des Kölner Landgerichts in Anspielung auf eine vormalige Verteufelung der Angeklagten in den Boulevardmedien und eine angeb-

[8] Mit »Wohnung« ist auch das Patientenzimmer in einem Krankenhaus oder Pflegeheim gemeint.

lich zu befürchtende Vorverurteilung darauf hinweist, dass ein »hinreichender Tatverdacht nicht mit einem Beweis gleichzusetzen ist« und er aus diesem Grund an »Fairness in der Öffentlichkeit« appelliert, kann Brigitte Krolzig ihre Tränen nicht länger zurückhalten.

Wer ist diese Frau, der so heimtückische Verbrechen vorgeworfen werden, die auf ihre Weise einzigartig sind und es in der deutschen Kriminalgeschichte wohl auch bleiben werden. Brigitte Krolzig wird am 19. März 1936 in Mainz geboren. Ihr Vater arbeitet bei »BASF«, in seiner Freizeit verdient er sich ein paar Mark als Erntehelfer dazu. Brigitte hat zwei ältere und eine jüngere Schwester. Die Familie lebt mit den Großeltern mütterlicherseits zusammen in einem Haus. Der Bruder ihres Vaters wird wegen Diebstahls mehrfach verurteilt. Und genau dies halten die Großeltern ihr immer wieder vor, machen abfällige Bemerkungen: »Von nix kommt nix!« »Verbrecherbande!« Brigitte muss schon früh lernen, dass sie von ihren Erziehungsberechtigten nur dann akzeptiert wird, wenn sie sich wunschgemäß verhält: still, anspruchslos, unauffällig.

Im Sommer 1942 wird sie eingeschult. Verschiedene Kinderkrankheiten werfen sie zurück, deshalb muss sie die erste Klasse wiederholen. Schon sechs Jahre später verlässt sie nach der 7. Klasse die Schule. Einen Beruf erlernt Brigitte nicht. Im Sommer schuftet sie auf Bauernhöfen, im Winter in Fabriken. Nachdem sie 1953 für kurze Zeit als Haushaltsgehilfin gearbeitet hat, fällt sie wegen kleinerer Betrügereien und Diebstähle auf und wird in das Mädchenerziehungsheim »Maria Rosenberg« bei Waldfischbach gesteckt. Am 11. März 1954 folgt die vorläufige Fürsorgeerziehung, »weil die Minderjährige sonst zu verwahrlosen droht«, heißt es in der Begründung des Landesjugendamts. Als Brigitte Krolzig 19 Jahre alt ist, wird ihre amtliche Verwahrung aufgehoben, und sie kehrt in ihr Elternhaus zurück. In der Folgezeit arbeitet sie in einer Tabakfabrik und im Theresien-Krankenhaus in Mannheim. Nachdem sie zum x-ten Mal beim Klauen erwischt worden ist, muss sie erstmals ins Gefängnis. Danach findet sie eine Beschäftigung in einer Druckerei, wird wieder straffällig, muss abermals in Strafhaft. Anschließend kommt sie wieder bei ihren Eltern unter und hält sich mit Gelegenheitsarbeiten über Wasser.

Im Herbst 1957 lernt sie Josef Schnitzler kennen, der zu dieser Zeit eine Lehre als Maurer macht. Zwei Jahre später heiratet sie den 25-Jährigen. Die wirtschaftliche Situation der jungen Eheleute ist angespannt, ihre Beziehung auch. Das Ehepaar lebt über seine Verhältnisse und macht Schulden. In den Jahren 1963 und 1965 werden zwei Söhne geboren. Die Spannungen in der Familie nehmen zu, Brigitte Krolzig wird von ihrem Mann geschlagen – erst hin und wieder, dann regelmäßig. Sie wirft ihm vor, das wenige Geld, das man besitzt, zu verprassen, er nennt sie eine »Schlampe«. Oder schlägt zu. Nach diversen Zwangsvollstreckungen steht die Familie auch vor dem finanziellen Ruin. Im November 1966 wird die Ehe geschieden, »aus beiderseitigem Verschulden«. Dem Ehemann wird das Sorgerecht für die beiden Söhne zugesprochen, die allerdings bei Verwandten aufwachsen. Brigitte Krolzig bemüht sich nicht weiter um die Jungen und bricht den Kontakt ab. Wieder begeht sie in der Folgezeit eine Vielzahl von Eigentumsdelikten und muss eine mehrjährige Haftstrafe absitzen. Nach ihrer Entlassung zieht sie im Juni 1969 nach Köln und lernt dort ihren zweiten Ehemann Hans kennen. Bis zu Beginn ihrer Tätigkeit als Krankenpflegerin wird sie als Kranführerin angestellt.

Auch die zweite Ehe blieb freud- und glücklos, wie sie mir in einem mehrstündigen Interview vor einigen Jahren unter Tränen erzählte: »Ich habe mich in diese Ehe geflüchtet. Damals, als ich aus dem Gefängnis entlassen wurde, hatte ich doch niemanden. Dann lernte ich Hans kennen, und wir heirateten schon drei Monate später. Ihm machte es nichts aus, dass ich vorbestraft war. Aber die ganze Zeit über war ich auch in dieser Ehe mit meinen Problemen allein. Hans fing dann an zu trinken. Trotzdem habe ich mich immer um ihn bemüht, habe ihn nie betrogen. Häufig kam er nachts stockbesoffen nach Hause. Dann lag er in der Küche oder im Wohnzimmer, war nicht mehr ansprechbar. Manchmal kotzte er alles voll, lag da wie ein Baby, konnte sich nicht mehr helfen. Ich habe dann die Kotze weggewischt, ihn ausgezogen und ins Bett gebracht. Das ging viele Jahre so. Ich kann Ihnen sagen, das war die Hölle! Die ganzen Jahre bin ich doch nur ausgenutzt worden. Eine billige Putze, die auch noch ordentlich Geld nach Hause brachte. Ich glaube nicht, dass Hans mich wirklich geliebt hat. Der war doch immer nur scharf auf meinen Verdienst. Kaum war ich im Gefängnis, hatte er auch schon eine Neue. Das hat mich wirklich aus den Schuhen gehauen. Heute würde ich unter keinen Umständen mehr heiraten!«

Das Verhältnis zu ihren Eltern und Geschwistern schilderte sie mir ebenfalls wenig schmeichelhaft: »Meine Familie war keine richtige Familie für mich. Ich bin als Kind zu Hause nie in den Arm genommen worden. Mein Vater hat sich nicht um mich gekümmert, ich war ihm so ziemlich egal. Ich sollte halt ein Junge sein. Mit meiner Mutter ging es auch nicht viel besser. Obwohl wir eine große Familie waren, bin ich doch die meiste Zeit allein und isoliert gewesen. Mit meinen Schwestern gab es eigentlich auch immer nur Streit. Oft habe ich deswegen geweint. Heimlich, weil meine Eltern und meine Geschwister das nicht sehen sollten.« Dann fasste sie ihr Leben in wenigen, dafür aber bemerkenswerten Sätzen zusammen: »Die Angst, zu versagen, war immer in mir. Als Mensch wurde ich ja gar nicht gezählt und bin immer nur ausgenutzt worden. Mein Leben bestand nur aus Arbeit. Wenn ich keine Leistung gebracht habe, hatte ich das Gefühl, nicht akzeptiert und auch nicht geliebt zu werden.«

Brigitte Krolzig hat sich von ganz unten nach oben gekämpft, gerackert, geschuftet. Hat dabei das Gesetz missachtet und gebrochen. Hat dafür gebüßt. Hat sich dadurch aber nicht beeindrucken lassen. Hat weiterhin gelogen, gefälscht, gestohlen und betrogen – jahrzehntelang. Hat kein Mitleid mit den Opfern gehabt. Hat nur auf sich geschaut. Hat sie vielleicht zu morden begonnen, weil kriminelles Handeln auch in dieser Art und Weise für sie irgendwann persönlichkeitsimmanent geworden ist, weil sie nicht mehr anders wollte oder konnte? Hat sie mit dem seriellen Patientenmord ein Patentrezept für persönlichen Erfolg entwickelt, für Anerkennung und für den lange herbeigesehnten gesellschaftlichen Aufstieg? Hat sie die Opfer heimtückisch aus dem Leben gedrängt, weil die sie sonst durch eine Anzeige hätten gefährden können und darum rechtzeitig zum Schweigen gebracht werden mussten? Hat sich diese Frau zur Herrscherin über Leben und Tod aufgeschwungen? Ist sie überhaupt zurechnungsfähig?

Der psychiatrische Gutachter soll all diese Fragen beantworten, Licht ins Dunkel bringen. Professor Paul Bresser, ein überaus erfahrener forensischer Psychiater, erklärt im Gerichtssaal, die Angeklagte habe sich ihm gegenüber wohl zu ihrem Lebensweg geäußert, jedoch nicht zu den Tatvorwürfen. Sie habe stets nur bekundet, zu Unrecht beschuldigt zu werden. Deshalb sei ihm nur »eine hypothetische Betrachtung für den Fall möglich, dass der Anklagevorwurf zutrifft«.

Das Vorliegen einer krankhaften seelischen Störung sei bei Brigitte Krolzig »nach kritischer Würdigung der Vorgeschichte«, dem mit ihr geführten Gespräch und dem Eindruck, den er während der Gerichtsverhandlung von ihr gewonnen habe, auszuschließen. Ob eine tiefgreifende Bewusstseinsstörung zur Tatzeit vorgelegen hat, sei schwer zu beurteilen. Es komme eben auf die Befindlichkeit der Person während der Taten an. Da die Angeklagte bestreite, die Taten begangen zu haben, seien wiederum lediglich hypothetische Annahmen statthaft. Gleichwohl habe er keine Hinweise für eine seelische Störung mit Krankheitswert gefunden.

Soweit die Angeklagte geäußert habe, gelegentlich Truxalsaft eingenommen zu haben, ergebe sich »bei ihrem engagierten, fleißigen Tun nichts für eine toxische Beeinflussung«. Schwachsinn liege ebenfalls nicht vor, man könne auch nicht von einer intellektuellen Minderbegabung sprechen, wenn man berücksichtige, »dass und mit welch gutem Erfolg sie sich in die Altenpflege hineingefunden hat«. Zur Frage der schweren anderen seelischen Abartigkeit legt der Experte »gleichfalls hypothetisch zugrunde«, dass sich Brigitte Krolzig über einen langen Zeitraum auffällig verhalten habe. »Faktoren, die Leidensfähigkeit gehabt hätten«, seien aber nicht erkennbar. »Es fehlen jedwede Anhaltspunkte dafür, dass es sich um eine psychopathologische Störung gehandelt haben könnte«, schließt der Sachverständige seinen mündlichen Vortrag. Fazit: Brigitte Krolzig ist voll schuldfähig, und es wird sie deshalb im Falle einer Verurteilung die volle Härte des Gesetzes treffen, was in diesem Fall nur die Verhängung der Höchststrafe bedeuten kann.

Und dementsprechend beurteilt der Staatsanwalt die Angeklagte in seinem Plädoyer als skrupellose Gewohnheits- und Serientäterin. Nach sechsmonatiger Beweisaufnahme habe er »keinen vernünftigen Zweifel mehr, dass sie die alten Menschen getötet hat«. Das Motiv: »Gewinnsucht, Habgier um jeden Preis.« Ein derartiges Verhalten sei bei Brigitte Krolzig schon in ihrer Jugend festzustellen gewesen. Habgier habe das ganze Leben der Angeklagten bestimmt, resümiert der Anklagevertreter. »Keinen vernünftigen Zweifel« sieht er in den Gutachten der Toxikologen, die von der Verteidigung heftig kritisiert worden sind. Deren Anträge, weitere Sachverständige zu hören, hat das Gericht abgelehnt. Immerhin haben die Experten einräumen müssen, sich bei ihren Untersuchungen auf wissenschaftlich ungesichertes Terrain begeben zu haben, und Rechenfehler eingestanden. Gleichwohl seien die Gutachter bei ihren Aussagen geblieben, dass sämtliche Opfer an einer Überdosis Medikamente verstorben wären. »Und das ist allein ausschlaggebend«, sagt der Vertreter der Anklage, zumal Wissenschaftler des Instituts für Rechtsmedizin in München die Arbeit ihrer Kölner Kollegen als »ausführlich« und »begründet« eingestuft hätten. Nur im Fall Barbara Golombek wird die Verfahrenseinstellung beantragt, da nicht gänzlich ausgeschlossen werden könne, dass die Patientin Selbstmord begangen habe. Der Staatsanwalt fordert als Strafmaß schließlich »zweimal lebenslänglich«.

Auf »Freispruch in allen Anklagepunkten« plädiert hingegen die Verteidigung. Gegensätzlicher könnten die Rechtsauffassungen der Prozessparteien nicht sein. Fünf Stunden lang spricht die Rechtsanwältin und übt ungewöhnlich scharfe Kritik, sogar von »Aktenverfälschung« ist die Rede. »Man hat den Täter, jetzt sucht man die Taten.« Dies sei das überaus zweifelhafte Motto der Ermittlungsbehörden gewesen. Zeugenvernehmungen seien nach dem Prinzip: »Man nimmt gerne das, was gerade ins Konzept passt« durchgeführt worden. Entlastende Fragen habe man erst gar nicht gestellt. Die »mangelnde Kompetenz« der Sachverständigen meint die Verteidigung auch anhand eines Mordes belegen zu können, der in der jüngeren Vergangenheit in Köln verübt worden ist: »Dort haben die Herren mit ihren Laboranalysen auch erheblich danebengelegen.«

»Ich habe nie eine Überdosis gegeben, erst recht keine tödliche Dosis, sondern stets die therapeutisch notwendige Menge verabreicht.« Mit diesen Sätzen beginnt Brigitte Krolzig ihr Schlusswort, das sie mit fester Stimme von zwei handbeschriebenen Zetteln abliest. Sie beklagt sich darüber, dass bereits vor Prozessbeginn für Polizei und Staatsanwaltschaft festgestanden habe, dass sie die Täterin sei. Tagelang habe man sie zur Vernehmung gebracht, und sie sei dabei »immer nur als Lügnerin« bezeichnet worden. »Das war unfair«, beklagt sie sich. Deshalb habe sie sich auch vorgenommen, im Prozess zu schweigen: »Da hätte mir doch eh niemand geglaubt.« Die Tatsache, dass das Gericht alle Beweisanträge ihrer Verteidigerin zurückgewiesen hat, hält sie für bedenklich und überdenkenswert: »Habe ich kein Recht, dass sämtliche Mittel zur Aufklärung benutzt werden?«, echauffiert sie sich, von Weinkrämpfen geschüttelt. »Wenn es um ein Menschenleben geht, muss jeder Zweifel hin und her gewendet werden, nur dann kann ein Verfahren wirklich gerecht sein. Es heißt doch nicht umsonst: Im Zweifel für den Angeklagten.« Schließlich wiederholt sie das, was sie bereits unzählige Male zuvor schon eingewendet hat: »Ich habe keinen Menschen umgebracht, bitte glauben Sie mir!« Bevor sie sich nach gerade einmal vier Minuten schon wieder setzt, bittet sie das Gericht mit tränenerstickter Stimme noch: »Sind Sie fair und gerecht. Ich bitte um ein gerechtes Urteil.«

28. April 1993, 9.16 Uhr. Brigitte Krolzig hebt den Kopf, als sich die Richtertür öffnet und ein leises Raunen durch die Reihen der Prozessbeobachter geht. Es ist so weit. Urteilsverkündung. Der

Vorsitzende wartet noch, bis sich alle Anwesenden wieder gesetzt haben, dann spricht er das Urteil: »Die Angeklagte wird wegen Mordes in sechs Fällen zu zweimal lebenslängliche Freiheitsstrafe verurteilt.« Brigitte Krolzig sackt weinend zusammen, das Gesicht hinter ihren Händen verbergend. Die Strafe entspricht exakt dem Antrag des Staatsanwalts. Es ist kein hartes Urteil, sondern ein vernichtendes. Brigitte Krolzig wird im Gefängnis sterben müssen, sofern ein Gnadengesuch abgelehnt werden sollte.

Es habe sich um einen Fall »größten Vertrauensmissbrauchs gegenüber alten Menschen« gehandelt, beginnt der Vorsitzende seine Begründung. Brigitte Krolzig habe sich dabei zur »Herrin über Leben und Tod gemacht«, das Gericht habe keinen Zweifel an ihrer Täterschaft. Die Aussagen der Angeklagten bei der Kripo seien »bemerkenswert widersprüchlich und belastend« gewesen. Nicht allein die toxikologischen Befunde hätten zu der Verurteilung geführt, sondern besonders ihre »Lügen«. Die Möglichkeit, dass ein anderer die Morde begangen haben könnte, beispielsweise Angehörige, oder es sich vielleicht sogar um Selbsttötungen gehandelt haben könnte, verneint das Gericht in allen Fällen.

»Eine zwiegesichtige Person« sei die Mörderin Brigitte Krolzig, deren Tragödie es sei, dass sie »all das, was sie auf kriminelle Weise erlangt hatte, auch ohne strafbare Handlung hätte erreichen können. Die Erbmassen hätten ihr auch so zufallen können – dank ihrer freundlichen, geschätzten, engagierten und sachkundigen Art«. Jede einzelne der begangenen Taten wiege schwer, sagt der Richter. Und: »Wenn man die Fälle nebeneinander sieht, läuft es einem kalt den Rücken runter.« »Dieses Urteil trifft die Angeklagte im fortgeschrittenen Alter, und es trifft sie hart«, schließt der Vorsitzende seinen Vortrag. »Aber es ist die gesetzliche Antwort auf ihr Handeln.«

In der 829 Seiten umfassenden schriftlichen Urteilsbegründung heißt es darüber hinaus: »Die Angeklagte beging sechs Mordtaten in einem Zeitraum von wenig mehr als vier Jahren in annähernd regelmäßigen Abständen. In jedem dieser sechs Fälle plante die Angeklagte die Tat mit Sorgfalt vor. Die Ausführung der Taten ist durch besondere Kaltblütigkeit und Risikobereitschaft gekennzeichnet. Die Durchführung jeder dieser Taten erfolgte dem Plan entsprechend mit solchem Geschick, dass erstmals im Falle des Mordes an Frau Hausmann bei deren Angehörigen der Verdacht eines Tötungsdelikts aufkam. (...) In jedem der sechs Fälle hat die Angeklagte mehrere Mordmerkmale verwirklicht, nämlich diejenigen der Heimtücke und der Habgier. (...) Bei der außerordentlichen, hochgefährlichen kriminellen Energie der Angeklagten, die sich in diesen Taten erweist, und bei der sie dadurch treffenden besonders schweren Schuld erscheint die Einwirkung zur Sühne für ihre Taten und zu ihrer Besserung durch eine Strafverbüßung von (nur) 15 Jahren unangemessen.«

Nach Auffassung des Schwurgerichts hat sich der Fall Hannelore Hausmann, der zu den Ermittlungen gegen Brigitte Krolzig führte, so zugetragen: »(...) Spätestens am 4. Juli 1990, einem Mittwoch, beschloss die Angeklagte, Frau Hausmann durch Beibringen einer Überdosis ›Truxal‹ zu töten. Sie rechnete damit, dass das Medikament entweder rasch oder nach einer Zeit der Bewusstlosigkeit den Tod des Opfers verursachen würde. Sie ging von der Ahnungslosigkeit des Opfers aus und wollte diese ausnutzen. Sie wollte Frau Hausmann nach Beginn der Einwirkung des Mittels das in der Wohnung vorhandene Geld – sie rechnete mit einem Betrag von 2.500 Mark – entwenden, diese Tat durch den Tod des Opfers verdecken und sich durch diesen den Besitz der erwarteten Beute sichern.

Sie bedachte, dass den Angehörigen von Frau Hausmann nach der Tat das Fehlen des Geldes auffallen und der Verdacht auf sie fallen könne. Um dem zu begegnen, beschloss sie Vorsorge zu treffen, um notfalls vortäuschen zu können, das Geld – ähnlich wie in der Vergangenheit die Zeugin Grunden (Nachbarin des Opfers, Anm. S. H.) – von Frau Hausmann als Darlehen erhalten zu haben. Als sie an diesem Tag die Zeugin Grunden aufsuchte, fragte sie deshalb zum Schein, ob Frau Grunden ihr 2.500 Mark leihen könne. Sie sagte, sie wolle in Urlaub fahren. Dabei äußerte sie entweder, das dafür benötigte Geld sei noch nicht auf der Bank oder sie komme nicht mehr rechtzeitig dorthin. Wie die Angeklagte erwartet hatte, antwortete die Zeugin Grunden, sie selbst habe nicht so viel Geld im Hause, sie solle sich doch an Frau Hausmann wenden. Tatsächlich verfügte die Angeklagte zu dieser Zeit zumindest über erhebliche Kontenguthaben. Die Einladung der Familie Kyriakis beinhaltete, dass die Eheleute Krolzig lediglich die Kosten für Hin- und Rückflug tragen sollten, während die Familie Kyriakis alle übrigen Kosten tragen wollte. Dies war der Angeklagten bekannt. (...)

Am Nachmittag des 5. Juli 1990 begab sich die Angeklagte zwischen 15 Uhr und 16 Uhr ein drittes Mal zu Frau Hausmann. Sie brachte ein Körbchen Kirschen mit, die sie Frau Hausmann zum Verzehr fertig hinstellte. Am Folgetag fehlten von den Kirschen etwa 100 Gramm, wie die Zeugin Bettina Hausmann durch Nachwiegen feststellte. Ferner brachte die Angeklagte in Ausführung ihres Plans Frau Hausmann ›Truxal‹ in toxischer Dosis bei, um sie zu töten. Es konnte in der Hauptverhandlung nicht geklärt werden, auf welche Weise die Angeklagte dies bewirkte. Fest steht insoweit nur, dass das Opfer in Bezug auf die tödliche Wirkung der Verabreichung ahnungslos war. Kurz danach fiel Frau Hausmann ins Koma, aus dem sie bis zu ihrem Tod am 10. Juli 1990 nicht mehr erwachte.

Die Angeklagte verließ die Wohnung und ging zur Zeugin Grunden. Sie behauptete wahrheitswidrig, Frau Hausmann habe ihr die 2.500 Mark gegeben. Sie rechnete damit, das Fehlen des Geldes werde wegen der mit dem Ableben von Frau Hausmann verbundenen Aufregungen nicht bemerkt oder die Erben würden das entwendete Geld aus anderen Gründen nicht von ihr zurückfordern. Für den Fall, dass sie gleichwohl verdächtigt würde, Frau Hausmann den Geldbetrag entwendet zu haben, fasste sie spätestens zu diesem Zeitpunkt den Plan, einen scheinbaren Beleg für das angebliche Darlehen herzustellen. Sie ließ sich deshalb von der Zeugin Grunden eine Formularkladde geben. In diese trug sie auf eine unbeschriebene Doppelseite links oben den Text ein: ›5.7.1990 2500 DM von Frau Hausmann geliehen‹. Ferner ließ sie sich von ihr einen Notizblock mit gelbem Papier aushändigen. Auf ein freies Blatt trug sie ein: ›2500 DM von Frau Hausmann am 5.7. bekommen‹. Die Kladde beließ sie bei der

Zeugin Grunden, das Blatt des Notizblocks nahm sie mit sich. Erklärungen zu diesem Vorgehen gab sie gegenüber der Zeugin Grunden nicht ab.

Am Folgetag suchte die Angeklagte wie gewöhnlich gegen 7 Uhr die Wohnung von Frau Hausmann auf. Sie fand das Opfer in der Kleidung vom Vortag auf dem Bett liegend vor. (...) Spätestens jetzt nahm sie ihrem Plan gemäß das in der Wohnung befindliche Bargeld an sich.«

Die Lebens- und Leidensgeschichte dieser Frau lässt mit hoher Wahrscheinlichkeit vermuten, dass sie bereits seit ihrer Kindheit unter quälenden Minderwertigkeitsgefühlen gelitten haben wird; sie ist eben »nicht als Mensch gezählt worden«. Ihr Selbstwertgefühl wurde offenbar schwer beschädigt – erst in der Zeit als Kind und Jugendliche, später in ihren beiden Ehen. Niemand beachtete sie um ihrer selbst willen, nicht einmal die eigenen Eltern. Brigitte Krolzig sehnte und streckte sich zeitlebens nach innerer Zuwendung, Geborgenheit und Anerkennung, aber stets stand sie mit leeren Händen da, verrohte innerlich. Und doch glaubte sie, nach unzähligen Enttäuschungen und Erniedrigungen einen Weg gefunden zu haben, um wenigstens wertgeschätzt zu werden. Dafür musste diese Frau aber »Leistungen« erbringen, wie sie mir einmal mit Tränen in den Augen erzählte. Und diese Leistungen waren messbar und konnten anhand der Haben-Seite ihres Bankkontos abgelesen werden. Das war der Deal. Je mehr sie zusammenraffte, desto größer wurde die Distanz zu ihrer deformierten Persönlichkeit, zu jenem Abgrund, der sie sonst zu verschlingen drohte – wie so oft schon in ihrem verpfuschten Leben.

Zweifelsohne bereicherte sie sich am Vermögen ihrer Opfer. Aber es dürfte nicht nur »Habgier um jeden Preis« gewesen sein, die Brigitte Krolzig zu ihren ruchlosen Verbrechen trieb. Sie bemühte sich vielmehr verzweifelt darum, ihr verkümmertes Selbstwertgefühl mit Geld aufzuwiegen und aufzupolieren: Haste was, biste was! In diesem Fall eine unheilvolle Verheißung. Nur so glaubte sie, etwas vorweisen zu können, das sie anerkennenswert, vielleicht sogar liebenswert erscheinen ließ. Möglicherweise war dies der tiefere Beweggrund für ihre Taten. Auch in verschiedenen

Gerichtsurteilen wurde übereinstimmend auf eine »persönlichkeitseigentümliche Veranlagung ohne Krankheitswert« hingewiesen, deren Ursache jedoch unerörtert und ungeklärt geblieben ist. Unter dem Aspekt der wahrscheinlich krankheitsbedingten Selbstwerterhöhung wird zumindest nachvollziehbar und plausibel, warum Brigitte Krolzig sich ohne materielle Not das Vermögen ihrer Opfer einverleibte und sich dabei auch von harten Strafen nicht abschrecken ließ.

Dennoch bleibt bei dieser Betrachtungsweise eine Frage unbeantwortet. Warum brachte sie ihre Patienten gleich reihenweise um? Ihr wäre in vielen Fällen das Vermögen der Opfer oder zumindest Teile davon zugefallen, ohne dass sie beim Sterben ihrer Patienten hätte nachhelfen müssen. Und durch einfache Diebstähle hätte sie doch ebenfalls ausreichend Beute machen können. Warum die Opfer also vergiften?

Brigitte Krolzig war ohne Zweifel eine besonders unverfrorene und kaltblütige Verbrecherin – als solche aber auch gerichtsnotorisch und polizeibekannt. Ihr Leben lang stand sie mit unschöner Regelmäßigkeit vor einer Strafkammer, mehrfach musste sie ins Gefängnis. Das waren bittere Erfahrungen, die sie mir gegenüber auch freimütig einräumte: »Wenn man längere Zeit einsitzen muss, kommt man später im richtigen Leben nicht mehr zurecht. Da kommt keiner gesund raus!« Und man hatte ihr bereits Sicherungsverwahrung für den Fall angedroht, dass sie weiterhin straffällig werden würde. Sie hatte also die Wahl: Entweder ihrem Laster zu entsagen oder für unabsehbare Zeit hinter Gefängnismauern zu verschwinden. Brigitte Krolzig entschied sich für Mord und tötete kurzerhand jene Menschen, die ihre Schutzbefohlenen waren, die ihr aber auch hätten gefährlich werden können, wenn sie ihre Diebstähle angezeigt hätten. Und nur in diesen Fällen gab sie keinen Pardon, kannte kein Erbarmen.

Serienmorde beunruhigen nicht nur die Bevölkerung in besonderem Maße, sondern erfordern regelmäßig auch einen kriminalistischen Kraftakt. Und dieser Erfahrungswert wiegt dann besonders schwer, wenn Frauen in Serie töten. Serienmörderinnen verüben in Deutschland durchschnittlich 5,5 Tötungsdelikte, bevor sie endlich überführt werden können. Der Fahndungserfolg stellt sich erst nach knapp sechseinhalb Jahren ein. Männer schneiden hier wesentlich schlechter ab: Sie verüben im statistischen Mittel vier Morde und werden bereits nach zweieinhalb Jahren gefasst. Sind weibliche Täter besonders geschickt, gerissen oder gar geistreicher? Schlauer als Männer? Ausschlaggebend für das Davonkommen der Täterinnen ist in den meisten Fällen, dass sie ihre Taten im eigenen sozialen oder beruflichen Umfeld verüben und diese darum von vornherein auf Vertuschung angelegt sind. Nicht nur die eigene Täterschaft soll verschleiert werden, sondern auch die Tat an sich. In lediglich einer der von mir untersuchten 22 Mordserien, die von 1945 bis zum heutigen Tage in Deutschland aufgeklärt werden konnten, wurde von den Ermittlungsbehörden erkannt, dass man es mit einer Serientäterin zu tun hatte. Männer dagegen begehen ihre Verbrechen schon wegen der abweichenden Motivation (ihnen geht es um die Ausübung sexualisierter Gewalt und um Geld) überwiegend in aller Öffentlichkeit und setzen sich somit einem wesentlich höheren Entdeckungsrisiko aus.

Gerade bei Serienmörderinnen verhindern spezifische Aufdeckungsbarrieren immer wieder den kriminalistischen Erfolg. Mittel und Methoden, die sich in anderen Todesermittlungsverfahren über Jahrzehnte hinweg bewährt haben, erweisen sich bei diesem Tätertyp häufig als unbrauchbar. Obwohl bei von Serienmörderinnen begangenen Taten in 84 Prozent der Fälle eine vordeliktische Täter-Opfer-Beziehung besteht und diese Tatsache normalerweise ein überaus erfolgversprechender Ermittlungsansatz sein müsste, haben Staatsanwaltschaft und Kripo in der Regel doch keine Möglichkeit, gegen die Täterinnen zu ermitteln und nach ihnen zu fahnden, weil die Verbrechensbekämpfer nicht einmal wissen, dass in ihrem Zuständigkeitsbereich Morde begangen worden sind. Mehr als drei Viertel aller seriellen Morde, die Frauen verüben, werden nämlich als Tötungsdelikte gar nicht erkannt: »Todesengel« töten ihre Patienten unbemerkt im Krankenhaus oder Pflegeheim; »Schwarze Witwen« beseitigen ihre

Ehemänner und Lebenspartner so spurenarm, dass selbst Ärzte auf diese Täuschungsmanöver hereinfallen; oder offenkundige Indizien werden mit der Täterin nicht in Verbindung gebracht, weil sie so nett ist und man ihr derlei nicht zutrauen mag. Erinnern wir uns nur an Maria Horn (Kapitel 3), die sechsfache Mutter und »nette Oma«, die aber ebenso sehr böse werden konnte.

Auch Brigitte Krolzig konnte nur deshalb eine Vielzahl ihrer Patienten unerkannt umbringen, weil Haus- und Notärzte nicht genau genug hinschauten, nachschauten oder einfach schlampig arbeiteten, hier und dort wohl auch überfordert waren. Und weil sich alle Beteiligten von dieser Frau allzu gerne vorführen und täuschen ließen, die es zudem überaus geschickt verstand, ihre hochkriminelle Veranlagung und Einstellung zu kaschieren – als nettes und aufopferungsvolles »Brigittchen«.

Erklärungsversuche. Der Notarzt: »Ich bin damals zu allen Todesfällen gerufen worden, die während meiner Dienstzeit angefallen sind. Da steht man bei einem Patienten, den man vorher noch nie gesehen hat, vor einer praktisch unlösbaren Aufgabe: Ich untersuche den Patienten und stelle fest, dass er tot ist. Das ist relativ einfach. Wenn ich dann aber keinen Hinweis darauf habe, dass etwas nicht stimmt, wird es sehr schwierig. Wenn nicht gerade das Beil im Kopf ist oder das Messer in der Brust steckt, kann man nicht feststellen, ob jemand vergiftet worden ist.«

Der Hausarzt: »Wenn ich nur den leisesten Verdacht gehabt hätte, dass die Patienten ausgenommen werden, dann hätte ich die Frau zur Rede gestellt. Ich kann bis heute nicht glauben, dass sie ihre Patienten umgebracht haben soll.«

Ein anderer Hausarzt: »Ich habe der Kripo gesagt, für diese Frau würde ich meine Hand ins Feuer legen. Ich hatte während der Zeit unserer Zusammenarbeit nicht das Gefühl, dass etwas schiefläuft. Das Ausmaß ist mir ja erst Jahre später bei der Gerichtsverhandlung bewusst geworden. Aber auch heute denke ich mir: Das kann doch nicht sein, so sehr kann man sich doch in einem Menschen gar nicht täuschen.«

Bei älteren Menschen, zumal pflegebedürftig, wird auch deshalb nicht richtig untersucht und nachgeforscht, weil sie im Regelfall Krankheiten haben, die auch tödlich verlaufen können. Mit einem Ableben ist also durchaus zu rechnen. Warum nicht hier und heute? Das Wahrscheinliche und so Naheliegende wird favorisiert, das Unwahrscheinliche und so Fernliegende beiseitegeschoben. Undenkbar. Unmöglich. Nicht zuletzt aus diesen Gründen vermuten und beklagen namhafte Rechtsmediziner, dass hierzulande etwa jeder zweite Mord unentdeckt bleibt. Aus eigener Erfahrung darf ich anmerken, dass diese Annahme sicher auch für Serientötungen gilt, insbesondere dann, wenn sie von Frauen begangen werden.

Bei der Aufklärung solcher vertrackten Tötungsspiralen steht der Kripo in der Mehrzahl der Fälle ein altgedienter Kollege zur Seite: Kommissar Zufall; so geschehen beispielsweise am 3. Mai 2008 zur Mittagszeit, als Johannes Helmer, 18, und seine sechs Jahre ältere Schwester Stefanie im Haus ihrer Eltern in der sauerländischen 1.600-Seelen-Gemeinde Wenden-Möllmicke eine Pizza backen wollten. Als sie die Tiefkühltruhe öffneten, fanden sie Lebensmittel mit abgelaufenem Haltbarkeitsdatum. Sie beschlossen spontan, den Eltern unter die Arme zu greifen und die Truhe aufzuräumen. Am Boden der Truhe lagen auch drei Plastiktüten. Johannes öffnete eine davon und stieß auf die tiefgefrorene Leiche eines Neugeborenen. Die wenig später alarmierte Kripo fand noch zwei weitere tote Babys in der Truhe. Hätten Johannes und Stefanie sich nicht ausgerechnet eine Pizza machen wollen, wären sie nicht auf die eigentlich fernliegende Idee gekommen, im Gefrierschrank Ordnung zu schaffen, wahrscheinlich hätte die Welt niemals erfahren, dass die 44-jährige Mutter in den 1980er Jahren drei ihrer Kinder getötet hatte.

Schwierigkeiten bereitet auch die Tatsache, dass nur 32 Prozent der Täterinnen vorbestraft sind und meistens keine Fingerabdrücke, fahndungsgeeignete Fotos oder DNA-Fingerprints in polizeilichen Datenbanken erfasst sind – die Mörderinnen gelten nämlich als Kleinkriminelle, Gelegenheitstäterinnen, vergleichsweise harmlos. Und die genannten strafrechtlichen Verfehlungen haben ausnahmslos nichts mit der Anwendung von Gewalt zu tun, es geht um Diebstahl, Betrug oder Unterschlagung. Es hat in

Deutschland noch nicht eine einzige Serienmörderin gegeben, die vor ihrer Festnahme wegen eines Gewaltdelikts polizeilich in Erscheinung getreten ist. Und alle anderen Täterinnen galten als unbescholtene und rechtstreue Bürgerinnen. Es fehlt also an klassischen Ermittlungsansätzen, das kriminalistische Schwert bleibt stumpf.

Auch bei seriellen Patiententötungen spielen spezifische Aufdeckungsbarrieren den Täterinnen in die Hände. Neben den generellen Anforderungen des Arzt- oder Pflegeberufs belasten die Mörderinnen in Weiß vor allem Kommunikations- und Kooperationsprobleme am Arbeitsplatz, die zu besonderen Belastungssituationen führen. Im Wesentlichen sind es vier Faktoren, die solche Tötungsspiralen erst möglich machen: das überwiegend tadellose berufliche Image der Täterinnen, die Unvorstellbarkeit solcher Gräueltaten, die Angst der Klinik- oder Heimleitung vor einem Skandal in der Öffentlichkeit und die Furcht vor dem Ruin der eigenen beruflichen Karriere und strafrechtlichen Konsequenzen. So wurden auch die fünf Mordtaten der 54-jährigen Krankenschwester Hanna Reiter durch innerbetriebliches Fehlverhalten und Missmanagement begünstigt, begangen an älteren Patienten zwischen Juni 2005 und Oktober 2006 auf der kardiologischen Intensivstation 104i der Charité in Berlin. Eine Klinikverwaltung, die duldet, dass eine Krankenschwester Patienten beschimpft, regelrecht anschnauzt, unsanft behandelt, sogar schlägt, ja umbringt, mache sich »mitschuldig und mitstrafbar«. Das sagte der Vorsitzende in der Begründung des Urteils. Alarmierende Beobachtungen und Vermutungen seien den Ermittlungsbehörden nicht mitgeteilt, sondern als Gerücht verpackt auf dem Dienstweg geschickt worden. Man wagt gar nicht zu fragen, wie viele Frauen und Männer heute noch leben würden, wenn rechtzeitig eingegriffen worden wäre.

5. Privatethik

»Wozu das noch, der stirbt doch sowieso.«

Die Aufdeckung dieses Kriminaldramas beginnt mit einem Geräusch, das Jens Nolte hört. Der 32-Jährige ist Pfleger auf der operativen Intensivstation des Wuppertaler St.-Petrus-Krankenhauses und überprüft gerade die Vollzähligkeit der Operationsbestecke. Das Geräusch, das er eben gehört hat, entsteht, wenn der abgebrochene Hals einer Medikamentenampulle in den Abfallcontainer geworfen wird. Genau das hat seine Kollegin Bettina Ganzauge gerade getan. Klack ... Klack ... Klack ... Klack. Jens Nolte hat es gehört. Viermal. Und das ist merkwürdig. Bettina Ganzauge hat ihm nämlich eben gesagt, ein Patient habe Schmerzen und sie wolle ihm deshalb ein Mittel geben, angeblich Baralgin. Nur: Eine Ampulle hätte normalerweise ausgereicht, um die Schmerzen des Patienten zu lindern. Sie muss ihm, was auch immer, in ungewöhnlich hoher Dosierung gegeben haben. Warum nur? Jens Nolte geht aus dem hinteren Teil der Intensivstation zu Bettina Ganzauge. Die 28-jährige Krankenschwester hat die Verpackung eines blutdrucksenkenden Medikaments in der Hand und sagt wie geistesabwesend, als sie ihren Kollegen bemerkt: »Catapresan. Das müssen wir nachbestellen.«

Wenig später sinkt der Blutdruck des Patienten bedenklich. »Hol doch mal eben den Materialwagen«, wird Jens Nolte aufgefordert. Warum denn gerade jetzt?, fragt er sich. Ein Vorwand? Wofür? Er geht, aber nicht ganz. Von der Glasscheibe aus, die das

Patientenzimmer von der Wachstation trennt, beobachtet er, wie Bettina Ganzauge dem Patienten abermals eine Spritze gibt. Und das hat dramatische Folgen: Auf dem Monitor, der die Herz- und Kreislauffunktionen des Kranken überwacht, wird bald ein Notfallalarm ausgelöst – Herzstillstand. Bettina Ganzauge injiziert dem Patienten nochmals ein Mittel, Jens Nolte kann aus der Entfernung nicht erkennen, was es gewesen ist. Seine Kollegin nimmt nun die Hand des Mannes und hält sie fest. Der Patient, nach einer Krebsoperation erst seit vier Tagen auf der Intensivstation, stirbt Augenblicke später. Es ist Montag, der 23. September 1985, 10.02 Uhr. Jens Nolte hat alles mit angesehen. Er ist irritiert und schockiert zugleich. Er will es zunächst nicht glauben. Hat sie das wirklich getan? Doch als er sich auf den Weg macht, den Materialwagen zu holen, hat er keinen Zweifel mehr. Sie hat es getan!

Es dauert allerdings viereinhalb Monate, bis der Verdacht endlich nach außen dringt. Am 7. Februar 1986 wird dem Institut für Rechtsmedizin der Heinrich-Heine-Universität in Düsseldorf telefonisch die Blutprobe einer angeblichen Notfallpatientin des St.-Petrus-Krankenhauses angekündigt. Das Blut solle möglichst umgehend auf Clonidin und Kaliumchlorid untersucht werden, es bestehe der Verdacht einer Vergiftung. Um 16 Uhr teilt ein Toxikologe den Verantwortlichen des Krankenhauses das Ergebnis seiner Untersuchungen mit: »Wir hatten im Chromatogramm bei Clonidin einen Peak, sodass tatsächlich eine Intoxikation nicht mehr ausgeschlossen werden kann.« Als der Rechtsmediziner erfährt, dass die Patientin, deren Blut er untersucht hat, bereits vor zwei Tagen verstorben sei, rät er dringend, sofort die Kriminalpolizei einzuschalten.

Die ersten Ermittlungen der Wuppertaler Mordkommission ergeben, dass Bettina Ganzauge zwei Patientinnen unerlaubt das Medikament Catapresan gespritzt und so den Tod der Frauen verursacht haben könnte. Der Wirkstoff dieses sogenannten Antihypertonikums ist Clonidin und dämpft im Gehirn die Nervensignale des Sympathikus, einem Teil des vegetativen Nervensystems. Dadurch sinkt die Menge der Botenstoffe Adrenalin und Noradrenalin im Körper. Die Blutgefäße entspannen und erweitern sich, das Herz schlägt langsamer und weniger kraftvoll. Beides führt dazu, dass der Druck in den Blutgefäßen abnimmt, und der Blutdruck sinkt.

Das Blut der Patientinnen wird untersucht, und in beiden Proben wird Clonidin in nicht therapeutischer Dosierung eindeutig nachgewiesen. Die Frauen sind jetzt keine ehemaligen Patientinnen mehr, sondern Verbrechensopfer. Die Ermittlungen werden ausgeweitet, und schnell zeichnen sich dabei Konturen, Facetten und Dimensionen eines Verbrechens ab, denen auch hartgesottene Kriminalisten fassungslos gegenüberstehen. Bettina Ganzauge wird schließlich am 13. März 1986 verhaftet, als sie aus einem einwöchigen Skiurlaub zurückkehrt. Die Verdächtige wird ins Wuppertaler Polizeipräsidium gebracht und dort am Nachmittag vernommen. Nachdem zwei Kriminalhauptkommissare ihr mitgeteilt haben, dass ihr laut Haftbefehl sechs Patiententötungen vorgeworfen werden, sagt sie zunächst, sie sei bislang davon ausgegangen, dass Clonidin gar nicht nachgewiesen werden könne. Dann weint sie. Und erklärt den Beamten wenig später, sie wolle sich jetzt alles von der Seele reden: »Ich will diese fürchterliche Belastung loswerden.«

Die Ermittler nennen ihr einige Patientennamen. Bettina Ganzauge sagt sechsmal »Ja«, sie will diesen Patienten, allesamt frisch operiert und neu auf der Intensivstation, tödlich wirkende Injektionen gegeben haben. Insgesamt, so äußert sie gegen Ende der Vernehmung, könne es sich um vielleicht zehn Opfer handeln, so genau wisse sie das aber nicht. Und das Motiv? In sämtlichen Fällen, erzählt sie unter Tränen, hätten die Patienten kurz vor dem Tod gestanden und sie habe ihnen ein weiteres Leiden ersparen wollen. Bettina Ganzauge will demnach weder Totschlägerin noch Mörderin gewesen sein, sondern ungebetene Sterbehelferin. Diese Angaben wiederholt sie auch am nächsten Tag vor dem Ermittlungsrichter, sie wolle auch weiterhin bei der Kripo aussagen, versichert sie, allerdings erst am nächsten Tag. Dazu kommt es aber nicht. Bettina Ganzauge bespricht sich nämlich mit einem Anwalt, und der rät ihr dringend, nichts mehr zu sagen. Fortan schweigt die Mordverdächtige.

Da mit weiteren Geständnissen nicht zu rechnen ist, wohl aber mit weiteren Opfern, muss nach Wegen gesucht werden, um das volle Ausmaß dieser Tötungsserie sichtbar und beweisbar zu machen. Der Nachweis einer Tötung durch Kaliumchlorid kann durch analytische Verfahren indes nicht erbracht werden, da nach dem Tod eines Menschen grundsätzlich ein erheblicher Anstieg der Kaliumkonzentration im Blut passiert. Anders verhält es sich bei Clonidin, weil es ein körperfremder Stoff ist, sodass schon der qualitative Nachweis ausreicht, um die Gabe dieses Medikaments annehmen zu können. Der Verdacht einer vorsätzlichen Tötung besteht also dann, wenn in den Leichengeweben Clonidin nachgewiesen wird und entweder in den Patientenakten keine solche Therapie vermerkt wurde oder eine Bluthochdruckerkrankung gar nicht vorlag. Allerdings gehen die Rechtsmediziner davon aus, dass Clonidin allein nicht todesursächlich gewesen ist, sondern zusätzlich Kaliumchlorid gespritzt wurde, um einen Herzstillstand zu provozieren.

Durch die Mordkommission werden alle Sterbefälle der operativen Intensivstation überprüft, die sich seit 1978 ereignet haben. Es sind mehr als 500 Todesfälle. Nach Auswertung der Krankenunterlagen bleiben 38 »Verdachtsfälle« übrig, bei denen ein »Fremdverschulden« nicht gänzlich ausgeschlossen werden kann. Schließlich werden in den folgenden Monaten 28 Leichen auf Friedhöfen ausgegraben, teilweise gegen den erbitterten Widerstand der Angehörigen – ein Witwer, der Tag und Nacht das Grab seiner Gattin bewacht, muss sogar auf Staatskosten in Urlaub geschickt werden, um einen Eklat zu vermeiden. Die geborgenen Leichenteile, aber auch die Sargstücke sowie Erd- und Wasserproben werden jeweils in der Düsseldorfer Rechtsmedizin auf mögliche Rückstände von Clonidin und Kaliumchlorid untersucht. Um zu verlässlichen und gerichtsfesten Analyseergebnissen zu kommen, wird von den Justizbehörden eigens ein 160.000 Mark teurer Gaschromatograf angeschafft. Auch die psychiatrische Begutachtung Bettina Ganzauges dauert ungewöhnlich lange. Mehr als acht Monate wird die Untersuchungsgefangene von zwei renommierten Experten für die Abgründe der menschlichen Seele in der Psychiatrischen Universitätsklinik in Hamburg untersucht.

Die äußerst zeitaufwendigen und schwierigen Ermittlungen ziehen sich über mehr als zwei Jahre hin, bis am 10. Juni 1988 durch die Wuppertaler Staatsanwaltschaft Anklage erhoben wird. Der Staatsanwalt geht davon aus, dass Bettina Ganzauge, die seit Oktober 1978 als Krankenschwester arbeitet, in der Zeit vom 6. Februar 1984 bis zum 5. Februar 1986 insgesamt 17 Patienten aus »niedrigen Beweggründen« und »heimtückisch« kurz nach ihrer Verlegung auf die Intensivstation intravenös das clonidinhaltige Präparat Catapresan spritzte, um die Opfer sicher und schnell zu töten und die Todesfälle als akuten Herztod verständlich erscheinen zu lassen. In fünf Fällen soll die Angeschuldigte zusätzlich Kaliumchlorid gegeben haben.

In der über 100 Seiten starken Begründung heißt es, Bettina Ganzauge habe die Medikamente ohne ärztliche Verordnung und heimlich verabreicht. Sie habe auf der Station freie Handhabe gehabt, Kontrollen hätten nicht stattgefunden. Die jetzt 31-Jährige habe bewusst die Gutgläubigkeit ihrer Vorgesetzten und Kollegen ausgenutzt, die ihrer Fürsorge anvertrauten Patienten seien arglos und wehrlos gewesen. Das Motiv für die Taten sei die Darstellung und Befriedigung ihres Selbstwertgefühls gewesen, ihr sei es vornehmlich um die Demonstration eigener Stärke und Macht gegangen. Sie habe sich aber auch lästig gewordener Patienten entledigen wollen, habe sich über jegliche ärztliche Heilkunst hinweggesetzt und von Fall zu Fall entschieden, welcher Patient weiterleben durfte – Herrin über Leben und Tod. Die zumeist betagten Opfer, die allein schon durch die Einwilligung in eine Operation ihren unbedingten Lebenswillen dokumentiert hätten, seien gestorben, soweit es habe beobachtet werden können, jeweils kurz nach Verabreichung der Medikamente, und besonders pflegebedürftige Patienten teils sogar nach zusätzlicher Vorankündigung. Also kurz gesagt »eiskalter Mord in 17 Fällen«, wie *Bild* am nächsten Tag vollmundig und voreilig vermeldet.

Der »Sensationsprozess« startet am 10. Januar 1989, verhandelt wird vor der 5. Großen Strafkammer des Landgerichts Wuppertal. Über 50 Journalisten und etwa genauso viele Fotografen machen den ersten Verhandlungstag zu einem Medienereignis. Von Journalisten förmlich umstellt, die unerbittlich um Worte und Fotos der Angeklagten ringen, hat Bettina Ganzauge Mühe, zu ihrem Platz zu gelangen.

Die Anklagebehörde hält auch jetzt noch an dem Mordvorwurf in 17 Fällen fest, obwohl die Kammer bereits in ihrem Eröffnungsbeschluss den Hinweis gegeben hat, es komme auch Totschlag in Betracht. Nach Darstellung ihrer drei Anwälte habe die Angeklagte jedoch ausnahmslos aus humanitären Gründen gehandelt: »Sie hat die Patienten vor einer entwürdigenden Verlängerung des Sterbens durch die Apparatemedizin bewahren wollen«, erklärt einer von ihnen dem Gericht. Die Verteidigung wirft dem Staatsanwalt sogar vor, von Bettina Ganzauge noch während der Ermittlungen das Bild einer gefühllosen Mörderin gezeichnet zu haben, das an der Unvoreingenommenheit des Anklagevertreters zweifeln lasse. Die unversöhnlichen und wohl auch unvereinbaren Positionen, um die fortan auch mit harten Bandagen gerungen wird, sind also abgesteckt.

Viele Prozessbeobachter stellen sich die Frage, wie Bettina Ganzauge sich wohl verhalten wird. Schweigen wie bisher? Oder doch besser aussagen? Letzteres, teilt sie dem Vorsitzenden mit. Also zunächst »zur Person«. Ihre Kindheit sei von der belasteten Beziehung zu ihrer Mutter überschattet worden, die bei der Geburt des Kindes gerade 19 Jahre alt war, gibt sie zu Protokoll, schon wegen schlechter schulischer Leistungen habe die Mutter sie »richtig niedergemacht«. Sie sei ein sehr lebhaftes Kind gewesen und habe sich eher wie ein Junge verhalten, vielleicht, weil sie auf ihren älteren Bruder eifersüchtig gewesen sei, den die Mutter ihr häufig vorgezogen habe. Der Mutter sei auch schon mal die Hand ausgerutscht, sie, die Angeklagte, habe eben ausprobieren wollen, wie weit sie gehen könnte. Sie habe ständig das Gefühl gehabt, von ihrer Mutter abgelehnt zu werden, das habe »sehr wehgetan«. »Einmal habe ich ihr zum Geburtstag ein Geschenk gekauft«, erzählt sie dem Gericht von ihren leidvollen Erfahrungen, »und gehofft, dass sie sich darüber freut. Aber sie hat nur gefragt: Was hat das gekostet?« Sie habe ihre Mutter zwar trotzdem geliebt, aber andere Kinder eben auch um deren Elternhaus beneidet. »Ganz anders« sei die Beziehung zum Vater gewesen: »Er war der ruhende Pol in der Familie und hat versucht, das schlechte Verhältnis zu meiner Mutter auszugleichen. Er hat immer zu mir gehalten.«

Bettina Ganzauge kommt aus Familienverhältnissen, die man als »gutbürgerlich« bezeichnen kann: sozial geordnet, keine besonderen Auffälligkeiten, wirtschaftlich gesichert, mit traditioneller Rollenverteilung der Eltern und Erziehungsinhalten, die Fleiß, Wohlverhalten und soziales Fortkommen favorisieren. Diese Erziehungsmaximen werden jedoch mit unterschiedlicher Gewichtung und Strenge vertreten und durchgesetzt, die Mutter wird »hart«, der Vater »eher weich« erlebt. So sucht und findet das Mädchen vornehmlich beim Vater Halt und Geborgenheit, sie kann sich mit ihm am besten über Fußball verständigen, überhaupt ist Sport allgemein das Bindeglied.

Kolleginnen und Kollegen werden als Zeugen gehört, sie sollen etwas zum Sozialverhalten der Angeklagten aussagen. Bettina Ganzauge sei wohl lustig und kumpelhaft gewesen, heißt es übereinstimmend, es sei aber auch schwer gewesen, näher an sie heranzukommen. »Trotz einiger Freundschaften hatte man das Gefühl, dass da eine Einsamkeit ist«, schildert eine Pflegerin ihre Eindrücke. Man habe sie schlecht einschätzen können, sie sei launisch gewesen. Auch hier begegnet den Prozessbeobachtern eine widersprüchliche Person, die einerseits Nähe sucht, sie dann aber nicht zulässt, die Menschen für sich einnehmen will, sie dann aber doch auf Distanz hält.

Auch ihr schulischer und beruflicher Werdegang ist holprig. Im Jahre 1973 wird sie aus der Hauptschule entlassen, das Abschlusszeugnis ist mäßig. Nach einem berufspraktischen Wochenendkurs in einem Krankenhaus fasst sie den Entschluss, Krankenschwester zu werden. Fünf Jahre später schließt sie die Pflegeschule mit genügenden Leistungen ab, die praktische Arbeit fällt ihr leicht, dort erzielt sie Bestnoten, die theoretischen Fächer liegen ihr weniger. Sie bekommt nach ihrer Ausbildung schnell eine Anstellung im St.-Petrus-Krankenhaus, dort, wo sie Jahre später Patienten töten wird. Weil sie mit ihrer Vorgesetzten auch persönlich gut zurechtkommt, wird sie notenunabhängig von der Chefärztin gefördert und wird so 1981 Fachschwester für Anästhesie und Intensivpflege. Bettina Ganzauge gilt als »Liebling der Chefin«. Dieses Verhältnis wird von ihren Kollegen durchaus kritisch beäugt, private Dinge werden ihr erst gar nicht anvertraut, weil befürchtet wird, sie könne es weitertragen. Schon kurze Zeit später wird sie zur Schichtleiterin und zur Vertreterin des Oberpflegers ernannt. Bettina Ganzauge ist also beruflich durchaus erfolgreich und wird von den meisten Kollegen fachlich akzeptiert.

Sie wird auf einer Intensivstation eingesetzt, die von Ärzten nicht durchgehend betreut wird, während des Nachtdienstes besteht beispielsweise nur eine Rufbereitschaft. In Notfällen müssen Oberschwestern und Krankenpfleger gleichermaßen versuchen, zunächst Fachärzte anderer Abteilungen zu alarmieren, die zeitnah zur Stelle sein können, während es bei dem diensthabenden Stationsarzt wesentlich länger dauert, bis er von zu Hause aus die Klinik erreicht. Weil Bettina Ganzauge den Oberpfleger vertritt, muss sie im Einzelfall immer wieder entscheiden, ob tatsächlich ein Notfall vorliegt, der die Alarmierung des Stationsarztes erforderlich macht.

Die berufliche Situation Bettina Ganzauges wird Mitte des Jahres 1983 noch undurchsichtiger und unerfreulicher, als es zwischen dem Chefarzt der chirurgischen Abteilung und ihrer unmittelbaren Vorgesetzten zu teilweise erheblichen Differenzen kommt. Der Chirurg ist mit den therapeutischen Maßnahmen auf der Intensivstation nicht einverstanden und will seine Patienten in seinem Sinne betreut wissen, nur weichen diese Vorgaben zum Teil erheblich von den Richtlinien der Chefärztin der Intensivstation ab. Die Folge ist ein leidiges Kompetenzgerangel, niemand weiß mehr so recht, was gewünscht wird, was falsch und was richtig ist. Diese Meinungsverschiedenheiten belasten naturgemäß alle Beteiligten, das Betriebsklima gerade auf der Intensivstation ist kühl und von gegenseitigem Misstrauen geprägt.

Ein Pfleger schildert den Kompetenzkonflikt vor Gericht so: »Wir vom Pflegepersonal waren bei dem Streit ›der Tennisball‹, saßen zwischen zwei Fronten. Der Chirurg sah zum Beispiel in das Krankenblatt und sagte: Geben Sie das oder jenes. Wir haben das dann meistens rausgezögert, bis wir die Chefin fragen konnten. Wir machten später das, was die Chefin gesagt hatte. Wenn der Chirurg uns Vorhaltungen machte, haben wir ihn gebeten, sich mit der Chefin in Verbindung zu setzen.« Die Selbstvergessenheit, mit der Ärzte persönliche Differenzen austrugen, machte »frustig«. Ein anderer Kollege Bettina Ganzauges berichtet: »Die Streitigkeiten über die ärztlichen Kompetenzen haben sich auf das Pflegepersonal ausgewirkt. Sie waren für mich auch ein Grund zu zweifeln, ob das noch Autoritäten waren. Es gab nicht mehr eine gerade Behandlungsrichtschnur, sondern nur noch Therapiewechsel. Dadurch wurde einem auch als Pfleger die Überzeugung untergraben, was richtig war.«

Und in diesen ungesicherten und ungewissen Zeiten passiert die erste Tat. Bettina Ganzauge hat bisher zu alldem geschwiegen, jetzt will sie darüber sprechen. Das Opfer sei ein Mann gewesen, der zu ihr »das wird doch nichts mehr« gesagt haben soll, und der damit, so habe sie jedenfalls gedacht und empfunden, sehr recht hatte, auch wenn sie ihn nicht nur getröstet, sondern ihm auch widersprochen haben will. Der 47-jährige Patient habe ständig über schlimmste Schmerzen geklagt, dem Mann sei es »unheimlich schlecht gegangen«. Sie habe immer wieder nach ihm gesehen, sich gesorgt, habe mitgelitten. Schon vor dieser Zeit sei in ihr der Gedanke immer dringender und drängender geworden, Todgeweihten helfen zu wollen, die Bücher Julius Hackethals[9] hätten sie zusätzlich inspiriert. Dann habe sie »eingegriffen«, als die Chefärztin mit der Ehefrau des Patienten gesprochen habe, draußen vor der Tür. Sowohl das Opfer als auch seine Frau hätten gewusst, dass der Tod unmittelbar bevorstand, und seien darauf vorbereitet gewesen. Sie habe dem Mann weitere Schmer-

[9] Julius Hackethal war ein namhafter Chirurg, vehementer Verfechter der Sterbehilfe und Autor standeskritischer Bücher.

zen ersparen wollen. Das sagt sie ganz nüchtern, knapp, ohne Zögern. »Da ist einfach der Zeitpunkt gekommen«, versucht sie ihr vorsätzliches Töten zu rechtfertigen, als sie dieses Leid einfach nicht mehr habe ertragen können. Der Gedanke, »hier muss man helfen«, sei »einfach übermächtig geworden«, allerdings habe sie sich dabei nur auf solche Fälle beschränkt, »wo überhaupt keine Aussicht mehr bestand«. Noch kurz vor der Tat habe sie bei einer Feierlichkeit hinten in der Abteilung im Kreis der Kollegen darüber gesprochen, dass ihr das Schicksal dieses Patienten besonders nahe gehe. »Mensch, leide doch nicht so mit dem mit«, habe ihr ein Kollege zur Antwort gegeben. Der Entschluss, »da etwas zu machen, weil man doch was machen muss«, sei plötzlich gekommen, es habe keinen Plan gegeben, alles sei spontan und schnell abgelaufen. Gerade bei diesem Patienten sei sie nicht mehr fähig gewesen, das Leiden ohne Hoffnung auf Gesundung zu ertragen: »Ich konnte das nicht mehr akzeptieren.« Deshalb habe sie dem Mann zwei oder drei Ampullen Kaliumchlorid verabreicht. Es hätten sich Herzrhythmusstörungen eingestellt, und schon sehr bald sei es zum Herzstillstand gekommen.

In einem der ihr vorgeworfenen Fälle will sie den Patienten unabsichtlich getötet haben: »Da habe ich mich einfach mit dem Mittel vertan.« Um keinen Ärger zu bekommen, habe sie ihr Missgeschick verschwiegen. In acht weiteren Fällen der Anklage gibt sie zu, die Tötung beabsichtigt zu haben. »Wenn ich irgendjemandem das Leiden verkürzen wollte«, habe sie Patienten totgespritzt, wenn sie der Meinung gewesen sei, »jemandem helfen zu müssen«. Bei diesen Menschen will sie beim Sterben kräftig nachgeholfen haben:

- Robert Kaufmann, 68, getötet am 17. September 1985. Er war schwer krebskrank und litt unter einer Herzmuskelschädigung. Es wurden bei der Obduktion geringe Mengen Clonidin gefunden.
- Wilhelm Dickel, 70, getötet am 23. September 1985. Er litt an Kehlkopfkrebs, außerdem an Leberzirrhose und Herz-

rhythmusstörungen und konnte sich nicht mehr artikulieren. Die Rechtsmediziner konnten deutliche Mengen Clonidin in seinem Körper nachweisen.

- Josef Schneider, 67, getötet am 27. Oktober 1985. Er hatte nach einem Verkehrsunfall mehrere Rippenbrüche und musste künstlich beatmet werden. Es wurden Spuren von Clonidin gefunden.
- Helga Jessen, 82, getötet am 29. Oktober 1985. Sie litt an einer unstillbaren Blutung aus einem künstlichen Darmausgang. Bei der Obduktion wurde Clonidin nachgewiesen.
- Melitta Kolping, 80, getötet am 6. Dezember 1985. Sie war zuckerkrank, hatte einen chronischen Herzmuskelschaden und wurde wegen eines Oberschenkelhalsbruches eingeliefert.
- Antje Bergmüller, 75, getötet am 7. Januar 1986. Ihr Magen war wegen eines Karzinoms entfernt worden. Die Patientin erlitt auf der Intensivstation einen Herzstillstand. Es wurden in ihrem toten Körper große Mengen Clonidin gefunden.
- Ernst Schulte, 84, getötet am 8. Januar 1986. Er war nach einem Sturz am Hüftgelenk operiert worden, war schwer desorientiert und hatte seit zwei Jahren einen Herzschrittmacher.
- Gudrun Hansen, 77, getötet am 5. Februar 1986: Sie war schwerstkrank, litt an einem bösartigen Tumor im Mastdarm und totaler Abwehrschwäche. Es konnten in ihrem Leichnam große Mengen Clonidin nachgewiesen werden.

Neun andere Taten, in denen die Staatsanwaltschaft jeweils einen Mord sieht, bestreitet die Angeklagte. Wahrscheinlich nicht ganz zufällig sind es jene Fälle, in denen kein rechtsmedizinischer Beweis erbracht werden konnte und der Vorwurf sich lediglich auf Indizien stützt.

Mit Spannung werden die Expertisen der Gutachter erwartet, die dem Gericht helfen sollen, die Hintergründe der Taten, vor allem aber die Angeklagte besser zu verstehen und zu beurteilen.

Die beiden Sachverständigen vom Universitätsklinikum in Hamburg berichten[10], Bettina Ganzauge sei vital, antriebsreich, lebhaft bis zur Umtriebigkeit, dies diene ihr aber, wie vielen Menschen mit entsprechender Temperamentslage, vor allem zur Depressionsabwehr. »Die ständige Flucht in die Aktivität und Betriebsamkeit basiert auf einer tief verwurzelten Angst, was im Zustand der Ruhe in ihr aufsteigen könnte.« Die Gutachter sehen in der Angeklagten eine Person mit schwachem Selbstwertgefühl, die sich unterschwellig als Versagerin betrachte. Sie lebe ständig in der Angst, etwas falsch zu machen, habe wenig Vertrauen in eigene Fähigkeiten. Darum sei sie in besonderem Maße auf Lob, Bestätigung und Anerkennung angewiesen und deshalb sehr fremdbestimmt und außengeleitet. »In ihrer starken Kränkbarkeit und Empfindlichkeit hat sie eine Mauer um sich gebaut, die für sie wie eine zweite Haut geworden ist: Keine Schwäche zeigen, eine unverbrüchliche Belastbarkeit an den Tag legen, immer für andere da sein, immer obenauf und guter Dinge, alles anpacken und bewältigen können, Gefühle von Ohnmacht und Hilflosigkeit nicht zulassen, einen Optimismus und eine Lebensfreude zeigen, an der alles abprallt.«

Der zunehmende innere Druck habe bei Bettina Ganzauge zu einer immer stärkeren Abwehrreaktion geführt, der Beruf sei geradezu zu einer Droge geworden. Das Gefühl, nicht mehr weiterzukönnen, habe sie sich jedoch nicht zugestehen können. Verschärfend hinzugekommen sei der zumindest subjektiv empfundene Bruch mit ihrer Vorgesetzten, der Chefärztin der Intensivstation, ihr »Mutterersatz«. Die Chefin sei die präsente Quelle von Lob und Anerkennung gewesen, die die Angeklagte gebraucht habe wie »das tägliche Brot«. Mit der dramatischen Verschlechterung dieser Beziehung sei ein eminent wichtiger Eckpfeiler ihres Selbstwertgefühls weggebrochen, die Angeklagte sei in einen »Sog von Zweifeln« gezogen worden. Sie habe nicht nur den äußeren Rückhalt, sondern auch »gleichsam ihre innere Prothese verloren«.

---

[10] Von eigenen Ergänzungen abgesehen zitiert nach Christiane Gibiec: *Tatort Krankenhaus*, Bonn 1990, S. 87 ff.

Erstmals im Jahre 1985 habe sie eine »depressive Symptomatik« entwickelt, Bettina Ganzauge habe in den Explorationsgesprächen berichtet, »zu Hause zeitweise nur noch geheult« und unter Schlafstörungen gelitten zu haben, »gleichsam in einem Tunnel zu sein, aus dem sie keinen Ausweg mehr sah«. Wegen ihrer grundsätzlichen Distanz zu anderen Menschen habe sie sich in ihrer Not niemand anvertrauen können, »teils aus Angst, man verstehe sie nicht, teils aus Angst, das Bild der Stärke, das sie anderen vermittelt hatte, könne in sich zusammenfallen und sie dadurch die Achtung der anderen verlieren«. Gleichzeitig hätten sich die Unentbehrlichkeits- und Grandiositätsfantasien, die sie wegen der zunehmenden Isolation im Stationsteam nicht mehr habe relativieren können, gesteigert.

Die Angeklagte sei hochsensibel und leicht kränkbar. Sie nehme Enttäuschungen und Misserfolge sehr schwer. Gegen diese erhöhte Kränkbarkeit habe sie eine massive Abwehrdynamik entwickelt, die irgendwann automatisch abgelaufen sei. Bei ihren inneren Wertorientierungen nähmen Leistung, Ausdauer, Fleiß, Pflichterfüllung und Selbstbeherrschung, aber auch mitmenschliche Hilfsbereitschaft und soziales Verantwortungsgefühl einen hohen Stellenwert ein. Diese bedenkliche Form der Persönlichkeitsentwicklung berge das Risiko in sich, in die Sackgasse einer sich selbst überfordernden Leistungsbereitschaft zu laufen, ohne zu merken, dass das Eis dünn geworden ist.

Im Laufe der Zeit sei es ihr immer schwerer gefallen, Patienten Mut zu machen und sie über ihren jämmerlichen Zustand zu belügen, obwohl sie sich selbst ausgeliefert und hilflos gefühlt habe. Zudem habe sie mehr und mehr am Sinn und an der Berechtigung intensivmedizinischer Maßnahmen gezweifelt. Die tiefe, konfliktbesetzte berufliche Krise habe schließlich zu einer permanenten Tatbereitschaft geführt.

Auch attestieren die Gutachter Bettina Ganzauge ein ausgeprägtes Helfersyndrom. Sie könne zwar das eigene Leiden nicht wahrnehmen, sei dafür aber für andere umso sensibler. Dies gehe bis zu einer uneigennützigen Selbstaufgabe. Auch hier komme es zu einer Verwischung der Grenzen zwischen sich und anderen.

Ein weiteres Merkmal des Helfersyndroms sei eine narzisstische Aufwertung der eigenen Person, eine Auffüllung des schwachen Selbstwertgefühls. Sie erlebe sich dadurch stärker, dass sie das Schwache und Leidende in anderen sieht und es in diese projiziert, sich damit des eigenen Leidens und der eigenen Schwäche gleichsam entledige.

Überdies verweisen die Experten darauf, dass die bei der Angeklagten festgestellten Persönlichkeitsmerkmale typisch seien für Pflegekräfte auf Intensivstationen: »Es ist aufgefallen, dass Mitarbeiter auf Intensivstationen, vor allen Dingen Krankenschwestern, in erhöhtem Maße von Dekompensationen (= Sonderformen der Depression, Anm. S. H.), psychischen Symptombildungen und Zusammenbrüchen bedroht sind.« Bettina Ganzauge galt in ihrem Beruf als fleißig, sie machte viele Überstunden und überschritt dabei den zulässigen Arbeitsrahmen erheblich und geriet dabei, erläutern die Sachverständigen, »in einem erhöhten Maß in Gefahr, aus ihrem inneren Gleichgewicht zu geraten. Sie war in Gefahr, in die für Intensivstationen spezifischen Fallen und Verstrickungen zu fallen«.

Die Gutachter äußern sich ebenfalls zu den Arbeitsbedingungen der Angeklagten. Auf der Intensivstation, die eine »Mischung aus einer Intensivstation und einer Wachstation« gewesen sei, habe es nur selten tatsächlich eine objektive Überlastung gegeben. Es hätten jedoch eine Reihe ungünstiger Faktoren zusammengewirkt: unzureichende ärztliche Präsenz, Kompetenzstreitigkeiten, Handlungsunsicherheit. Das Arbeitsklima habe bewirkt, dass »Tür und Tor für Eigenmächtigkeiten offenstanden, dass wenig Vertrauen in die Autorität und fachliche Kompetenz der Ärzte bestand, dass ein Klima herrschte, in dem man nicht gut diskutieren, keine eigene Meinung artikulieren konnte«. Das Stationsteam sei mit allen Schwierigkeiten sich selbst überlassen gewesen. Die Position, die Bettina Ganzauge sich dort erworben habe, sei für sie »eine Nummer zu groß« gewesen.

Befand sich Bettina Ganzauge tatsächlich in Not? Geriet sie in eine Tretmühle, aus der sie keinen Ausweg mehr fand? Verhakte sie sich in einem Teufelskreis aus Anforderung und Überforderung? Missachtete sie die Warnzeichen eines Burn-out-Syndroms[11], das sie auch innerlich verrohen ließ, sodass sie schließlich die Kontrolle über sich und ihr Tun verlor, eigenmächtig handelte und tötete, um den eigenen Leidensdruck zu lindern, und nicht etwa den der Patienten?

Die Sachverständigen berichten in diesem Zusammenhang, die Angeklagte habe immer wieder »sehr eindeutig, einhellig und konstant« betont, sie habe Patienten erlösen und die Sinnlosigkeit ihres Leidens beenden wollen. Insgesamt sei das angegebene Motiv stimmig. Zwar sei auch erkennbar geworden, dass ihr die Patienten mitunter lästig geworden seien, dennoch sei eine Interpretation, die schlicht eine »Beseitigung« unterstelle, vordergründig und kurzsichtig. Gemeint ist die Tatauslegung durch die Staatsanwaltschaft. Dazu stünde in zu starkem Kontrast, »was von verschiedenen Seiten über ihr hohes Engagement im Beruf, ihre Einsatzbereitschaft, ihre Hinwendung zu Patienten gesagt worden ist«. Das von der Angeklagten angegebene Motiv sei jedoch nicht als »isolierte, abstrakte Größe« zu sehen, sondern durch die »wachsende Emotionalisierung« Bettina Ganzauges geprägt. Der innere und der äußere Druck seien immer größer geworden, demzufolge auch das Empfinden für das Leid der Patienten, aber auch für das eigene. Die sie vor und während der Taten bestimmenden Gefühle seien durchaus gegensätzlich gewesen: »Trauer, Hilflosigkeit, Wut über sich selbst und über sinnlose und leidensverursachende ärztliche Maßnahmen, Angst und Unsicherheit, den Patienten die eigenen Mitleidsgefühle zu verraten, Ärger darüber, dass die Patienten sich täuschen lassen, ihre hoffnungslose Situation nicht kennen, Gefühle von Feigheit angesichts der eigenen passiven Hilflosigkeit beim Anblick leidender Patienten und ihres eigenen vertuschend-verlogenen Verhaltens von Mutmachen.«

---

[11] Hierunter verstand man ursprünglich die negativen Folgen der beruflichen Überanstrengung, einhergehend mit emotionaler Erschöpfung, innerer Distanzierung und schließlich Leistungsabfall. Inzwischen handelt es sich um ein reichlich komplexes Beschwerde- und Leidensbild, das zwar immer mehr Betroffene belastet, aber nur zögerlich Eingang in Wissenschaft und Praxis findet.

So gesehen entsteht das Bild einer unreifen und sich selbst überfordernden Frau, die, angestachelt vom Gefühl der eigenen Unbedarftheit und Unvollkommenheit, sich in eine größtenteils selbst verschuldete Sackgassensituation manövrierte, in der das persönliche Leid und das Leiden der Patienten überhandnahmen, schließlich die Grenzen der Leidensfähigkeit überschritten wurden und die innere wie äußere Ordnung durch willkürliches und eigenmächtiges Handeln wiederhergestellt werden sollte. Allerdings wollen die Gutachter trotz der beschriebenen besonderen Befindlichkeiten und Befremdlichkeiten bei Bettina Ganzauge keine Schuldminderungsgründe gelten lassen. Zwar lägen Persönlichkeitsauffälligkeiten vor, die Angeklagte sei jedoch insgesamt zu einer guten Lebens- und Realitätsbewältigung in der Lage.

Anders und wesentlich negativer beurteilt ein dritter Sachverständiger Bettina Ganzauge, ein Professor für Psychiatrie aus Köln. Allerdings beruhen seine Einschätzungen lediglich auf Beobachtungen der Angeklagten während des Prozesses. Bettina Ganzauge sei schon von Kindheit an eine flapsige Persönlichkeit gewesen. Sie sei von geringem Lebensernst, zu echtem Mitleid nicht fähig. Echtes Mitleidsgefühl hätte sich als Sperrriegel gegen die Tötungen auswirken müssen. Insbesondere spreche auch die Vielzahl der Tötungen gegen ein Gefühl von Mitleid. Die Angeklagte habe vielmehr aus »momentanen Unlustgefühlen« heraus gehandelt. Typisch dafür sei ein Hinweis zu werten, dass sie ein Fußballspiel zu einem bestimmten Zeitpunkt habe sehen wollen, und um dabei nicht gestört zu werden, habe einer der ihr anvertrauten Patienten sterben müssen.

Mitleid scheide bei den Taten auch deshalb aus, weil es sich bei den Getöteten nicht um Schwerstkranke handelte, vielmehr seien es frisch operierte Patienten gewesen, die noch hätten weiterleben wollen. Nach der Operation hätten sie ausnahmslos hoffnungsvoll in die Zukunft geblickt. Und die Angeklagte habe selbstherrlich entschieden, wer weiterleben durfte und wer nicht. Für den Gutachter bleibt als Motiv allein die kritische Einstellung Bettina Ganzauges zur Reanimation. Sie allein habe entscheiden wollen, ob eine Operation noch sinnvoll war oder nicht. Wenn sie für sich zu der Überzeugung gekommen sei, eine Operation sei sinnlos, habe der Patient sterben müssen. So habe sie den Ärzten immer wieder im Nachhinein vor Augen geführt, dass ihr Entschluss zur Operation falsch gewesen sei. Dadurch habe sie den ärztlichen Aktivismus bremsen wollen. Alles dies sei Ausfluss der von ihr entwickelten Privatethik gewesen.

Tatsächlich erscheint das von Bettina Ganzauge behauptete Motiv Mitleid mit Schwerstkranken durchaus diskussionswürdig. Eines der Opfer war der Rentner Josef Schneider. Der 67-Jährige wurde nach einem Verkehrsunfall mit Rippenbrüchen und einer Gehirnerschütterung auf die Intensivstation gebracht. Außerdem trug der Patient einen Herzschrittmacher, der allerdings unbeschädigt geblieben war. Von Todesnähe oder Todessehnsucht des Patienten kann nicht die Rede sein, ihn als schwerstkrank zu bezeichnen, wäre wohl übertrieben. Und doch tötete Bettina Ganzauge den Mann. Aus Mitleid?

Ein anderer Fall: Helga Jessen wurde nach einem Oberschenkelhalsbruch ins Krankenhaus eingeliefert, erfolgreich operiert und zur Beobachtung auf die Intensivstation verlegt. Die 82-Jährige litt zudem infolge eines künstlichen Darmausgangs an einer Dauerblutung. Weil die Kreislaufverhältnisse stabil waren, sollte die ältere Dame auf die chirurgische Normalstation gebracht werden. Dazu kam es aber nicht, weil Bettina Ganzauge wieder einmal »eingriff« – sie hatte Nachtdienst und schon bei der Übergabe sagte sie voraus: »Bis Mitternacht gebe ich ihr noch« oder »Bis Mitternacht wird sie es wohl geschafft haben«. Von einer lebensbedrohlichen Situation der Patientin, einhergehend mit schlimmsten Schmerzen, kann auch in diesem Fall nicht gesprochen werden, die Blutdruckwerte waren im Normalbereich. Zu einem rapiden Blutdruckabfall kam es jedoch, nachdem Bettina Ganzauge der Patientin ein blutdrucksenkendes Mittel injiziert hatte. Die bedrohliche Blutdrucksituation wurde einer Kollegin von Bettina Ganzauge, die sich diesen Vorgang nicht erklären konnte und zunächst an einen Scherz der Angeklagten glaubte, lachend mitgeteilt. Als die zunächst ungläubige Kollegin die neuen Blutdruckwerte überprüft hatte und den Oberarzt rufen wollte, intervenierte die Angeklagte mit den Worten: »Wozu das noch, die stirbt sowieso.« Dennoch erfolgte der Alarmruf. Die wenigen Minuten bis zum Eintreffen des Oberarztes nutzte Bettina Ganzauge, um der Patientin eine unmittelbar tödlich wirkende Stoßinjektion Kaliumchlorid zu geben. In das Übergabebuch der Station schrieb sie, dass die übernehmende Kollegin doch »bitte öfter mal in der LH (gemeint ist die Leichenhalle, Anm. S. H.) nachsehen« solle, ob die Patientin »noch ruhig liegt«. Die Frau sei, notierte Bettina Ganzauge, »auf eigenen Wunsch um 22.18 Uhr dorthin verlegt« worden. Sie teilte auf diese Weise mit, dass sie die Patientin getötet hatte. Aus Mitleid? Wie ist die kaum zu überbietende Menschenverachtung zu erklären? Könnte sich so nicht auch ein Mensch gebärdet haben, der glaubte, selbstherrlich über den Tod anderer Menschen bestimmen zu können?

Während die Ankläger in diesem Verhalten den »nicht mehr zu überbietenden Zynismus« einer vollkommen abgestumpften Mörderin sehen, die sich mittels tödlich wirkender Spritzen lästige Patienten vom Halse schaffen wollte, haben die Hamburger Gutachter eine andere Erklärung: Diese flapsigen Sprüche seien nichts anderes als »Notsignale« gewesen, mit denen die Angeklagte andere ansprechen wollte, »damit man ihr hilft«.

Während die Staatsanwaltschaft unverdrossen an ihrer Heimtücke-Mordversion festhält und für »lebenslange Haft« plädiert, erwartet die Verteidigung »ein Urteil, mit dem man leben kann«. Die Angeklagte habe in sieben Fällen getötet, wird eingeräumt, in allen anderen Fällen der Anklage sei Bettina Ganzauge jedoch freizusprechen; sie sei nicht beteiligt gewesen, die in den Leichen nachgewiesenen Medikamente seien möglicherweise bereits lange vor dem Tod der Patienten bei anderer Gelegenheit verabreicht worden. Demzufolge sei eine »zeitlich befristete Strafe« angezeigt.

Nach 44 Sitzungstagen und neunmonatiger Verhandlungsdauer, in der 86 Zeugen und 12 Sachverständige auftraten, wird am 10. Januar 1989 das mit Spannung erwartete Urteil gesprochen. Bettina Ganzauge wird wegen Totschlags in fünf Fällen, und in jeweils einem Fall wegen Tötung auf Verlangen, fahrlässiger Tötung und versuchten Totschlags zu einer Gesamtfreiheitsstrafe von 11 Jahren verurteilt. Hinsichtlich des Heimtücke-Vorwurfs und neun anderer Tötungsdelikte, die ihr die Staatsanwaltschaft vorgehalten hatte, wird die Angeklagte freigesprochen.

Die meisten Prozessbeobachter reagieren mit Unverständnis, sind empört und quittieren das Urteil mit Buhrufen. »Dann kann die ja in drei Jahren die nächsten abspritzen«, ruft jemand. »Holen Sie die Toten aus der Erde raus und lassen Sie die reden«, schreit eine frustrierte Frau den Vorsitzenden an. Der reagiert jedoch besonnen und beginnt, als es im Saal wieder ruhiger wird, mit seiner Begründung. Ein »einmaliger, abnormer Prozess«, in dem Bettina Ganzauges persönliche Entwicklung und die äußeren Umstände im Krankenhaus zusammenwirkten, habe dazu geführt, dass die Krankenschwester »aus Mitleid« Patienten von ihren Leiden befreien wollte, die sie »durch ihr eigenes Leiden gesteigert« wahrnahm. Die Grenzen zwischen ihr und den Patienten hätten sich verwischt, sie habe »in Verblendung« über Leben und Tod entschieden und ohne Maß gehandelt. Deshalb, so der Vorsitzende, sei die Angeklagte »keine Mörderin«.

Und warum wurde Bettina Ganzauge in neun Fällen freigesprochen, obwohl doch in den toten Körpern der Opfer Clonidin gefunden worden war? Das Gericht, übrigens besetzt mit drei Männern, hielt die Daten der Krankengeschichten in diesen Fällen nur für bedingt beweisgeeignet, da sie lückenhaft waren. Bettina Ganzauge wurde demnach freigesprochen, wenn in den Leichen nur niedrige, also möglicherweise therapeutische Konzentrationen von Clonidin nachgewiesen werden konnten, obwohl der plötzlich eingetretene Tod weder durch das Ergebnis der Obduktion erklärbar noch eine Vergabe von Clonidin zu therapeutischen Zwecken festgehalten worden war. Weil aufgrund der Mängel in der Dokumentation nicht sicher feststellbar gewesen sei, ob der Tod tatsächlich unerwartet eingetreten war, und weil nicht bekannt gewesen sei, ob Clonidin tatsächlich durch Fäulnisprozesse in den Leichen abgebaut worden war, habe eine Überdosierung nicht sicher nachgewiesen werden können.

Die gegen Bettina Ganzauge verhängte, wohl schuldangemessene Strafe ist ein unbequemes, zum Nachdenken zwingendes Urteil. Zu Recht hat sich das Gericht ausführlich und intensiv auch mit den Arbeitsbedingungen der Täterin befasst. Es prangert nicht nur individuelles Fehlverhalten an, sondern auch gravierende und vermeidbare systemische Mängel, die gewiss tatbegünstigend gewesen sind. Das Urteil wirft auch die Frage auf, ob nicht die Gesellschaft den Tod verdrängt, ob sie nicht Leiden und Sterben auf die Ärzte und das Pflegepersonal in den Kliniken und Altenheimen achtlos abwälzt, ob nicht gehandelt werden muss, ob nicht Konsequenzen gezogen werden sollten.

Bettina Ganzauge gehört gewiss zu jenen Täterinnen, die ihre Last und Unlust wohl ohne Folgen für andere getragen hätte, wäre sie nicht in Umstände und Situationen geraten und an einen Ort, an dem ihr Leiden an sich selbst und ihre Unfähigkeit zur Selbstreflexion für sie unerträglich wurde. Hätte sie einen anderen Beruf ergriffen, oder wäre sie als Krankenschwester nur in einem anderen Bereich der Krankenpflege tätig geworden, vermutlich wäre sie niemals in Versuchung geraten und hätte keine tödliche Gefahr für andere Menschen dargestellt.

»Unter den Bedingungen der mitunter menschenfeindlichen, rationalisierenden Technisierung können Pflegekräfte und Ärzte, kann das System der sozialen Maschine Krankenhaus seinem humanitären Auftrag vielfach nicht mehr gerecht werden. Es ist damit schlicht und einfach überfordert.« Diese bemerkenswerten Schlussfolgerungen stammen von Herbert Maisch, einem über die Grenzen Deutschlands hinaus geschätzten Psychologen und Gerichtsgutachter, der nach eigenen wissenschaftlichen Untersuchungen die Rahmenbedingungen für den seriellen Patientenmord zusammenfasste, dessen Opfer fast ausschließlich ältere, chronisch kranke Patienten und pflegebedürftige Heimbewohner sind.

War das Phänomen der Patiententötung bis Anfang der 70er Jahre des 20. Jahrhunderts nahezu unbekannt, werden mittlerweile weltweit pro Jahr etwa ein Dutzend Serienmörder »in

Weiß« entlarvt, einige davon auch in Deutschland. Tendenz steigend. In etwa der Hälfte der Fälle sind es Frauen, die in ihren Berufen als Krankenschwestern oder Altenpflegerinnen versagen, jedes Maß verlieren und Menschen töten, die ihnen anvertraut werden und hilfsbedürftig sind. Einer der spektakulärsten Fälle der jüngeren Zeit ereignete sich im Altenheim »Limbachstift« in Wachtberg, einem knapp 20.000 Einwohner zählenden Städtchen nahe Bonn, unweit der Grenze zu Rheinland-Pfalz. Die verbrecherischen Vorkommnisse dort stehen stellvertretend für die Masse der Taten und das schwer zu durchschauende Verhältnis der Täterinnen zu ihren Opfern, das eigentlich geprägt sein sollte von der Fürsorge des Pflegenden und dem Vertrauen des Gepflegten.

Im Zeitraum zwischen November 2003 und April 2005 tötete die Altenpflegerin Janina Koch während ihrer Dienstzeit neun Heimbewohnerinnen im Alter von 79 bis 93 Jahren – die Opfer wurden mit Kissen, Handtüchern oder Waschlappen erstickt. In einem weiteren Fall half die damals 27-Jährige einer nach Luft ringenden Patienten nicht und ließ sie sterben. Nach Auffassung des Bonner Landgerichts tötete die Pflegerin vier der Seniorinnen, weil sie in der Betreuung lästig geworden oder ihren Anweisungen nicht gefolgt waren. In anderen Fällen soll Janina Koch den Sterbeprozess der Schwerstpflegebedürftigen abgekürzt haben. Nur einmal habe eine Heimbewohnerin tatsächlich darum gebeten, von ihrem Brustkrebsleiden erlöst zu werden.

Die meisten Täterinnen sind ausgesprochen unsichere Personen. Bewusst haben sie einen Beruf im Gesundheitswesen gewählt, weil sie sich dort Dankbarkeit und Anerkennung erhoffen, insbesondere von jenen Menschen, die sie zu betreuen oder zu pflegen haben. Bleibt dann aber diese positive Rückmeldung aus, etwa weil der Gesundheitszustand der Patienten nicht zu bessern ist oder weil diese mitunter gleichgültig oder sogar aggressiv reagieren, und kommen ungelöste private und berufliche Konflikte hinzu, kann dies schließlich in eine körperliche und seelische Überforderungssituation hineinführen – es wird nicht mehr zwischen dem eigenen Leiden und dem der Patienten unterschieden: Der Patient ist Ich. Die Täter sehen dann in den Patienten die vermeintliche Ursache für die eigene desolate Lebenssituation und töten sie in dem Glauben, auf diese Weise ihr eigenes Leiden beenden zu können.

So könnte es auch bei Bettina Ganzauge gewesen sein. Sie litt besonders unter der beruflichen Demontage und Entidealisierung ihrer Vorgesetzten, der nicht ohne Grund nachgesagt wurde, alkoholabhängig und tablettensüchtig zu sein. »Plötzlich habe ich gesehen, die Chefin ist ja auch nur ein Mensch«, sagte sie desillusioniert vor Gericht. Bettina Ganzauge, ohnehin schon seelisch schwer belastet, verstrickte sich zusehends in einer vornehmlich beruflichen Stresssituation, in der sie schließlich nicht mehr zwischen dem Leid der Patienten und ihrem eigenen unterscheiden konnte. Ihr gelang es offenbar nicht mehr, sich zu distanzieren und abzugrenzen. Um sich selbst zu entlasten und stabil zu halten, projizierte sie das eigene Leiden auf das der Patienten. Das von ihr behauptete Motiv der Sterbehilfe erscheint insofern fragwürdig. Vielmehr drängt sich der Verdacht auf, diese Taten könnten in erster Linie aus Selbstmitleid passiert sein.

Fast alle »Todesengel« sprechen in ihren polizeilichen Vernehmungen oder vor Gericht von eben diesem diffusen Mitleid mit den Pflegebedürftigen, wenn sie nach einem Motiv für die Tötungen gefragt werden. Allerdings würde dies eine tiefergehende emotionale Beziehung zwischen Täterin und Opfer voraussetzen, die jedoch in den meisten Fällen gar nicht existiert. Auch Bettina Ganzauge tötete Menschen, die sie nicht näher kannte, die erst kurz oder seit einigen Tagen auf der Intensivstation lagen. Und nur wenige Patienten bitten tatsächlich und ausdrücklich um Sterbehilfe. Das Tatmotiv ist sicherlich in der Person der Täterin zu suchen, das tatauslösende Moment indes in der Befindlichkeit des Patienten, seiner eingeschränkten Lebenstüchtigkeit, seiner Gebrechlichkeit. Erst wenn die Täterin in diesem Sinne auf das Opfer überempfindlich und negativ reagiert, nimmt das Drama seinen Lauf. In vielen Fällen wird im Nachhinein über Verhaltensweisen der Täterinnen vor ihrem mörderischen Tun berichtet, die als Frühwarnzeichen für drohende Patiententötungen gelten dürfen: Die Pflegebedürftigen werden angeherrscht, beschimpft, verunglimpft oder geschlagen. Und irgendwann getötet.

Aus gutem Grund sind es in vielen Fällen Krankenschwestern und Pflegerinnen einer Intensivstation, die Patienten in Serie töten. Die surreale Szenerie solcher Lebenserhaltungseinrichtungen, noch vor vier Jahrzehnten in nur wenigen medizinischen Hochburgen zu finden, erzeugt im verzweifelten Abwehrkampf gegen den Tod ein fremdartiges Klima von höchster innerer wie äußerer Anspannung und Alarmbereitschaft. Die amerikanischen Mediziner Donald Hay und Donald Oken beschrieben bereits 1972 in einem Fachaufsatz sehr eindrucksvoll die emotionsgeladenen Sinneseindrücke, denen sich die Hightech-Lebensretter permanent ausgesetzt sehen, und verglichen eine Intensivstation mit »einem militärischen Befehlsstand während einer Krisensituation«. Und sie schrieben: »Hoffnungslos Kranke, verletzte, verstümmelte Menschen liegen da. Das Röcheln der Sterbenden mischt sich mit Geräuschen der Maschinen. Der Anblick von Blut, Erbrochenem und Exkrementen attackiert die Sinne, von unverhüllt liegenden Genitalien und hilflos dahindämmernden Körpern, halbnackt und entstellt durch Schläuche und Verbände – ein Anblick, der das fundamentale Selbstverständnis von menschlicher Integrität verletzt.« Tatsächlich drängt sich hier und da der Eindruck auf, als würde bei Intensivbehandlungen nicht das Leben, sondern das Sterben verlängert, als solle der Tod abgeschafft werden.

Die Täterin hat den Tod ständig vor Augen: dagegen ankämpfend, mit sich selbst ringend, den Sinn von bisweilen als menschenunwürdig wahrgenommenen Lebenserhaltungsmaßnahmen anzweifelnd, dem eigenen Gewissen regelmäßig Rechenschaft ablegend, den Tod von Menschen überwindend, die eigene seelische Erschöpfung missachtend. Solche belastenden Arbeitsbedingungen können auch den Stabilsten und Geschicktesten mürbe machen, in einen Zustand körperlicher und emotionaler Erschöpfung münden. Zunächst sind es nur Müdigkeit, Ausgelaugtheit und Reizbarkeit, dann Depressionen, Selbstzweifel und innere Verrohung. Es wird für die Patienten aber immer erst dann lebensbedrohlich, wenn diese Probleme und Nöte von der häufig biografisch vorbelasteten Täterin beiseitegeschoben und missachtet werden. Wehe den Patienten, wenn dann kein Ventil vorhanden ist, Verdrängungsmechanismen versagen und die Flucht aus dem Beruf nicht möglich erscheint. Dann wird die Realität zum Zerrbild, überlagert von ausgeprägtem Surrealismus: Sowohl das Leid der Patienten als auch sie selbst wirken auf die Täterin verstörend. Schließlich der vorsätzlich herbeigeführte Tod, die vermeintliche Erlösung – bis zum nächsten Mal, zum nächsten Patienten, der stellvertretend für das Leiden der Täterin steht und dafür herhalten muss. Letale Spritzen als radikale Form der Abwehr von tiefsitzender Angst und fortwährender Überforderung – ein Teufelskreis, aus dem sich die Täterin allein nicht befreien kann.

Sicher trifft die Täterinnen ein hohes Maß an individueller Schuld, denn niemand zeigt mit dem Finger auf einen Patienten, den es zu töten gilt, und niemand führt ihnen die Hand, wenn sie tödliche Spritzen setzen oder Überdosen von Medikamenten verabreichen. Doch solche Dramen können nur dann ihre unheilvolle Dynamik entwickeln und in Patiententötungen münden, wenn die dringend hilfsbedürftigen Helferinnen sich in ihrem Elend selbst überlassen bleiben und niemand da ist, der ihre Hilferufe und Warnzeichen aufnimmt und reagiert, folgerichtig und rechtzeitig. Bei Bettina Ganzauge fiel wohl auf, dass etwa drei Viertel der Patienten auf der Intensivstation während ihrer Dienstzeit starben – ein alarmierender Wert, der nicht auf bloßen Zufälligkeiten beruhen konnte –, und ihre Kollegen nannten sie bezeichnenderweise auch noch den »Todesengel«. Ganz ohne Argwohn? Ohne die Spur eines Verdachts? Und warum reagierte die »Chefin« nicht?

Auf die moralische Anklagebank gehören also alle Ärzte und Kollegen der Täterinnen, die den sichtbar und merklich überforderten Krankenschwestern und Pflegerinnen nicht geholfen haben, Konflikte zu lösen und Ängste zu beseitigen. Auf die moralische Anklagebank gehört aber auch eine Sozialgemeinschaft, die zulässt, dass gerade das Personal von Intensivstationen oder Pflegeheimen mit Aufgaben und Patienten überfrachtet und vielerorts überfordert wird. Nicht mehr die Pflegerinnen und Patienten stehen im Vordergrund, sondern ein kaltes System, das um jeden Preis am Leben erhalten werden soll. So gesehen ist es immer nur eine Frage der Zeit und der besonderen Umstände, bis wieder einmal eine Frau auch Opfer dieses seelenlosen Systems und zur Täterin wird.

6. Folie à deux

»Es ist gar nicht so einfach, so etwas zu machen.
So abgebrüht bin ich nicht.
Ich kann nicht mal ein Tier schlachten.
Thomas sagte aber immer wieder:
›Mach! Mach! Jetzt mach doch endlich!‹«

»Wir sind gegen Mittag am Hauptbahnhof in Köln angekommen. Nachdem wir den Zug verlassen hatten, haben wir unser Gepäck in Schließfächern eingeschlossen. Danach sind wir so in der Stadt rumgelaufen und haben erst mal Kaffee getrunken. Wir mussten nämlich überlegen, wie es weitergeht und was wir machen. Wir sprachen darüber, dass wir von Köln irgendwie weiterkommen mussten. Bei den Gesprächen über unsere weitere Flucht konnte ich eigentlich selbst nicht viel mitreden. Thomas machte den Vorschlag, zunächst mal über die Grenze aus Deutschland zu verschwinden. Da der Ümit und ich uns nirgendwo richtig auskannten, beschlossen wir wieder auf Vorschlag von Thomas, nach Luxemburg oder Frankreich abzuhauen.«

Das ungleiche Trio hat auch allen Grund dazu: In den beiden Tagen zuvor, am 16. und 17. März 1994, haben sie zwei Rentner ermordet, den einen, Horst Bertram, 64, in Braunschweig, und den 69-jährigen Udo Horstehmke in Wolfsburg, jeweils in den Wohnungen der Opfer.

»Ich muss sagen, dass ich in Köln schon ganz schön durcheinander war, weil ich die Sachen von Braunschweig und Wolfsburg noch vor Augen hatte. Deshalb hatte ich eigentlich vorgehabt, nach Hamburg zurückzufahren. Ich hatte Angst, dass ich die Flucht nicht durchstehen würde. Ich wollte mit Thomas auch darüber sprechen, der hat aber nur gesagt: ›Du kannst nicht mehr zurück, die schnappen dich in Hamburg. Wir drei haben das zusammen gemacht und bleiben jetzt auch zusammen.«

Katja Jöring kennt Thomas Fechner seit genau 15 Tagen. Sie sind sich zufällig in einer Kneipe begegnet, haben Gefallen aneinander gefunden, schlafen miteinander, vagabundieren gemeinsam durchs Leben. Die 25-jährige Gelegenheitsprostituierte, geschieden, arbeitslos und ohne feste Bleibe, schätzt an ihrem Freund dessen Durchsetzungsvermögen, seine geistige Überlegenheit, er ist zärtlich und rücksichtsvoll zu ihr. Sie ist ihm nicht hörig, aber sie hört auf ihn.

»Auf der einen Seite hatte er auch recht. Er hat auch gesagt: ›Du hast jetzt sowieso nichts mehr zu verlieren.‹ Das stimmte ja auch. Er hat mich dann überzeugt, dass wir drei zusammenbleiben müssten, weil wir alle Sachen zusammen gemacht hätten. Ich glaube, er hatte auch Angst, dass ich bei einer Festnahme in Hamburg seinen Namen angegeben hätte. Ich hatte ihm aber auch nach der Tat in Wolfsburg versichert, dass ich ihn und Ümit niemals verraten würde. Er sagte, darum ginge es gar nicht. Ich sei so sensibel und würde bestimmt irgendwann mit jemandem darüber sprechen, vielleicht auch, wenn ich mal Alkohol getrunken hätte. Also beschlossen wir, zusammenzubleiben, um zu versuchen, ins Ausland zu kommen. Das größte Problem war für uns jedoch, dass wir nicht wussten, wie wir weiterkommen sollten. Ich weiß nicht mehr, wie viel Geld wir noch hatten, denn unser ganzes Geld hatte immer der Thomas. Warum, weiß ich auch nicht.«

Thomas Fechner ist der Anführer der Gruppe. Der 36-jährige gelernte Bahnschaffner ist seinen Kumpanen verbal, körperlich und intellektuell überlegen. Er überzeugt nicht mit Drohungen oder Schlägen, sondern mit Worten. Der drahtige 1,90-Meter-Hüne ist, nachdem er vor einigen Jahren nach einem Streit versucht hatte, seine damalige Frau zu töten, auf die schiefe Bahn geraten – in immer kürzer werdenden Abständen verbüßte er immer länger werdende Haftstrafen, meistens wegen Eigentumsdelikten. Er arbeitet mittlerweile auch nicht mehr und lebt von 457 Mark Sozialhilfe, 163 Mark Kleidergeld und Gaunereien oder Einbrüchen.

»Unser Geld hätte vielleicht noch für zwei Tage gereicht. Thomas und Ümit sagten deshalb, dass wir unbedingt ein Auto bräuchten. Thomas sagte, dass es flachfiele, ein Auto zu knacken, das sei zu gefährlich und zu schwierig. Es war dann so, dass beide sich darauf einigten, irgendeinen Parkplatz zu suchen, wo Leute in Autos einsteigen. Dort wollten wir den Fahrer eines Autos zwingen, im Auto zu bleiben, und wollten dann mit dieser Person und ihrem Auto losfahren. Die betreffende Person sollte später irgendwo rausgelassen werden. Wir wollten diese Person unbedingt mitnehmen, weil sonst die Gefahr bestanden hätte, dass derjenige die Polizei alarmiert. Deshalb sollte die Person später rausgelassen werden, wo auf jeden Fall in der Nähe so schnell kein Telefon zu erreichen gewesen wäre. Darüber waren wir uns alle einig.«

Während Thomas Fechner und Katja Jöring es für ratsam halten, einen Mann in dessen Auto zu entführen, weil sie befürchten, gerade Frauen könnten in einer solchen Situation hysterisch reagieren, und beide sich außerstande sehen, eine Frau notfalls zu töten, erklärt Ümit Karan spontan, er sei wohl dazu fähig, nur dürfe es kein junges Mädchen sein.

Der 18-jährige deutschstämmige Türke mit den langen und lockigen schwarzen Haaren hat Thomas Fechner und Katja Jöring in einem heruntergekommenen Hotel in Braunschweig kennengelernt, in dem alle vom Sozialamt untergebracht wurden. Der pure Zufall hat sie zusammengeführt. Ümit Karan, kleinwüchsig und schmächtig, hat keinen Beruf erlernt, arbeitet auch nicht, dafür bricht er regelmäßig in Geschäfte und Hotels ein oder stellt älteren Damen nach, um ihnen die Handtasche zu rauben. Der intellektuell minderbegabte Gewohnheitsverbrecher, der viele Jahre am Rand der Gesellschaft gelebt und kaum Beachtung gefunden hat, ist froh, wenigstens für eine Zeit mit Gleichgesinnten zusammen sein zu können.

Der Nachmittag wird gemeinsam in der Kölner Innenstadt verbummelt. Thomas Fechner kauft seiner Freundin ein Halstuch, man trinkt reichlich Bier, geht in eine Spielhalle, ins Kino. Über die Morde wird nicht gesprochen. Aber allen ist bewusst, dass sie ihren Fluchtplan weiterverfolgen müssen, sobald sich eine Möglichkeit ergibt.

»Ümit und ich kannten uns in Köln überhaupt nicht aus. Aber Thomas wusste wohl, wo Parkplätze sind. So kamen wir schließlich gegen 18.30 Uhr zu einem Krankenhausparkplatz. Dass es ein Krankenhaus war, konnte man an den Krankenwagen erkennen, die da herumstanden. Dort haben wir auf eine geeignete Person gewartet.«

Es vergeht eine Zeit, doch es ergibt sich keine Gelegenheit, eine Frau ungesehen und unbemerkt zu überwältigen. Nach knapp einer Stunde schlägt Thomas Fechner vor, in das angrenzende Waldstück zu gehen, vielleicht stößt man dort auf ein Liebespärchen, das sich in einem Auto vergnügt. Und tatsächlich: Am Rand einer Lichtung steht etwas abseits ein Opel Diplomat, zu erkennen sind ein Mann und eine Frau, die sich umarmen und schmusen. Thomas Fechner zückt kurzentschlossen seinen Revolver und gibt Ümit Karan ein Zeichen. Der versteht sofort, und die Männer beginnen, sich anzuschleichen. Katja Jöring bleibt zurück. Männersache. Als es nur noch wenige Meter bis zu dem Wagen sind, bemerkt Thomas Fechner plötzlich eine Gruppe von Radfahrern, die ihnen entgegenkommt. Geordneter Rückzug, die Sache ist zu riskant, man könnte gesehen werden. Die verhinderten Carjacker gehen zurück zum Parkplatz der Städtischen Kliniken Nord, vielleicht klappt es ja dort.

»Kurz vor 20 Uhr war es dann so weit. Eine Frau ging alleine auf ein Auto zu. Ümit sagte, dass es die richtige Situation sei. Die Frau hatte sich bereits in ihr Auto gesetzt und die Fahrertür geschlossen. Es war ein grüner Opel Kadett. Das Auto hatte eine Kölner Nummer.«

Martina Busse kommt gerade von der Spätschicht. Die 36-jährige Krankenschwester arbeitet auf Station 29, der Gefäßchirurgie des nur 200 Meter entfernten Krankenhauses.

»Die hatte also ihre Fahrertür zugemacht. Ümit ging auf das Auto zu und machte der Frau Zeichen, als wenn mit ihrem Hinterrad etwas nicht in Ordnung wäre. Da hat die Frau die Tür aufgemacht. Ümit hat ihr sofort das Messer vor den Körper gehalten, da fing die Frau auch schon an zu schreien: ›Was wollt ihr von mir?‹ Dann hat sie nur noch laut rumgeschrien. Thomas kam hinzu und hat auch sofort mit angefasst. Ich war inzwischen auf die Beifahrertür zugelaufen. Die Tür war unverriegelt, ich habe sie aufgezogen, bin hinten eingestiegen und auf den Sitz hinter dem Fahrer gerutscht. Die Frau lag zu diesem Zeitpunkt zur Beifahrertür hin auf den Vordersitzen und Thomas und Ümit versuchten, sie auf die Rückbank zu bekommen.«

Die Männer haben mit derart heftiger Gegenwehr nicht gerechnet. Martina Busse wehrt sich nach Kräften, tritt, schlägt, kratzt, beißt, schreit.

»Sie hat sich unheimlich stark gewehrt. Dem Thomas und dem Ümit gelang es dann aber unter großer Kraftanstrengung, die Frau zu mir auf die Rückbank zu schieben. Sie war voller Blut. Der Ümit hatte ihr mehrfach mit dem Knauf seines Messers auf den Kopf geschlagen, und zwar mit voller Wucht. Ich war dann auch voll mit ihrem Blut. Obwohl die Frau inzwischen hinten im Auto war, hörte sie nicht auf, sich zu wehren. Sie versuchte immer wieder, nach vorne zu kommen und strampelte, versuchte auch, nach dem Revolver zu greifen. Thomas und Ümit riefen mir zu, dass ich sie doch endlich festhalten sollte. Ich ergriff daraufhin ihre Handgelenke und hielt sie fest.«

Bei diesem Gerangel gerät das Messer von Ümit Karan unbemerkt unter den Fahrersitz. Thomas Fechner wird von Martina Busse in den Daumen gebissen und im Gesicht gekratzt. Die Frau selber hat eine blutende Platzwunde an der Stirn, das linke Auge ist stark angeschwollen, sie blutet aus dem Mund.

»Ich habe ihr auch ein paarmal ins Gesicht gehauen. Die Frau jammerte die ganze Zeit so, das ging mir mächtig auf den Geist und machte uns alle nervös. Ich habe sie dann auch mal angeschrien, sie solle doch endlich mit dem Gejammer aufhören.

Ümit fuhr dann los. Bei der wilden Fahrerei verlor ich vollkommen die Orientierung. Ich weiß nur noch, dass wir über die Autobahn fuhren und diese irgendwo verlassen haben. Der Ümit ist nicht die ganze Zeit gefahren. Wir haben unterwegs angehalten, und die beiden haben die Plätze getauscht. Unterwegs habe ich die Frau losgelassen und ihr sogar mit einem Taschentuch das Blut abgewischt. Sie saß schließlich etwas ruhiger im Wagen und jammerte nur noch leise: ›Lasst mich doch raus.‹«

Als Martina Busse ihren Widerstand endgültig aufgibt, ändert Thomas Fechner prompt sein Verhalten, er versucht, die Frau zu beruhigen, bietet eine Zigarette an, fragt nach ihrem Vornamen. Martina Busse antwortet und versucht es mit einer List: Ihr Mann, sagt sie mit weinerlicher Stimme, sei erst vor vier Wochen an Krebs gestorben, sie habe drei kleine Kinder zu Hause, zwei, drei und fünf Jahre alt, die müssten doch versorgt werden, außer ihr sei niemand da, der das tun könne. Sie appelliert und fleht, sie doch laufen zu lassen, sie werde ihre Entführer auch nicht anzeigen. Thomas Fechner sagt darauf beschwichtigend, dass man es nur auf ihren Wagen abgesehen habe, sie müsse sich keine Sorgen machen, sie werde bald aussteigen können.

»Noch während der Fahrt beugte sich Ümit zum Thomas rüber, und beide fingen an, leise zu tuscheln. Weil ich nicht verstehen konnte, was gesagt wurde, beugte ich mich ein Stück nach vorne, um besser zuhören zu können. Dabei sah ich, dass der Ümit sein Messer, das er mittlerweile unter dem Sitz gefunden hatte, in der rechten Hand hielt. Mir war sofort klar, worüber die beiden gesprochen haben. Ich habe zwar nur gehört, wie der Thomas gesagt hat: ›Das kann ich nicht!‹, aber ich habe sofort gewusst, was die vorhatten: die Frau umbringen. Ich tippte dem Thomas auf die Schulter, worauf sich beide kurz zu mir wandten. Als sie mich ansahen, schüttelte ich nur kurz mit dem Kopf und sagte: ›Nein, nicht!‹ Beide haben überhaupt nicht darauf reagiert, und wir fuhren weiter. Ich habe auch nichts weiter gesagt, es hätte ja sowieso keinen Wert gehabt.

Es kann sein, dass sie es mitbekommen hat, aber man hat es ihr nicht direkt angemerkt. Also, ich glaube, wenn ich in ihrer Situation gewesen wäre, ich hätte das schon gemerkt. Sie hat nur noch einmal gesagt: ›Lasst mich doch raus!‹ Aber keiner von uns hat darauf geantwortet. Wir fuhren dann weiter, bis wir schließlich an diesem Waldstück ankamen und hielten.«

Thomas Fechner ist mit dem Wagen auf einen unbefestigten Wirtschaftsweg abgebogen. Während sich links in Fahrtrichtung ein Waldstück anschließt, liegen rechts Acker- und Wiesenflächen. In einiger Entfernung sind trotz der Dunkelheit einige Bauernhäuser zu erkennen.

»Thomas und Ümit verließen den Wagen. Sie hatten das Licht des Autos ausgeschaltet und die Türen hinter sich zugemacht. Ich sah, wie die beiden hinter das Auto gingen und sich unterhielten. Ich hatte auch gesehen, dass Ümit beim Aussteigen das Messer mitgenommen hatte. Mir war klar, dass jetzt etwas passieren würde.«

Katja Jöring steigt auch aus. Es ist jetzt etwa 21.30 Uhr und stockdunkel. Leichter Nieselregen setzt ein. Die Gruppe postiert sich am Heck des Wagens, alle rauchen, diskutieren lebhaft, was weiter geschehen soll. Thomas Fechner will das Opfer im Wald aussetzen. Um zu verhindern, dass die Frau um Hilfe ruft, will er ihr einige Schläge in den Nacken und in den Magen geben, bis sie bewusstlos wird. Das müsste ausreichen, um genügend Zeit zur Flucht zu haben, sagt er. Ümit Karan und Katja Jöring sind da anderer Meinung. Sie sehen in Martina Busse eine ernsthafte Bedrohung, ein unkalkulierbares Sicherheitsrisiko. Wieder wird das weitere Vorgehen erörtert. Dann fällt die Entscheidung. Einstimmig.

»Die Frau sollte umgebracht werden. Deshalb musste ich auch weinen, als die Martina meine Hand ergriff und mir sagte: ›Darf ich jetzt raus?‹ Sie hat auch etwas vor sich hin geweint. Ich ergriff ihre Hände, und wir weinten beide. Ich weiß nicht, wer sich schlechter gefühlt hat von uns beiden. Die Martina war wohl fest davon überzeugt, dass sie wirklich gehen darf. Sie hat überhaupt nicht damit gerechnet, dass sie umgebracht wird. Sie fragte mich sogar noch, ob sie ihren Schirm mitnehmen dürfe, der hinten auf der Hutablage lag. Sie wollte auch ihre Tasche mitnehmen, die bis dahin vor dem Beifahrersitz auf dem Boden lag.«

Aus Sicht der Täter gibt es zwingende Gründe, Martina Busse umzubringen: Das Auto wird für die weitere Flucht ins Ausland dringend benötigt; genügend Geld für weitere Fahrten mit der Bundesbahn besitzt die Bande nicht, die Beute bei den Morden sind nur einige Hundert Mark gewesen; und Martina Busse könnte die Täter später identifizieren – die sich daraus ergebende Konsequenz bei drei Kapitalverbrechen wäre: Lebenslänglich.

»Ich bin mir nicht mehr ganz sicher, aber ich meine, es war der Thomas, der die Beifahrertür öffnete. Er sagte zu der Frau: ›Du kannst jetzt gehen.‹ Martina stieg aus und bekam ihre Tasche. Sie ging, begleitet von Thomas und Ümit ein paar Schritte in Richtung Wald. Ich stieg auch aus und ging hinterher, weil ich dabei sein wollte.

Thomas und Ümit packten die Frau an den Oberarmen und schoben sie weiter. Es war zwar schon dunkel, aber ich konnte deutlich die Klinge in Ümits Hand aufblitzen sehen. Auch Martina muss das gesehen haben, denn sie sagte noch halb weinerlich: ›Bitte kein Messer.‹ Die beiden haben darauf nichts gesagt. Ich wusste genau, dass die Frau jetzt umgebracht werden würde.«

Plötzlich beginnt Martina Busse zu schreien, sie ahnt wohl, was nun folgen soll. Denn wenn man die Geisel nur freilassen will, muss man sie nicht noch an den Oberarmen festhalten und in Richtung des Waldes drängen. Thomas Fechner reagiert auf die Hilferufe blitzschnell, er hält Martina Busse mit der linken Hand den Mund zu und umfasst mit der anderen Hand den Arm der Frau noch fester, um sie besser festhalten zu können und eine Flucht unmöglich zu machen.

»Thomas stand mit dem Rücken zu den Feldern, Martina wandte ihm den Rücken zu. Thomas hielt sie mit beiden Händen an ihren leicht nach hinten gezogenen Oberarmen zurück. Ümit stand der Martina Auge in Auge gegenüber, und ich sah, dass er ruckartig mit seiner Hand auf den Oberkörper der Martina zustieß. Die Frau schrie einmal laut auf, bevor Ümit das erste Mal zustach. Sie schrie laut: ›Aaah!‹«

Nach dem zweiten Stich sackt Martina Busse zusammen und lässt die Tasche fallen. Um den Tod der Frau ganz sicher zu machen, hält Thomas Fechner sie weiter fest, damit Ümit Karan erneut zustechen kann. Als die Frau fünf wuchtige Stiche in Brust und Bauch erhalten hat, lässt Thomas Fechner das Opfer los. Martina Busse fällt tödlich verletzt seitlich nach rechts auf den Rücken. Später werden Rechtsmediziner feststellen, dass das Herz des Opfers einmal komplett durchstoßen wird, die Leber zudem dreifach, auch werden beide Lungen verletzt. Der Tod tritt durch Verbluten ein, das Herz schlägt sich binnen weniger Sekunden leer.

»Die Frau wurde dann in den Wald gezogen. Die beiden kamen schnell zurück. Ich war völlig fertig mit den Nerven. Thomas setzte sich ans Steuer, Ümit auf den Beifahrersitz. Es wurde kaum gesprochen. Wir fuhren sofort los.«

Doch das Mörder-Trio kommt nicht weit. Am Grenzübergang »Goldene Bremm« nahe Saarbrücken werden sie kontrolliert und nach einem kurzen Schusswechsel, bei dem niemand verletzt wird, festgenommen. Die Tour de Mord ist zu Ende.

Katja Jöring wird ein halbes Jahr später wegen dreifachen gemeinschaftlich verübten Raubmordes zu lebenslanger Haft verurteilt, wie ihre Mittäter auch. Sie war nicht nur an der Planung der Taten beteiligt, sondern auch an der unmittelbaren Ausführung. »Die beiden kamen aus dem Bad heraus, und plötzlich hörten wir, dass der Mann noch röchelte«, schilderte sie der Kripo beispielsweise ihre Beteiligung an dem Mord an Horst Bertram, dem 64-jährigen Rentner aus Braunschweig. »Der Thomas ging zu der Schublade und holte das Messer. Wir hatten vorher kurz darüber gesprochen, dass der Mann nicht überleben durfte. Ich war ja früher mal mit dem zusammen, der kannte mich. Der hätte meinen Namen der Polizei verraten. Dann hätte die Polizei sehr wahrscheinlich auch die beiden anderen gehabt. Als wir beschlossen, dass der Mann nicht überleben durfte, war mir das eigentlich nicht recht. Aber dann kamen die Panik und die Angst davor, erwischt zu werden. Wenn ich mir das heute überlege, dann hätte die Strafe gar nicht so hoch ausfallen können. Aber in dem Moment, als es so weit war, war ich in Panik, da habe ich auch Angst vor der Polizei gehabt und mitgemacht.

Der Thomas ging mit mir ins Bad, nachdem er das Messer geholt hatte. Er drückte mir das Messer in die Hand und sagte, dass ich jetzt auch was tun müsste. Er sagte wörtlich: ›Los, jetzt stech schon zu!‹ Ich zögerte. Ich richtete das Messer auf den Bauch des Mannes, zögerte aber immer noch. Es ist gar nicht so einfach, so etwas zu machen. So abgebrüht bin ich nicht. Ich kann nicht mal ein Tier schlachten. Thomas sagte aber immer wieder: ›Mach! Mach! Jetzt mach doch endlich!‹ Ich kann nicht mal genau sagen, wohin ich gestochen habe. Irgendwo in den Bauch des Mannes, der auf dem Rücken in der Wanne lag. Ich habe meinen Kopf dabei halb zur Seite gedreht und danach dem Thomas das Messer sofort zurückgegeben. Dann hat er noch mal gestochen. Er sagte mir, er hätte das Messer immer so halb umgedreht, wenn es im Bauch des Mannes steckte. Ich habe nicht gefragt, warum er das noch gedreht hat. So genau wollte ich das gar nicht wissen.«

Während die meisten Serienmörder aus zerrütteten Familienverbänden kommen, liegen die Dinge bei Täterinnen anders: In knapp 70 Prozent der Fälle wird das Eltern-Kind-Verhältnis als weitestgehend harmonisch beschrieben. Katja Jöring ist da zunächst einmal keine Ausnahme.

»Ich wurde als drittes Kind meiner Eltern in Frankfurt am Main geboren. Ich habe noch eine Schwester und einen Bruder. Mein Vater betrieb zusammen mit meinem Onkel einen Gemischtwarenhandel. Bei Bedarf arbeitete auch meine Mutter mit, aber sie hatte eigentlich immer genug Zeit für Haushalt und Familie. Finanzielle Sorgen hatten wir nicht. Meine Kindheit habe ich eigentlich schön verlebt. Solange meine Eltern zusammen waren, verstand ich mich mit ihnen und meinen Geschwistern gut. Ich besuchte die Volksschule ohne Schwierigkeiten bis zur 9. Klasse. Meine Leistungen waren durchschnittlich. Ich glaube nicht, dass ich große Erziehungsschwierigkeiten bereitete. Ich hatte wohl immer schon einen Dickkopf. Meine Mutter konnte sich mir gegenüber aber auch durchsetzen, mein Vater hat nicht so viel gesagt. Übermäßig geschlagen wurde ich nie, ab und zu habe ich mal eine Ohrfeige oder ein paar auf den Hintern bekommen. Bis ich 13, 14 Jahre war, hatte ich also eine glückliche Kindheit.«

Erste tiefgreifende Belastungen erfährt Katja, als ihr Vater im Jahre 1978 die Familie verlässt, Knall auf Fall, wegen einer anderen Frau. Katja ist schockiert, zumal eine weitere enge Bezugsperson die Familie verlässt – die ältere Schwester zieht aus. Der Kontakt zum Vater wird beibehalten, bleibt aber eher flüchtig und oberflächlich. Ein Jahr später findet ihre Mutter einen neuen Partner und heiratet.

»Mit diesem Mann kam ich nicht gut zurecht. Er wollte immer seinen Willen durchsetzen, und ich wollte mir von ihm nichts sagen lassen. Außerdem trank er oft Alkohol. Seine Familie hatte nicht gerade den besten Ruf, und ich war der Meinung, dass das nicht der richtige Umgang für meine Mutter war. Aber als Kind hatte ich ja nichts zu melden. Von diesem Kerl habe ich mal ein paar auf die Backe gekriegt, ansonsten hat er mich mit Schlägen nicht gestraft.«

Nach Beendigung der Schule will Katja Säuglingsschwester werden. Sie besucht die Haushaltsschule eines katholischen Ordens und eine Berufsschule. Doch die Sache geht schief. Katja will sich den strengen Regeln des Ordens nicht unterwerfen, obendrein plagt sie Heimweh. Sie kehrt nach zehn Monaten zu ihrer Mutter zurück. Ab dieser Zeit arbeitet sie als Haushaltshilfe bei einer Familie mit vier Kindern und als Schwesternschülerin in einem Krankenhaus. Dann lernt sie einen Mann kennen und beginnt eine Beziehung, erstmals auch auf sexueller Ebene.

»Kurz nachdem ich 18 Jahre alt geworden war, haben wir geheiratet. Mein Mann war 22 Jahre alt und arbeitete im Versand, ich war zu dieser Zeit Kassiererin in einem Supermarkt. Wir kannten uns vor der Heirat ein Jahr und drei Monate und heirateten im Juli 1986. Genau zwei Jahre später zog ich aus, und im Oktober ließen wir uns scheiden. Ich hatte zu ihm gesagt, dass ich nicht mehr wollte. Wir hatten uns in den letzten Monaten oft gestritten. Das kam daher, dass seine Mutter, in deren Haus wir eine Wohnung hatten, sich dauernd in unsere Angelegenheiten einmischte und er sich nicht durchsetzte. Ich wollte nichts sagen, und er war ein Trottel, zu lasch, ein richtiger Hampelmann. Er hat sich alles sagen lassen, von der Mutter und auch von mir. Mit so einem Mann kann ich nichts anfangen, der sich von einer Frau alles sagen lässt.«

Nach der Scheidung beginnt der soziale Abstieg, ganz allmählich. Katja Jöring zieht nach Neu Isenburg, lernt dort einen Taxifahrer kennen, kommt bei ihm unter und führt den Haushalt. Als der Mann seine Anstellung verliert, verschafft er seiner Freundin einen Job als Animiermädchen in einer Nachtbar für amerikanische Stationierungssoldaten.

»Ich habe zugestimmt, weil ich das Geld dringend brauchte. In den nächsten fünf Jahren habe ich in zwei Bars gearbeitet. Da bin ich prima klargekommen, ich habe ganz gut verdient. Manchmal war es mir aber auch zuwider, die viele Trinkerei war einfach nichts für mich. Als ich damit aufgehört habe, war ich noch ein halbes Jahr bei einem anderen Taxifahrer und habe von dessen Geld gelebt. Dann bin ich 1989 nach Mainz gegangen, ich wollte von vorn anfangen, also eine ganz normale Arbeit annehmen.«

In Mainz machte sie die Bekanntschaft eines 48-jährigen Mannes, der von Sozialhilfe lebt. Erstmals gerät sie an einen Menschen, gegen den sie machtlos ist, der sie unterjocht, missbraucht, schlägt. Als es ihr zu viel wird und sie auch die abnormen Sexualpraktiken des Mannes nicht mehr tolerieren will, flüchtet sie nach einem Handgemenge aus der Wohnung und lässt ihre persönliche Habe zurück. Nur weg!

Katja Jöring lernt wenig später in Frankfurt/Main einen 35 Jahre alten Mann kennen, der sein Geld als Kellner verdient. Sie darf bei ihm einziehen. Doch auch dieser anfangs nette Kerl entpuppt sich schnell als Trinker und Schläger. Als er ihr nahelegt, sie solle doch anschaffen gehen, bricht sie die Beziehung ab und nimmt sich ein möbliertes Zimmer, lebt von den letzten Ersparnissen. Der Kontakt zu ihrer Mutter besteht weiterhin, allerdings nur noch sporadisch.

»In Frankfurt bin ich bis 1991 geblieben. Dann bin ich nach Hamburg. Dort wollte ich eigentlich nur für ein bis zwei Wochen bleiben, weil ich von einer Freundin eingeladen worden war. Die hat mich am Bahnhof aber nicht abgeholt, da habe ich erst mal eine Stunde lang im Bahnhofsrestaurant gewartet. Und wie das so ist, ich wurde angesprochen. Ich habe damals sehr gut ausgesehen, Haare in Ordnung und all so was, nicht so wie heute.

Ich traf meine Freundin dann doch noch, blieb auch etwa zwei Wochen bei ihr. Am Abend vor meiner geplanten Abfahrt lernte ich meine Nummer eins in Hamburg kennen. Der Mann arbeitete als Polier auf dem Bau. Bei diesem Mann habe ich zwei Jahre gelebt. Er hat mich immer wieder geschlagen und auch getreten, das ging so weit, dass ich blutende Kopfverletzungen erlitt. Und im Bett hat er mich regelrecht gequält.

Ich bin ein paarmal abgehauen. Er hat mich aber immer gesucht und gefunden. Wenn er mich dann in einer Kneipe aufgegabelt hat, hat er mich vor allen Leuten an den Haaren rausgezogen und über die Straße geschleift. Jedes Mal, wenn ich versuchte abzuhauen, hat er richtig draufgekloppt. Wenn er die Wohnung verließ, hat er mich immer eingeschlossen. Ich war wie seine Sklavin. Der Mann hat mir damals mein Selbstvertrauen vollkommen genommen. Warum ich immer wieder mit ihm gegangen bin, weiß ich nicht, ich war gar nicht mehr ich selbst, hatte keinen eigenen Willen mehr.«

Irgendwann kann sie diesem Martyrium doch entfliehen und kommt vom Regen in die Traufe. Katja Jöring lernt Horst Bertram kennen, ihr späteres Opfer, der sie zwar aushält, aber auch regelmäßig verdrischt und zu perversen Sexualpraktiken zwingt. In Hamburg ist sie am Nullpunkt ihres Lebens angelangt.

»Da bin ich von allen Männern, mit denen ich zusammen war, geschlagen worden, und zwar so, dass ich mehrmals ins Krankenhaus musste. Früher, bevor ich in Hamburg war, bin ich wohl auch mal verprügelt worden, aber beileibe nicht so wie in Hamburg. Da habe ich einfach nur von einem Tag auf den anderen gelebt. Konkrete Vorstellungen, wie es weitergehen sollte, hatte ich nicht. Ich habe in dieser Zeit regelmäßig Alkohol getrunken, meistens Bier, aber nicht so viel, dass ich täglich besoffen war. So zehn, zwölf Bier am Abend habe ich bestimmt genommen, zwischendurch dann mal ein, zwei Fläschchen Wein. Ich war ziemlich am Ende.«

Bis hierhin ein unsteter Lebenslauf, wie ihn aber auch andere Frauen absolvieren, die jedoch nicht kriminell werden. Auch Katja Jöring wurde nicht ein einziges Mal straffällig, bis sie auf

Thomas Fechner traf, der sie nachhaltig beeindruckte und beeinflusste.

»Beim Thomas hatte ich den Eindruck, dass er anders sei. Er hat mich nie geschlagen und auch nie angeschrien. Er hat immer ruhig mit mir gesprochen. Von den vorherigen Freunden wurde ich immer nur angebrüllt, sodass ich mir irgendwann angewöhnt hatte, auf Schreien gar nicht mehr zu reagieren, weil ich ja doch nur Schläge bekommen hatte. Thomas hat mich schon fasziniert, weil er der ruhende Pol war. Er wusste genau, wie er mit mir umzugehen hatte, ohne Druck auszuüben.«

Die Jahre der Entbehrungen und Unterdrückungen dürften bei Katja Jöring zu einem schleichenden Prozess der Selbstentfremdung und Selbstentwertung geführt haben. Zum Zeitpunkt der Morde ist ihre Primärpersönlichkeit geprägt von mangelndem Eigenhalt und einem geringen Durchhaltevermögen. Sie ist nicht mehr in der Lage, sich Ziele zu setzen und diese zu verfolgen. Sie lässt sich treiben, aushalten, erniedrigen, dieser Frau gelingt es nicht, ihr Verhalten trotz äußerst negativer Erfahrungen zu verändern. Die Ich-Struktur ist porös und brüchig, Katja Jöring ist im Endstadium dieser Entwicklung kaum noch in der Lage, ihr Handeln durch eigene und rationale Überlegungen zu steuern.

Und dann begegnet sie Thomas Fechner, dem starken Mann, der weiß, wo es langgeht, und der sagt, wo es langgeht. Für den Kriminalität ein Stück Normalität ist. Der Katja Jöring in Versuchung bringt, die dem verlockenden Drang auf bequeme und verbotene Weise zu Geld zu kommen, nicht mehr widerstehen will, vielleicht auch nicht mehr widerstehen kann. Auch der qualvolle Tod der Opfer beeindruckt sie nicht mehr, sie ist weitestgehend gefühlstaub geworden, selbst für ihr eigenes Leiden.

Katja Jöring ist kein Einzelfall. Sie steht stellvertretend für alle Serienmörderinnen, die nur deshalb töten, weil sie sich von ihrem dominanten Lebenspartner animieren und mitreißen lassen, weil sie fremdbestimmt werden und weil sie sich fremdbestimmen lassen. Gerade in diesen Fällen wird deutlich, dass es sich nicht um Augenblicks- oder Verzweiflungstaten mit affektiver Einfärbung handelt, sondern um kühl kalkulierte Morde – Folgeerscheinungen einer gravierenden und über Jahre andauernden Fehlerziehung und Fehlentwicklung.

Johanna Gross ist auch so eine Täterin. Ihre Kindheit und Jugend wird von zahlreichen Umzügen geprägt, der Vater ist Filialleiter in wechselnden Zeitarbeitsfirmen. Die Mutter ist ebenfalls berufstätig. Sie hat Theologie studiert und unterrichtet vormittags, überwiegend an Privatschulen. Obwohl Johanna überdurchschnittlich intelligent ist, bleiben ihre schulischen Leistungen wechselhaft, nicht selten auch unterdurchschnittlich. Ihre Mutter ist die strenge Verfechterin eines weniger strengen Erziehungsstils. Johanna darf tun und lassen, was sie will. Es fehlt ihr an Orientierung, Halt. Nur ihr Vater ruft sie hin und wieder zur Ordnung, er konterkariert damit die erzieherischen Bemühungen seiner Frau konsequent und mit harter Hand. In der Familie hat eben Ordnung zu herrschen, und das Kind hat zu parieren, jedenfalls dann, wenn der Hausherr anwesend ist. Johanna geht den Weg des geringsten Widerstandes und schlägt sich auf die Seite der Mutter, die ihr kaum etwas vorenthält. Schulische Dinge sind und bleiben zweitrangig. Zweimal muss Johanna eine Klasse wiederholen, mit Ach und Krach schafft sie den Realschulabschluss.

Nachdem die Eltern geschieden sind, gerät Johanna schnell an Jugendliche, die ihr besonders imponieren, weil sie sich nicht an gesellschaftliche Konventionen halten, sondern Regeln brechen. Das ist aufregend. Wer dazugehören will, muss Alkohol trinken, muss rauchen, muss Drogen nehmen, muss sich gegen alles auflehnen. Sie verliert zusehends den Kontakt zu Menschen, die leistungsorientiert denken und handeln. Spießer. Ihre Weltsicht wird eine andere. Tunnelblick. Als sie 18 ist, braucht sie täglich einen Joint, härtere Rauschmittel meidet sie noch.

Johanna ist ein ruhiges, eher verschlossenes und empfindsames, aber auch schnell zu begeisterndes Mädchen, das sich gerne mitteilt, das gerne beachtet und geachtet werden will. Fremdem und Fremden gegenüber ist sie neugierig und aufgeschlossen, zugleich aber auch naiv und vertrauensselig. Auch ihre Vorstellungen vom Leben nach der Schulzeit sind wenig realistisch. Sie will reisen, möglichst weit weg, Länder und Leute erkunden und erleben, sich von der Welt ein Bild machen. Allerdings macht sie sich keine ernsthaften Gedanken darüber, wie all dies finanziert werden soll. Es ist mehr ein Lebenstraum, dem sie nachhängt, der sie beseelt, der ihre Fantasien befeuert: unabhängig sein, frei! Als sie während der Abwesenheit der Mutter eine Party feiert, bei der die Wohnungseinrichtung nahezu vollständig zertrümmert wird, werden erstmals Konsequenzen gezogen: Johanna muss ausziehen. Zunächst findet sie Unterschlupf in einer Wohngemeinschaft, später lebt sie bei einer Freundin. Johanna bemüht sich um eine Lehrstelle, allerdings erfolglos. Ab Herbst 1999 arbeitet sie als Kellnerin in einem Lokal auf der Reeperbahn.

Dort lernt sie einen Mann kennen, der ihr Leben grundlegend verändern wird. Matthias Panzek, berufslos, arbeitslos, wohnungslos, drogenabhängig und schubweise unter paranoiden Psychosen leidend, gelingt es, bei Johanna Aufmerksamkeit zu erregen und ihr Mitgefühl zu gewinnen. Trotz seiner psychischen Erkrankung ist der vielfach vorbestrafte 46-Jährige durchaus in der Lage, ganz normal zu wirken und zu handeln. Er zeichnet ein mitleiderregendes Bild von sich: von der Familie verstoßen, von seinen Kindern getrennt, von missgünstigen Neidern unschuldig ins Gefängnis gebracht. Johanna glaubt das. Auch erzählt Panzek, er sei ein Schamane, Guru und Seher und als Meister der Kunst des Ayurveda mit alternativen Heilmethoden bestens vertraut. Da Johanna seit einiger Zeit an chronischen Rücken- und Unterleibsbeschwerden leidet, geht sie auf das Angebot Panzeks ein, sie durch Massagen und seine Spezialmedizin von ihrem Leiden zu befreien. Tatsächlich zeigen die pflanzlichen Drogen Wirkung, Johannas Schmerzen werden gelindert. Fortan glaubt sie, Panzek verfüge tatsächlich über besondere Befähigungen.

Mehr und mehr fühlt sich Johanna von diesem ungepflegten und mitunter nach Urin stinkenden Mann angezogen, der sich so lebenserfahren gibt, der auf alles eine Antwort hat, der sich mit einer Aura des Bedeutsamen und Geheimnisvollen umgibt. Der Kontakt wird enger, das ungleiche Paar trifft sich bald täglich. Johanna ist unsicher und unerfahren, und deshalb gelingt es Panzek nahezu mühelos, der jungen Frau zu suggerieren, sie könne durch ihn das Leben und sich selbst besser kennenlernen und verstehen. Sie lässt sich von seinen vermeintlich klugen und geheimnisvoll-mythischen Geschichten faszinieren. Und das geht so: Sie sei eine Person, die er spirituell schon sehr lange kenne und von der er deshalb überzeugt sei, sie trage von Geburt an die Kraft und Macht eines Schamanen in sich – das »spirituelle Erbe«. Weil er auserwählt und etwas Besonderes sei, würde auch Johanna zu den Auserwählten zählen, und sie werde mit seiner Hilfe Besonderes tun. Alles sei vorherbestimmt. Panzek fabuliert darüber, es sei seine Aufgabe, Johanna nach Indien in einen »Parvati-Tempel« zu bringen, wo sie ihren besonderen Anlagen gemäß gefördert und ausgebildet werden könne. Zuvor sei es jedoch unumgänglich, sie durch Pflichten und Prüfungen auf diese besondere Aufgabe vorzubereiten. Auch solle Johanna ihre Bildung durch Reisen und das Studium fremder Kulturen vervollkommnen.

Ich bin auserwählt! Ich bin etwas Besonderes! Genau davon ist Johanna immer schon überzeugt gewesen, allein es fehlte der Beweis. Der kann nun angetreten werden. Alles wird gut. Alles wird gelingen. Alles wird sich erfüllen. Dieser Irrglaube kann sich in Johannas Bewusstsein auch deshalb einnisten und zusehends verfestigen, weil sie durch die esoterischen Vorlieben ihrer Mutter ähnliche Vorstellungen bereits kennt. So kann sie sich auf die teils wahnhaften Visionen und das Mantra ihres Mentors einlassen, überwiegend kritik- und vorbehaltlos.

Johanna schmeißt ihren Job als Kellnerin hin, zieht bei ihrer Freundin aus und lebt in der Folgezeit mit Panzek in Hamburger Pensionen und Hotels. Er referiert über Musik, Poesie, Pflanzen und Länderkunde, genauso wie über Magie, Religion und Spiritualismus. Johanna lernt aber auch, sich körperlich zu behaupten, sie macht Kickbox-Training, sie wird im Umgang mit dem Messer geschult, das auch mit tödlicher Konsequenz gegen Menschen geführt werden darf. Noch ist es graue Theorie.

Panzek spinnt Johanna in seine obskure Gedankenwelt regelrecht ein. Mit der Zeit gelingt es ihm, sie davon zu überzeugen, sie und ihre Familie seien von missgünstigen Wesen geistig umlagert, die eifersüchtig ihren besonderen Anlagen und Talenten gegenüberstünden. Allein sie sei dazu befähigt, die Familie vor diesen dunklen Mächten zu schützen. Allerdings dürfe sie nicht von ihrem Weg abweichen, andernfalls würde sie ihre Angehörigen größter Gefahr aussetzen und den Mächten des Bösen ausliefern. Bedingung sei jedoch, dass sie ihm gehorche, bedingungslos, ohne Zögern, ohne Nachfragen. Falls sie sich verweigern oder von ihrer Mission abweichen würde, müsse sie gemaßregelt und gezüchtigt werden, auch körperlich. Erst wenn es ihr gelänge, Gefühlen wie Eifersucht, Habgier oder Neid zu entsagen, aber auch Zuneigung und Liebe zu widerstehen, sei sie reif, die Ausbildung im »Parvati-Tempel« anzutreten.

Dann ist da noch etwas. Johanna soll sich endlich »freificken«. Während ihrer dreijährigen Ausbildung werde sie keinen Kontakt zu Männern haben dürfen, erklärt ihr Panzek, sie solle sich doch besser noch einmal austoben. Überhaupt sei es an der Zeit, dass Johanna sich prostituiere. Panzek bringt die 19-Jährige mit älteren und erfahrenen Dirnen in Kontakt, die ihr die üblichen Praktiken und Techniken vermitteln. Allerdings muss Johanna das Gelernte zunächst an Panzek demonstrieren. Leistungsüberprüfung.

Als Johanna ausreichend Geld verdient hat, macht man Urlaub auf der Karibikinsel Curaçao. Dort muss die junge Frau ebenfalls anschaffen. Panzek benötigt das Geld, um an Drogen zu kommen, vorzugsweise Kokain. Johanna nimmt es auch und gerät schnell in eine körperliche Abhängigkeit. Panzek wird zunehmend unberechenbarer und unbeherrschter. Seinen abschweifenden Erklärungen zu mystischen Parallelwelten kann sie meistens nicht folgen. Sie versteht nicht, was nicht zu verstehen ist. Manchmal begehrt sie auf. Dann verprügelt Panzek seine Freundin. Zur Versöhnung gibt er ihr reichlich Kokain.

Nach der Rückkehr arbeitet sie jeden Tag als Prostituierte auf der Reeperbahn, schichtweise. Aus Johanna wird »Joana«. Alles, was sie verdient, muss sie bei Panzek abliefern. Im Herbst 2000 verlegt das Paar seinen Lebensmittelpunkt nach Amsterdam, dort ist es wesentlich einfacher, an Drogen zu gelangen. Joana schafft an in einem der Fenster-Bordelle im bekannten Rotlichtviertel

»Wallen«, dort sitzt sie vom späten Nachmittag bis zum frühen Morgen und lässt sich bereitwillig von Freiern anglotzen und für ihre Liebesdienste bezahlen. Sie wird zunehmend aggressiver und schlägt hart zu, wenn ihr ein Kunde lästig oder unbequem wird oder es Ärger mit Kolleginnen gibt. Panzek und Joana hausen in einem gestohlenen Wohnwagen, den sie auf verschiedenen Campingplätzen in der Umgebung von Amsterdam abstellen.

Die ständige geistige Manipulation, aber auch die permanenten Erniedrigungen und Schläge zeigen bei Joana Wirkung: Sie ist einerseits emotional abgestumpft, andererseits hat sie sich von der weitestgehend als feindselig erlebten Außenwelt abgeschottet. Sie folgt den Anweisungen Panzeks kritiklos, auch wenn sie selten versteht, worum es eigentlich geht. Sie ist unten, er ist oben. Er befiehlt, sie gehorcht. Sie ist jetzt sogar bereit, einen Menschen zu töten – wenn Panzek es will. Und er will.

Die Gründe, warum er sie zur Mörderin bestimmt, sind ganz unterschiedlich: Mal hat das Opfer, ein Bauunternehmer, angeblich gegen die ehernen Regeln einer imaginären Vereinigung verstoßen; mal soll das Opfer (ein vormaliger Freier) eine Gefahr für den spirituellen Weg Joanas darstellen; oder aber das Opfer muss getötet werden, um es als lästigen Zeugen zu beseitigen, den man zuvor beraubt hat. Joana ersticht oder erdrosselt die Männer, mit denen sie in zwei Fällen sogar befreundet war, mit denen sie Sex hatte und die sie selbst in die tödliche Falle gelockt hat. Femme fatale. Nach dem ersten vollbrachten Mord beglückwünscht Panzek seine Jüngerin: »Jetzt bist du eine richtige Parvati.« Joana kann für die Menschen, die sie umbringt, nichts mehr empfinden, sie kennt nur Gehorsam, kein Erbarmen.

Selbst als Panzek am 15. Mai 2001 in den Niederlanden aufgrund eines in Deutschland bestehenden Haftbefehls festgenommen wird, ist Joana weiterhin bereit, alles für diesen Mann zu tun. Sie besucht ihn mehrfach im Gefängnis, und er macht ihr unmissverständlich klar, dass sie Geld für ihn zu beschaffen habe, und zwar möglichst schnell. Joana entschließt sich, in Den Haag nach einem Freier zu suchen, den sie berauben, notfalls auch töten will.

Und der Zufall spielt ihr in die Hände. Als sie in einer Wechselstube ihr restliches Geld in niederländische Gulden umtauschen will, bekommt sie mit, wie der Mann vor ihr sich am Schalter danach erkundigt, wie viele Gulden er für 4.000 Mark bekommen könne. Es ist Jost Brink, 31, wohnhaft in Den Haag, von Beruf Fernfahrer, der sein Vorhaben schnell aufgibt, weil er hofft, andernorts einen besseren Kurs zu bekommen. Auch Joana will jetzt kein Geld mehr wechseln, sie folgt Jost Brink, der ihr im Vorbeigehen noch einen interessierten Blick zugeworfen hat. Schon an der nächsten Fußgängerampel, die Rot zeigt, spricht sie den Mann an. Joana stellt sich vor und behauptet, aus Sibirien zu stammen und zum ersten Mal in den Niederlanden zu sein. Ob er nicht mit ihr in ein Café gehen wolle, fragt sie, da könne man sich ganz ungezwungen unterhalten. Jost Brink ist einverstanden, er findet die schlanke Frau mit den schulterlangen schwarzen Haaren attraktiv.

Joana schwärmt ihm von ihren Massagekünsten vor, die seien entspannend und erregend zugleich. Jost Brink signalisiert Interesse, Joana verlangt allerdings für eine Stunde »Dienstleistungen« 666 Gulden. Jost Brink lehnt erschrocken ab, er habe noch nie für Sex bezahlt und werde dies auch nicht tun. Überhaupt sei der Preis viel zu hoch, in Den Haag könne er eine Prostituierte schon für 50 Gulden haben. Joana beschwichtigt den Mann, er solle nicht so verkrampft sein, sie habe doch nur einen Spaß gemacht. Also dann ohne Bezahlung, natürlich. Und wo? Jost Brink lädt Joana in seine Wohnung ein.

Als die beiden das Haus erreichen, in dem Jost Brink wohnt, nimmt Joana einen Schal aus ihrer Handtasche und wickelt ihn so um den Kopf, dass sie nicht erkannt werden kann. Dann setzt sie noch eine schwarze Sonnenbrille auf. Während Jost Brink in Gedanken schon bei dem bevorstehenden Liebesabenteuer ist, grübelt Joana darüber, wie sie sich in den Besitz der 4.000 Mark bringen kann. Das Messer!

Als sie die Wohnung betreten, bittet Joana sogleich darum, er möge doch Musik auflegen, und zwar laut, das bringe sie in Stimmung. Während Jost Brink ihr den Gefallen tut, geht Joana ins Schlafzimmer, legt ihren Rucksack auf dem Bett ab und zieht sich aus. Als Jost Brink dazukommt und sieht, dass Joana nackt ist, entkleidet er sich bis auf die Unterhose. Er solle sich auf den Bauch legen, damit sie mit der Massage beginnen könne, sagt sie – und denkt, ihn so am besten in eine wehrlose Lage manövrieren zu können. Als Jost Brink sich hinlegt, setzt Joana sich neben ihn auf die Bettkante und massiert den Mann. Nach einer Zeit fragt sie ihn, ob er nicht Lust habe, sich von ihr fesseln zu lassen. Nein, er will nicht. Dann möge er wenigstens seine Arme am Körper entlang nach unten legen, säuselt sie ihm ins Ohr, dann sei die Massage für sie doch einfacher. Jost Brink geht darauf ein, und Joana zieht ihm die Unterhose aus, legt auf seinen Po ein Kissen und setzt sich rittlings darauf. Jost Brink kann sich jetzt kaum noch bewegen, weil Joana mit ihren Knien seine Arme fixiert.

Vielleicht fünf Minuten massiert Joana den Rücken des Mannes. Jost Brink kommt in Stimmung. Um zu dokumentieren, dass sie es ernst meint und es nicht mehr lange dauert, bis es zum Sexualakt kommen wird, legt Joana ein verpacktes Kondom auf den Nachttisch. Sie ist jetzt fest entschlossen, Jost Brink zu töten. Sie will sein Geld. Und sie will seinen Tod. Ohne dass Jost Brink es bemerkt, zieht Joana ein Küchenmesser aus ihrem Rucksack, hält es mit der rechten Hand fest, greift mit der anderen Hand in die Haare des Mannes und reißt seinen Kopf ruckartig nach hinten. Sie will ihrem Opfer den Hals durchschneiden.

Jost Brink spürt zunächst nur einen brennenden Schmerz und versteht im ersten Augenblick nicht, was ihm da widerfährt. Für einen Moment lässt Joana seinen Kopf los, sodass Jost Brink nach hinten schauen kann. Entsetzt sieht er das Messer in der Hand der Frau. Bevor er sich wirksam wehren kann, reißt Joana seinen Kopf schon wieder hoch und schneidet abermals an seinem Hals herum. Jost Brink stemmt sich mit aller Kraft gegen die Frau und strampelt heftig, während sie immer wieder versucht, mit dem Messer an seinen Hals zu kommen. Schließlich wirft er sie ab, beide fallen auf den Fußboden. Jost Brink versucht, die Wohnungstür zu erreichen, doch Joana ist bereits unmittelbar hinter ihm. Er dreht sich um, und Joana sticht blindwütig auf ihn ein, sie verletzt den Mann an Händen, Unterarmen und der Brust. Doch es sind lediglich oberflächliche Wunden, und Joana muss erkennen, dass ihr die Vollendung der Tat nicht gelingen wird. Als sie innehält, nutzt Jost Brink die Gelegenheit und flüchtet in die Nachbarwohnung. Von dort aus alarmiert er die Polizei, die Joana wenige Minuten später noch am Tatort festnimmt.

Der Kripo gegenüber verweigert Joana die Aussage. Erst vier Monate später wird ihr die Ausweglosigkeit ihrer Lage bewusst, und ihr gelingt es, sich dem Einfluss der verhängnisvollen Folie à deux zu entziehen – sie ist gegen die psychotische Ansteckung Panzeks endlich immun geworden. Aus »Joana« wird ganz allmählich wieder Johanna.

Problematische Familienverhältnisse in den Entwicklungsjahren führten zu mangelnder Bindung an das Elternhaus, Johanna Gross fehlte eine Halt gebende und Orientierung vermittelnde Mutter-/Vaterfigur. Die unmittelbare Folge war eine zu frühe Selbstständigkeit in ausgesprochen ungünstiger Umgebung, einhergehend mit sexueller Frühreife und Verwahrlosungstendenzen. Johanna Gross entwickelte sich nicht, sondern trat geistig-sittlich auf der Stelle. Und dieses Unausgereiftsein, diese Unüberlegtheit, diese Unmündigkeit ließen in ihr das tiefe Bedürfnis entstehen, anerkannt und geführt zu werden, um selbst lebenstüchtig zu sein. Sie folgte dabei einem diffusen Lustprinzip, fernab von Vernunft und Realitätssinn. Diese anlehnungsbedürftige junge Frau fand schließlich Halt bei einem Mann, der schon aufgrund seines Alters die für sie besonders attraktive Vaterfigur überzeugend spielen, ihre kindlich anmutenden Bedürfnisse befriedigen und für seine Zwecke rigoros ausnutzen konnte. Sie ließ sich bedenkenlos mit diesem Mann ein und unterwarf sich seiner scheinbaren Autorität, weil der von paradiesischen Verhältnissen zu schwärmen verstand und sie darauf hoffen durfte, ihrem eigenen infantil anmutenden Leitbild nahezukommen – Paradiesvogel. Und für diese Illusion war sie bereit, alles zu geben und alles zu tun.

Der Serienmord nimmt im Bereich der weiblichen Tötungsdelinquenz fraglos eine besondere Stellung ein, schon die spezifischen Tatsituationen und -wiederholungen rechtfertigen diese Annahme. Insofern ist zu vermuten, dass Frauen, die in ihrem Leben nur einmal töten, sich von Serientäterinnen grundlegend unterscheiden – sonst wäre eine typologische Differenzierung überflüssig, alle Täterinnen könnten unter dem Sammelbegriff »Mörderin« erfasst werden.

Ich bin dieser Frage nachgegangen und habe zwei wissenschaftliche Studien ausgewählt und bestimmte Merkmale der untersuchten Täterinnen miteinander verglichen. Im Jahr 1974 hat die renommierte Rechtsmedizinerin Elisabeth Trube-Becker eine auch heute noch immer wieder zitierte Untersuchung zu Mörderinnen vorgelegt, die auch in Buchform publiziert worden ist. In »Frauen als Mörder« schreibt die Autorin über die Gruppe der Täterinnen: »Bei (den) Töterinnen – es wird absichtlich dieser rechtlich irrelevante Ausdruck verwendet – handelt es sich um 41 wegen Mordes zu lebenslangem Freiheitsentzug und um 45 wegen anderer Tötungsdelikte zu begrenzten Haftstrafen verurteilte Frauen.« Diesen 86 Einmalmörderinnen habe ich 22 Serientäterinnen, deren Taten ich selbst untersucht habe, gegenübergestellt und anhand von 13 ausgesuchten Merkmalen einen Vergleich angestellt (Tabelle).

Merkmal	**Einmalmörderin % (N = 86)**	**Serienmörderin % (N = 22)**
Alter bei 1. Tat < 35 J.	69	73
verheiratet	56	46
leibliche(s) Kind(er)	82	59
von Beruf Hausfrau	67	27
Kindheit konfliktbelastet	80	68
Haupt-/Realschule besucht	92	77
Vorstrafe(n)	34	32
Täter-Opfer-Beziehung	76	84
Opfer männlich	67	55
Motiv Beziehungskonflikt	78	45
Alleintäterin	58	83
Tatort Wohnung	88	94
Tötungsart Vergiften	22	58

Tabelle: Synopse Einmalmörderinnen vs. Serienmörderinnen (Prozentwerte wurden gerundet), N = Menge der untersuchten Täterinnen

Bei dieser vergleichenden Betrachtung ergeben sich einige Übereinstimmungen: Die Täterinnen waren zum Zeitpunkt der ersten Tat überwiegend jünger als 35 Jahre und häufig verheiratet, erlebten die eigene Kindheit als konfliktbeladen oder freudlos, hatten wenigstens die Haupt- oder Realschule besucht, waren selten vorbestraft, töteten überwiegend männliche Opfer, die sie kannten, und zwar im häuslichen Milieu. Es sind allerdings auch Abweichungen erkennbar, die nicht im Bereich einer normalen statistischen Schwankung liegen, sondern als signifikant bezeichnet werden dürfen. Serienmörderinnen hatten seltener leibliche Kinder als Einmaltäterinnen, waren häufiger berufstätig, sahen ihr Motiv weniger in der Beseitigung von Beziehungskonflikten und verübten ihre Verbrechen in der Regel ohne Mittäter, wenn sie den Opfern tödlich wirkende Fremdsubstanzen verabreichten.

Die beschriebenen Unterschiede sind jedoch nur sehr bedingt geeignet, um die Gruppe der Serienmörderinnen spezifisch zu charakterisieren. Die geringere Zahl von leiblichen Kindern bei Serientäterinnen ist dadurch zu erklären, dass einige Frauen die Neugeborenen töteten, um keine Kinder haben und sie nicht aufziehen zu müssen. Dass die Einmaltäterinnen häufiger Hausfrauen gewesen sind, hängt mit der sozialen Rolle zusammen, der sie entfliehen wollten, und dem häufig verhassten Lebenspartner, der auf dieser Rolle beharrte. Dass Serienmörderinnen ihre Taten wesentlich häufiger allein verübten und dabei die Opfer vergifteten oder Überdosen Medikamente verabreichten, beruht in erster Linie darauf, dass diese Verbrechen von vornherein auf Vertuschung und Wiederholung angelegt waren.

Und genau an diesem Punkt wird deutlich, worin der Hauptunterschied besteht. Um diese beachtliche Abweichung zu erkennen, müssen wir uns jedoch von einzelnen Persönlichkeits- und Verhaltensmerkmalen der Täterinnen lösen und ein Tötungsdelikt unvoreingenommen als Problemlösungsversuch betrachten: Der Einmalmörderin gelingt es nämlich, ihr Problem durch die Tat loszuwerden, weil die Belastungs- oder Mangelsituation durch das Opfer ausgelöst worden ist. Und weil das Problem beseitigt werden konnte, besteht zunächst kein Grund, eine weitere Tat zu begehen. Serienmörderinnen indes versuchen zwar ebenfalls, schon über die erste Tat das Problem zu lösen, nur ist in diesen Fällen nicht das Opfer das Problem, sondern die Täterin selbst oder der männliche Mittäter. Der Problemlösungsversuch muss demnach misslingen, weil die zu den Taten führende Grundproblematik (kranke Psyche der Täterin oder des Mittäters) letztlich ungelöst bleibt und fortwährend neue Tatanreize produzieren kann und wird.

Serienmörderinnen agieren und töten – im Gegensatz zu männlichen Tätern, die vornehmlich nach sexualisierter Gewalt und Geld gieren – aus der Not heraus, allerdings nicht aus Notwehr. Das Abgleiten in die Serialität des Mordens ist die zwangsläufige Folge einer fortschreitenden Werteverschiebung und eines schleichenden Realitätsverlustes. Eigene Bedürfnisse werden überbewertet, Rechte anderer Menschen geringgeschätzt. Begünstigt wird jeder neue Tatentschluss durch ein fortschreitendes Maß an Tötungsgewöhnung. Die Opfer werden nicht mehr in einer konkreten Tatsituation entrechtet, sondern generell entmachtet – Objekte, Nichtmenschen. So geschehen beispielsweise im Pavillon V, der Altenstation des Wiener Krankenhaus Lainz, wo vier Pflegerinnen von 1983 bis 1989 mindestens 42 Patienten mit Insulin totspritzten, mit Schlafmitteln »ruhig stellten« oder mit Wasser qualvoll erstickten. Die »Mordbande der Hilfsschwestern« tötete planvoll, selektiv, erbarmungslos. Sein Leben verwirkt hatte etwa, so Schwester Traudl, die Anführerin, »wer mich ärgerte. Der bekam ein Gratisbett beim lieben Gott«.

Ähnlich kaltherzig und kaltblütig agierte mindestens 13 Jahre lang die ehemalige Prostituierte und Bordellbetreiberin Monika Schüller aus der niedersächsischen Gemeinde Bodenfelde, Landkreis Northeim – bis zum 27. August 2007, als ihr »Spezi« Franz-Walter Bodden, 53, auf der Polizeiwache erschien und den Dorfpolizisten mit mehreren Mordgeständnissen konfrontierte, die sich zunächst kaum glaublich anhörten: »Ich habe drei ältere Männer umgebracht, im Auftrag von Monika. Das ganze Geld, der ganze Scheiß hat sie verrückt gemacht.« Anderthalb Monate später gestand der Gelegenheitsarbeiter, der in eine psychische

Abhängigkeit zu seiner Vermieterin und Auftraggeberin geraten war, noch einen vierten Mord. Das Besondere dabei: Drei der eingeräumten Taten waren der Kripo bis dahin gar nicht als Tötungsdelikte bekannt gewesen, zwei der Opfer waren nicht einmal vermisst gemeldet worden.

Ihre späteren Opfer lernte die »Schwarze Witwe«, die fünfmal verheiratet war, meistens über Kontaktanzeigen in *Heim und Welt* kennen. Entweder suchte sie nach »älteren, pflegebedürftigen Herren zwecks Altenpflege« oder antwortete auf Altmännerbegehren wie »Alleskönner sucht Ferienaufenthalt«. Das Profil der Männer, die sie anlocken, finanziell ausnehmen und notfalls umbringen lassen wollte, war immer dasselbe: Rentner, vermögend, eine Lebensgefährtin suchend, alleinstehend – Menschen, um die sich niemand mehr kümmert und die niemand vermisst, wenn sie mal nicht mehr da sind.

Viermal erteilte sie Bodden, der in einer heruntergekommenen Gartenlaube hauste, den Auftrag, einen ihrer Möchtegernlebensgefährten, der lästig oder unbequem geworden war oder sich als »zu zäh« erwiesen hatte, kurzerhand umzubringen: »Wenn sie einen Opa hatte, ließ sie ihn nicht mehr laufen.« Beim ersten Opfer will er Monika Schüller noch gefragt haben, wie ihre Bemerkung: »Der muss weg«, denn zu verstehen sei. Sie habe nur gesagt: »Ja, ganz weg.« Viermal führte er den »Befehl« aus, konsequent, ohne Fragen zu stellen: am 25. Juni 1994, als er den 74-jährigen Guntram Hesse auf einem Parkplatz der Autobahn 7 bei Lutterberg im Kreis Göttingen erdrosselte und anschließend mit Teppichresten verbrannte; im September desselben Jahres, als er den Rentner Johann Brunner, 84, in dessen Haus im hessischen Melsungen erstickte; am 23. April 1995, als er den 81-jährigen Paul Gerhards, einen ehemaligen Unternehmer aus Zweibrücken, in das leer stehende Haus des letzten Opfers lockte und mit einer Plastiktüte erstickte; und am 13. Juli 2000, als er Wilhelm Voss, 71, in seinem Haus in Völksen bei Hannover tötete – wieder mit einer Plastiktüte. Und immer war Monika Schüller zugegen, wenn die Opfer zunächst sediert und später getötet wurden, erteilte Befehle, half mit, packte zu.

Wenn sich die Täterin an das Morden gewöhnt und vielleicht sogar Gefallen daran gefunden hat, bedarf es keinerlei Rechtfertigung mehr, um auch weiterhin zu töten, es genügt schon ein Bedürfnis, gleich welcher Art. Und Gefühle wie Reue oder Scham verkümmern bis zur Bedeutungslosigkeit, es wird vornehmlich in Opfer- und Nichtopfer-Kategorien gedacht und gelebt. Irgendwann geht jedes Maß verloren. Doch das innere oder äußere Spannungsverhältnis, die Diskrepanz zwischen dem So-sein-Müssen und dem Anders-sein-Wollen ist nicht aufzulösen, Mord bleibt ein untaugliches Mittel. Auch wenn die Täterin sich durch ihre Taten immer wieder über alle und alles hinwegsetzt, kann sie sich doch ihrer selbst, ihrer Deformiertheit und Beschränktheit nicht entziehen.

Schluss

Vom Wesen der weiblichen Tötungskriminalität

Wenn Frauen morden, dann hat das immer auch etwas mit Männern zu tun: Entweder spielt der Mann eine vordergründige Rolle als Opfer, Mittäter, Anstifter, oder aber er wirkt im Hintergrund tatbereitend, wenn beispielsweise Väter ihre Töchter vernachlässigen, sexuell missbrauchen oder ihnen sonst Gewalt antun und die späteren Täterinnen diese frühen Gewalterfahrungen auf eigene Beziehungen übertragen, oder wenn Ehemänner ihre Frauen zur Tötung der eigenen Babys bestimmen, animieren, nötigen oder sich wissentlich aus der Verantwortung stehlen und Unwissenheit vorschützen.

Wenn Frauen morden, dann tun sie das selten, um sich einen finanziellen oder sonstigen Vorteil zu verschaffen. Ihre Taten basieren häufig auf zwischenmenschlichen Konflikten, die gravierend sind oder als gravierend empfunden werden und mit einer Fremdbestimmung durch den männlichen Partner einhergehen. In der Mehrzahl der Fälle sollen durch die Tat Beziehungen verhindert oder beendet oder ermöglicht werden – inkriminierte Befreiungsschläge. Die meisten Taten werden demzufolge im häuslichen Milieu verübt, und das Opfer ist dann ein Familienangehöriger, überwiegend der als tyrannisch und gewalttätig erlebte Ehemann oder Lebenspartner. Auch die beschriebenen Sonderformen der weiblichen Tötungskriminalität müssen überwiegend in diesem sozialen Kontext verortet werden. Vielen Frauen, egal, wie oft sie töten, und egal, gegen wen die Taten gerichtet sind, geht es um Selbstschutz, Selbstbehauptung und Selbstverwirklichung. Tötungsverbrechen von Frauen haben, sofern sie an männlichen erwachsenen Opfern verübt werden, (fast) immer auch etwas Emanzipatorisches; es geht um das Selbstbestimmungsrecht der Täterin, ihre Eigenständigkeit, die sie entweder nie besessen hat oder die ihr genommen worden ist.

Wenn Frauen morden, dann ist dies auch ein seltenes Ereignis. Dieser signifikante statistische Unterschied zwischen Frau und Mann ist bis heute nicht überzeugend erklärt worden. Sind Frauen wirklich weniger kriminell, weil sie anders gebaut sind, anders fühlen, anders denken und auch eine andere Sexualität haben? Töten Frauen nur deshalb seltener, weil ihnen bei der Anwendung von Gewalt natürliche Grenzen gesetzt sind? Sind Frauen eventuell von Natur aus weniger aggressiv? Oder hat die Feministin Simone de Beauvoir recht, wenn sie in ihrem Buch *Das andere Geschlecht* schreibt: »Man wird nicht als Frau geboren, man wird dazu gemacht.« Werden Frauen in soziale Handlungsspielräume hineingezwängt und dort von ihren sozialen Pflichten als Ehefrau und Mutter gebunden und so von kriminellem Tun abgehalten? Oder lassen ihnen die engen Strukturen in der Familie kaum kriminelle Entfaltungsmöglichkeiten, weil sie einer stärkeren Sozialkontrolle unterworfen sind? Werden Frauen auch in ihrer Kriminalität von Männern unterdrückt? Manifestiert sich das im Gegensatz zum Mann eher passive weibliche Sozialverhalten und das (angeblich) weniger ausgeprägte Verlangen nach Selbstverwirklichung in geringer ausgeprägter krimineller Energie? Oder neigen Frauen weniger zu tödlicher Gewalt, weil sie Zurückweisungen, Enttäuschungen, Entbehrungen, tägliche Quälerien und Misshandlungen mit größerem Gleichmut ertragen als Männer? Sind Frauen einfach nur leidensfähiger und deshalb weniger delinquent?

Alle diese Fragen zielen auf Teilbereiche weiblicher Tötungsverbrechen ab, ohne sie in ihrer Vielschichtigkeit und Vielgesichtigkeit vollends erklären zu können. Wahrscheinlich sind diese monokausalen Erklärungsversuche von vornherein falsch angelegt, tödliche Frauengewalt lässt sich gewiss nicht auf *eine* Bedingung oder Ursache zurückführen, man bekommt es vielmehr mit einem Bedingungs- und Ursachengeflecht zu tun, das eine insbesondere an individuelle Besonderheiten der Täterinnen und an spezifische Tatsituationen anknüpfende Differenzierung notwendig macht.

Wenn Frauen morden, dann ist das schnell auch ein »Skandal«, eigentlich ein Unding – weil die Täterinnen nicht nur Moral und Gesetz missachten, sondern auch aus ihrer gesellschaftlichen Rolle ausbrechen. Die Frau ist deshalb der soziale Gegenentwurf zum Mann, weil *sie* gut, häuslich und mütterlich sein soll, und *er* die Rolle des wilden Mannes spielen muss, der die Familie beschützt, Krieg führt oder eben Gewalttaten begeht, auch mordet. Tut die Frau so etwas, wird sie schnell verteufelt oder zum gefühllosen Mannweib (v)erklärt, weil sie das traditionelle Geschlechterverhältnis nicht nur sträflich missachtet, sondern auch infrage stellt und deshalb ausgegrenzt werden muss, damit alles wieder seine Ordnung hat. Vor solchen Frauen muss man sich natürlich besonders fürchten, nicht nur, weil sie töten, sondern weil sie dabei angeblich nichts empfinden. Und somit wird erklärt, was eigentlich nicht passieren darf, aus der Mörderin wird ein Mutant. Dabei ergibt sich mitunter auch eine juristische Schieflage, weil die Frau, die ihren Mann nach einem Streit »heimtückisch« tötet, im Einzelfall wesentlich härter bestraft werden kann und wird, als der Mann, der seine Frau nach einem Streit unmittelbar und affektiv eingefärbt tötet und deshalb mildernde Umstände für sich reklamieren darf. Obwohl bei beiden Konstellationen übereinstimmende Motive vorliegen und sie als Beziehungskonflikte und -taten mit tödlichem Ausgang zu qualifizieren sind, wird der Mann privilegiert und die Frau diskriminiert. Vielleicht lohnt es sich, über ein Frauenstrafrecht nachzudenken, zumindest in Teilbereichen. Vielleicht ist dies längst überfällig. Das vielfach immer noch vorherrschende Unverständnis für weibliche Tötungsdelinquenz hat sicher auch etwas damit zu tun, dass diesem »Phänomen« in unserem Sozialgefüge bisher (noch) kein Platz zugewiesen worden ist, es fehlt die Anerkennung.

Wenn Frauen morden, dann steht auch die Gesellschaft am Pranger. Wir alle müss(t)en uns fragen lassen, ob die unbestreitbare Benachteiligung und zeitweilige Überforderung von Frauen, beispielsweise in Pflegeeinrichtungen oder Krankenhäusern, sich tatbegünstigend ausgewirkt haben. Zugegeben: In den meisten Fällen fußt das inkriminierte Handeln der Täterinnen auf individuellem Fehlverhalten und spezifischen Erziehungsdefiziten; doch auch der soziale Kontext darf nicht außer acht bleiben, wenn eine Frau auch systembedingt versagt und zur Täterin wird.

Wenn Frauen morden, dann wird (zu) häufig nicht danach gefragt, warum Frauen solche Taten begehen und warum sie es seltener tun als Männer. Dem Mann wird per se das Gewaltmonopol zugebilligt, männliche Gewalt ist der Maßstab, mit dem weibliche Gewalt gemessen wird. Demnach müssten jedoch insbesondere die Entstehungs- und Erscheinungsformen weiblicher und männlicher Tötungsdelinquenz identisch sein. Mittlerweile wissen wir wenigstens das: Sie sind es nicht. Zugegeben: Es hat wenig Sinn, weibliche Tötungsverbrechen unabhängig von männlicher Kriminalität betrachten und erklären zu wollen, es gibt bedeutsame Verflechtungen und Übereinstimmungen. Jedoch existieren auch typische Genesen weiblicher Gewalt, die auch eine spezifische Dynamik entwickeln. Weibliche Gewalt ist kein bloßes Anhängsel männlicher Gewalt oder ein Teil von ihr, sie steht ihr vielfach entgegen und hat einen eigenständigen Charakter. Man kann die Geschichte der Täterinnen eben nicht erzählen, indem man bloß auf die lebensgeschichtliche Entwicklung männlicher Täter verweist. Wenn es gelänge, in weiblicher Tötungskriminalität nicht nur ein individuelles Versagen zu erblicken, sondern die Täterinnen in ihren deformierten sozialen Bezügen zu betrachten und ihre Taten auch als (un)mittelbare Folge und Menetekel weiblicher Benachteiligung, Überforderung und Unterdrückung in unserer Sozialgemeinschaft gelten zu lassen, dann wäre dies ein erster Schritt, um solchen Verbrechen vorzubeugen.

Benutzte und empfohlene Literatur

Bauer, G.: *Serien- und Wiederholungsmörder – Probleme der Ermittlung und Verhütung*, in: Göppinger, H. / Bresser P. (Hrsg.): *Tötungsdelikte*. Stuttgart 1980, S. 211–221

Beauvoir de, S.: *Das andere Geschlecht: Sitte und Sexus der Frau*. Reinbek 2000.

Beine, K.-H.: *Sehen, Hören, Schweigen: Patiententötungen und aktive Sterbehilfe*. Freiburg i. Br. 1998

Beine, K.-H.: *Krankentötungen in Kliniken und Heimen*. Fortschritte der Neurologie und Psychiatrie 1999, S. 493–501

Brüning, A.: *Drei Giftmorde mit Arsenik*. Archiv für Kriminologie, Bd. 102, S. 215–220

Burgheim, J.: *Besonderheiten weiblicher Tötungsverbrechen*. Monatsschrift für Kriminologie und Strafrechtsreform 1994, S. 232–237

Byloff, F.: *Fünffacher Giftmord*. Archiv für Kriminologie, Bd. 79, S. 220–226

Dahlkamp, J. / Fröhlingsdorf, M.: *Die Schwarze Witwe*. Der Spiegel 2008, Heft 5, S. 54–57

Dahncke, W.: *Vierfache Kindestötung*. Kriminalistik 1959, S. 246–249

Daly, M. / Wilson, M.: *Homicide*. New York 1988

Dangl, J.: *Die Giftmischerin*. Kriminalistik 1968, S. 395–397

Diessenbacher, H. et al.: *Helfen und töten*. Neue Praxis 1985, S. 215–223

Diessenbacher, H. / Schüller, B.: *Gewalt im Altenheim*. Freiburg i. Br. 1993

Diessenbacher, H. / Ueberschär, E.: *Zum Fall des Massenmörders Arnfin Nesset*. Psychologie und Gesellschaftskritik 1988, S. 149–164

Dörner, D.: *Die Logik des Mißlingens*. Reinbek 1989

Dörner, K.: *Helfen und Töten*. Die Schwester/Der Pfleger 1991, S. 920–922

Dülmen, R. van: *Frauen vor Gericht. Kindsmord in der frühen Neuzeit*. Frankfurt/M. 1991

Dürwald, W.: *Vier Giftmorde an Patienten, die nach Operationen im Krankenhaus lagen*. Archiv für Kriminologie, Bd. 119, S. 121–126

Dürwald, W.: *Tötungsdelikte in Krankenhäusern*. Versicherungsmedizin 1993, S. 3–6

Egg, R. (Hrsg.): *Tötungsdelikte – mediale Wahrnehmung, kriminologische Erkenntnisse, juristische Aufarbeitung*. Kriminologische Zentralstelle, Wiesbaden 2002

Eisenberg, U.: *Serientötungen alter Patienten auf der Intensiv- oder Pflegestation durch Krankenschwestern bzw. -pflegerinnen.* Monatsschrift für Kriminologie 1997, S. 239–254

Fromm, E.: *Anatomie der menschlichen Destruktivität.* Reinbek 1977

Geilen, G.: *Mitleid von (und mit) »Todesengeln«*, in: Seebode, M. (Hrsg.): *Festschrift für Günter Spendel.* Berlin / New York 1992, S. 519–536

Gerster, E.: *Tödliche Spritzen als radikale Form der Abwehr von Angst und Bedrohung.* Altenpflege 1989, S. 571–575

Gibiec, C.: *Tatort Krankenhaus – der Fall Michaela Roeder.* Bonn 1990

Görgen, T. / Greve, W. / Tesch-Römer, C. / Pfeiffer, C.: *Kriminalität und Gewalt im Leben alter Menschen: Opfererfahrungen, Sicherheitsgefühl und Kriminalitätsfurcht älterer Menschen im alltäglichen Lebensumfeld und in häuslichen Pflegekontexten – Antrag an das Bundesministerium für Familie, Senioren, Frauen und Jugend auf Förderung eines Forschungsprojekts* (KFN-Forschungsbericht Nr. 94). Kriminologisches Forschungsinstitut Niedersachsen, Hannover 2004

Görgen, T. / Rabold, S. / Herbst, S.: *Ist die Hand, die pflegt, auch die Hand, die schlägt? Ergebnisse einer Befragung ambulanter Pflegekräfte zur Misshandlung und Vernachlässigung älterer Menschen in der häuslich-professionellen Pflege* (KFN-Materialien für die Praxis, Nr. 4). Kriminologisches Forschungsinstitut Niedersachsen, Hannover 2005

Harbort, S.: *Kriminologie des Serienmörders.* Kriminalistik 1999, S. 642–650, 713–721

Harbort, S.: *Das Hannibal-Syndrom. Phänomen Serienmord.* Leipzig 2001 (4. Aufl.)

Harbort, S.: *Mörderisches Profil. Phänomen Serientäter.* Leipzig 2002 (3. Aufl.)

Harbort, S.: *Das Serienmörder-Prinzip. Was zwingt Menschen zum Bösen?* Düsseldorf 2006 (2. Aufl.)

Harbort, S.: *Aufdeckungsbarrieren bei Serienmorden.* Die Kriminalpolizei 2007, Heft 3, S. 84–89

Harbort, S. / Mokros, A.: *Serial murderers in Germany from 1945 to 1995.* Homicide Studies 2001, S. 311–334

Harnack, G.: *Madonna oder Mörderin?* Berlin 1986

Hay, D. / Oken, D.: *The Psychological Stresses of Intensive Care Unit Nursing.* Psychosomatic Medicine 1972, S. 109–118

Holmes, S. / Hickey, E. / Holmes, R.: *Female Serial Murderesses: Constructing Differentiating Typologies.* Journal of Contemporary Criminal Justice 1991, S. 245–256

Jäger, A.: *Massenmord oder Sterbehilfe.* Der Kriminalist 1983, S. 281–282

Jensen, V.: *Why women kill: Homicide and gender equality.* Boulder 2001

Käferstein, H. et al.: *Todesfälle während ambulanter Altenpflege*, in: Oehmichen, M. (Hrsg.): *Lebensverkürzung, Tötung und Serientötung – eine interdisziplinäre Analyse der »Euthanasie«.* Lübeck 1996, S. 205–216

Kastner, K.: *Kindsmord: historische, rechtliche und literarische Aspekte.* Neue Juristische Wochenschrift 1991, S. 1443–1455

Kemper, M.: *Oma gestand neun Morde!* Polizei-Digest 1985, Heft 1, S. 129–132

Klee, E.: *Christa Lehmann. Das Geständnis der Giftmörderin.* Frankfurt/M. 1982

Köhn, K.: *Die Minus-Frau – ein Beitrag zu den Kindstötungen in Brieskow-Finkenheerd.* Der Kriminalist 2005, S. 403–404

Lamott, F.: *Traumatische Reinszenierungen – über den Zusammenhang von Gewalterfahrung und Gewalttätigkeit von Frauen.* Recht & Psychiatrie 2000, S. 56–62

Lamott, F. / Pfäfflin, F.: *Bindungsrepräsentationen von Frauen, die getötet haben.* Monatsschrift für Kriminologie und Strafrechtsreform 2001, S. 10–25

Lamott, F. et al.: *Trauma, Beziehung und Tat.* Monatsschrift für Kriminologie und Strafrechtsreform 1998, S. 233–245

Maisch, H.: *Phänomenologie der Serientötung von schwerstkranken älteren Patienten durch Angehörige des Pflegepersonals.* Zeitschrift für Gerontologie und Geriatrie 1996, S. 201–205

Maisch, H.: *Patiententötungen – dem Sterben nachgeholfen.* München 1997

Marneros, A.: *Kindestötung: Zur Frage der Schuldfähigkeit nach negierter Schwangerschaft.* Monatsschrift für Kriminologie und Strafrechtsreform 1998, S. 173–179

Marneros, A.: *Intimizid. Die Tötung des Intimpartners.* Stuttgart 2008

Missliwetz, J.: *Die Mordserie im Krankenhaus Wien-Lainz.* Archiv für Kriminologie, Bd. 194, S. 1–7

Müller, H.: *Tötung von Inzest-Kindern als Serienverbrechen.* Kriminalistik 1958, S. 492–495

Müller-Luckmann, E.: *Weibliche Tötungskriminalität,* in: Egg, R. (Hrsg.): *Tötungsdelikte – mediale Wahrnehmung, kriminologische Erkenntnisse, juristische Aufarbeitung.* Kriminologische Zentralstelle, Wiesbaden 2002, S. 127–138

Neubacher, F.: *Serienmörder. Überblick über den wissenschaftlichen Erkenntnisstand.* Kriminalistik 2003, S. 43–48

Nothafft, S.: *Himmel und Erde – Frauen in Gewaltverhältnissen und die Schwierigkeit, sie zu verteidigen, wenn sie ihren Peiniger töten.* Monatsschrift für Kriminologie und Strafrechtsreform 1999, S. 111–136

Oberlies, D.: *Tötungsdelikte zwischen Männern und Frauen.* Monatsschrift für Kriminologie und Strafrechtsreform 1997, S. 133–147

Oehmichen, M. (Hrsg.): *Lebensverkürzung, Tötung und Serientötung – eine interdisziplinäre Analyse der »Euthanasie«.* Lübeck 1996

Pándi, C.: *Lainz – Pavillon V: Hintergründe und Motive eines Kriminalfalls.* Wien 1989

Rasch, W. / Konrad, N.: *Forensische Psychiatrie.* Stuttgart 2004

Rehberg, K.: *Die Raubmorde des Einbrechers Gerhard Popp.* Kriminalistik 1961, S. 380–385, 424–431, 486–492

Rode, I. / Scheld, S.: *Sozialprognose bei Tötungsdelikten.* Heidelberg 1986

Rotondo, R.: *»Todesengel« – Wenn Pflegekräfte morden.* Altenpflege 2006, S. 66–74

Schneider, H. J.: *Kriminologie der Gewalt.* Stuttgart / Leipzig 1994

Scott, H.: *The female serial murderer: A sociological study of homicide and the »gentler sex«.* Lewiston 2005

Stangl, W.: *Die Schrecknisse der abweichenden Abweichung. Oder: Die Angst der Männer vor mörderischen Frauen.* Kriminologisches Journal 1999, 7. Beiheft, S. 113–122

Sternal, R.: *Frauen, die töten: Opfer oder Täterinnen,* in: Möller, H. (Hrsg.): *Frauen legen Hand an: Untersuchungen zu Frauen und Kriminalität.* Tübingen 1996, S. 99–124

Swientek, C.: *Kindstötung – Neonatizid.* Der Kriminalist 2004, S. 189–193

Trube-Becker, E.: *Frauen als Mörder.* München 1974

Wagner, H.-J.: *Konsumgesellschaft und Tötungsdelikte an alten Menschen.* Deutsches Ärzteblatt 1992, S. B-778–B-780

Weiler, I.: *Giftmordwissen und Giftmörderinnen: eine diskursgeschichtliche Studie.* Tübingen 1998

Wiese, A.: *Mütter, die töten: psychoanalytische Erkenntnis und forensische Wahrheit.* München 1993

Wilczynski, A.: *Images of women who kill their infants: the mad and the bad.* Women & Criminal Justice 1991, S. 71–88

Wulffen, E.: *Das Weib als Sexualverbrecherin.* Berlin 1923

Die geschilderten Ereignisse sind authentisch, soweit man dies überhaupt sagen kann. Jedenfalls entsprechen sie der festgestellten prozessualen Wahrheit. Als Quellen für die Rekonstruktion und Dokumentation der Ereignisse dienten insbesondere Gerichtsurteile, Anklageschriften, forensische Gutachten, Vernehmungs- und Obduktionsprotokolle, Tatortbefundberichte und seriöse Pressemitteilungen.

Die Namen der handelnden Personen sind pseudonymisiert. Vereinzelt wurden auch biografische Angaben oder Angaben zu Ort und Zeit verändert, um eine Erkennbarkeit der Personen zu verhindern. Diese Verfahrensweise ist dem Schutz der Persönlichkeitsrechte geschuldet.